WEIHNACHTEN

FEST FÜR DIE WELT

Karin Iden

WEIHNACHTEN
FEST FÜR DIE WELT

MIT TEXTBEITRÄGEN
VON ANGELA GRÜN
UND REINHARD SCHWEIZER

SIGLOCH
EDITION

Inhalt

Inhalt

Wenn die Tage kürzer werden

Wann beginnt für Sie die Weihnachtszeit? Fängt sie Anfang Dezember an oder am 1. Advent? Ist es der erste Schnee, der Weihnachtsstimmung in Ihnen weckt, oder ist es die festliche Musik, die plötzlich allerorten erklingt? Ist es ein Duft, ein bestimmter Geruch, z.B. nach Räuchermännchen, Bratäpfeln, Tannengrün oder Bienenwachs? Oder sind es die Weihnachtswaren in den Geschäften, all die kleinen Schoko-Nikoläuse, Dominosteine und Christstollen, die von Jahr zu Jahr früher ihren Einzug halten?

Für die meisten von uns gibt es wahrscheinlich gar keinen festen Beginn der Weihnachtszeit; sie kommt ganz plötzlich oder auch schleichend über uns, und irgendwann stellen wir besorgt und erschrocken fest: nur noch so und so lange bis Weihnachten, und ich muß noch ... Gefühle und Stimmungen lassen sich zwar nicht vom Kalender festlegen, aber sie brauchen einen Anlaß, einen Anstoß von außen.

Für die christlichen Kirchen gibt es einen genau festgelegten Beginn der Weihnachtszeit, das ist der 11. November, Martini, der Tag des heiligen Martin. Dieser Tag hatte in vorchristlicher Zeit eine ganz wichtige Funktion als Rechts- und Wirtschaftstermin, vor allem im bäuerlichen Leben und später dann auch im christlichen Bereich, und es gibt eine Fülle von Bräuchen, die an diesen Tag geknüpft sind.

Im Spätherbst, wenn die Tage kürzer werden und der Winter mit Riesenschritten naht, dann schleichen sich bei vielen Menschen die ersten weihnachtlichen Empfindungen ins Herz.

Um zu verstehen, wie es dazu kam, muß man wissen, daß das Christentum lange Zeit nur eine unter vielen Kult- und Glaubensformen war. Es dauerte viele Jahrhunderte, bis es römische Staatsreligion wurde. Bei diesem Prozeß wurden viele Bräuche aus anderen Kulten und Religionen übernommen, anderes wurde leicht überdeckt, angepaßt oder umgedeutet, und manchmal wurden christliche Feste oder Gestalten eigens als Gegengewicht gegen „heidnische" Kulte geschaffen. Vor allem bei der Bauern- und Handwerkerschicht hatten die Missionare Mühe, alte Glaubensvorstellungen und Bräuche auszurotten, und häufig ließen sie dann doch „Heidnisches" gelten, indem sie es einfach anders interpretierten und auf diese Weise christlich besetzten. Wie nun in den einzelnen Ländern, in den unterschiedlichen Regionen eines Landes Weihnachten gefeiert wird, hat ganz vielfältige Gestalt und ist abhängig von einer ganzen Reihe von Faktoren: den wirtschaftlichen Bedingungen, den ursprünglichen religiösen Vorstellungen und Traditionen, landschaftlichen Gegebenheiten (nur dort, wo Nadelbäume wachsen, konnte sich verständlicherweise auch ein Tannenbaumkult entwickeln) und von vielem mehr.

All unsere weihnachtlichen Bräuche sind also etwas im Laufe der Zeit Gewachsenes, das von den verschiedensten Einflüssen geprägt wurde. Und manchmal ist es sehr schwer nachzuvollziehen, worauf diese oder jene Sitte nun eigentlich zurückgeht, und was sie ursprünglich bedeutete.

Schon immer war die Winterzeit, wenn es draußen ungemütlich kalt und dunkel, die Tage kürzer und die Nächte länger und frostiger wurden, erfüllt von tiefgreifenden Vorstellungen einer unmittelbar bevorstehenden Wende. Es gab und gibt zahlreiche Bräuche und Riten, die das Alte, Vergangene verabschieden und zugleich das noch unbekannte Kommende freundlich stimmen oder glückbringend beeinflussen sollen. Früher, als noch der größte Teil der Bevölkerung von der Landwirtschaft lebte, war das Ende des Herbstes ein wichtiger Zeitpunkt, denn es bedeutete den Abschluß des bäuerlichen Wirtschaftsjahres. Die Ernte war eingebracht, man zog sich ins Haus zurück und bereitete sich auf den Winter und die Tätigkeiten im Haus vor.

Sankt Martin

Zu den bekanntesten Legenden über den heiligen Martin gehört sicher die Mantellegende:

„Es geschah an einem Wintertag, daß er ritt durch das Tor in Arniens, da begegnete ihm ein Bettler, der war nackt und hatte von niemandem ein Almosen empfangen. Da verstund Martinus, daß von ihm dem Armen Hilfe kommen sollte; und er zog sein Schwert und schnitt den Mantel, der ihm allein noch übrig blieb, in zwei Teile, und gab die eine Hälfte dem Armen, und tat selber das andere Teil wieder um. Des Nachts danach sah er Christum für ihn kommen, der war gekleidet mit dem Stücke seines Mantels, das er dem Armen hatte gegeben. Und der Herr sprach zu den Engeln, die um ihn stunden: ‚Martinus, der noch nicht getauft ist, hat mich mit diesem Kleide gekleidet.'"

Aus der Geschichte wissen wir, daß Martin um 317 in Savaria, Ungarn (Stein am Anger, heute Szombathely) geboren wurde. Sein Vater war römischer Rittmeister, und auch Martin diente als Soldat unter dem späteren Kaiser Julianus in Gallien. Er trat zum Christentum über und gründete in Ligugé (bei Poitiers) das erste gallische Mönchskloster. 371 wählte man ihn zum Bischof von Tours. Am 8. November 397 starb er in Candes und wurde angeblich am 11. November beigesetzt. Dieser Tag wurde zum Festtag des heiligen Martin ernannt.

In Hunderten von Kirchen und Museen, Liedern und Legenden ist der wohltätige St. Martin bis zum heutigen Tag gegenwärtig. Er ist aber auch Patron der Hirten und des Viehs, der Weinernte und der Trinker und Zecher. Viele Denkmäler wurden ihm gesetzt, etliche Orte ihm geweiht, und viele Lichter wurden für ihn entzündet.

An das Martinsfest als erstes Wendefest des ursprünglich 80 Tage umfassenden christlichen Weihnachtsfestzyklus, der am 2. Februar mit Mariä Lichtmeß endet, schloß sich im Mittelalter die 40tägige Adventszeit mit dem sogenannten *Martinsfasten* an. Als am 14. November beginnendes Adventsfasten hat sich dieser Brauch in der russisch-orthodoxen Kirche bis heute erhalten.

Ein wichtiger Wendepunkt ist der 11. November aber auch für die Welt der Narren, wo an diesem Tag um 11 Uhr 11 die Karnevalszeit beginnt und wo im Rheinland erstmalig die Narren-Elferräte einberufen werden. In der christlichen Symbolik hat die „Elf" eine ganz besondere Bedeutung: als Zahl, die die zehn Gebote überschreitet, steht sie zugleich für die letzte Stunde.

Der Tag, den man heute zu Ehren von St. Martin feiert, hatte aber schon eine wichtige Bedeutung, bevor der Heilige so berühmt wurde. Bei den Römern wurde um diese Zeit das Erntedankfest gefeiert, und das Fest des neuen Weines. Auch die Germanen feierten in vorchristlicher Zeit an diesem Tag

Rechts: Die Legende vom heiligen Martin, der mit dem Bettler den Mantel teilte, gehört zweifellos zu den populärsten christlichen Motiven. Zahlreiche, vor allem mittelalterliche Künstler haben sich von ihr inspirieren lassen.
(Konrad Witz: Der heilige Martin, Basel, Kunstmuseum).

Ein Pendant zu den Laterneumzügen für die Kleinen sind die St. Martinsfeuer, mit denen in manchen Gegenden das Gabensammeln zu Martini verbunden ist.

ein Herbstfest zu Ehren des höchsten germanischen Gottes Wotan oder Odin, der die Geschicke der Menschen und der Götter lenkt. So haben sich im Martinsfest christliche Inhalte und Symbolik untrennbar mit Brauchtumsformen aus vorchristlicher, „heidnischer" Zeit vermischt.

Das Fest der Gänse

Nun fragt man sich, was der heilige Martin mit Gänsen zu tun habe. Der Brauch, an St. Martin eine Gans zu braten, geht auf die Legende zurück, daß Martin sein Amt als Bischof von Tours nicht habe antreten wollen und sich deswegen in einem Gänsestall versteckt haben soll. Das laute Geschnatter der Gänse verriet ihn aber. Später habe er zur Strafe alle Gänse schlachten lassen. Eine andere Legende berichtet, daß die Gänse ihn erst später beim Predigen störten; der Ausgang·ist aber derselbe. Noch heute kennen und lieben viele den Martinsschmaus, bei dem es neben der Martinsgans oft auch *Martinswecken*, *Martinskrapfen* und den *Martinswein* gibt. Ein herrliches Festessen! Doch diese Feste haben einen weit älteren Ursprung. Das Schlachten der Gänse zu Martini hängt mit einer bedeutsamen Wende im Jahresablauf zusammen. Mitte November endete für die Germanen der Spätsommer (eine der drei Jahreszeiten: Frühsommer, Spätsommer und Winter). Damit setzte die erste große Schlachtzeit ein, wobei nicht nur Gänse, sondern auch anderes Vieh geschlachtet wurden; man feierte große Feste, dankte den Göttern für die Ernte, brachte ihnen Opfer und

sorgte für die Wintervorräte. Im Laufe der Zeit gingen germanisches und christliches Brauchtum ineinander über. Geblieben ist aber bis ins 19. Jahrhundert Martini als wichtiger Tag im Bauernjahr, als Zins- und Abgabetermin.

„Ein Narr, der im Novembermond der Martinsgänse Leben schont", heißt es. Bauer Möller lacht über diesen alten Spruch, kann er es doch kaum abwarten, die fette Gans am Martinstag in der Bratröhre zu haben. Und seine Frau, eine Gänseliesel über ein Heer von Gänsen, erinnert sich an den Reim „St. Martin ist ein guter Mann, der bringt die Bratgans uns heran!" Ein paar hundert Tiere gibt auch dieser Hof zu Martini, diesem „Bauernfeiertag", her, wenn Familien und Gastronomen hier ihre Martinsgänse einkaufen.

Aber einige Gänse, ja, eine ganze Vogelschar bleibt noch einige Wochen zusammen, bis Dezember... Dann wird es auf dem Hof, der Dorfstraße und der Weide ganz still... bis Mai.

Wie das nächste Jahr wird, das wieder mit über tausend Weihnachtsgänsen enden soll, das orakelt der Bauer wie andere Familien am Ende des Gänsebratenessens: Ein rotes Brustbein zeigt strenge Kälte an, ein weißes milde Witterung. Schneeweiße Brustknochen deuten auf einen schönen, schneereichen Winter. Nur beim Wettziehen an den Schenkeln der Knochengabeln macht das Bauernpaar Möller nicht mit: Wer den kürzeren zieht, soll früher sterben als der andere. „Schnick-schnack – das größere Stück bringt Glück!"

Martini im Bauernjahr

Zu Martini wurde das Vieh zum letzten Mal auf die Weide getrieben, und am Abend überreichte der Hirte seinem Herrn eine grüne Rute, oft einen Birkenzweig, die sogenannte Martinsgerte, mit einem Dank- und Segensspruch für gutes Gedeihen von Vieh und Land. Die mit Immergrün geschmückte Gerte wurde aufgehoben, im Kuhstall oder im Haus unterm Dach angebracht und beim Austreiben des Viehs im Frühjahr wieder verwendet. Die Vorstellung von der Schutzwirkung und der Zauberkraft immergrüner Zweige reicht wahrscheinlich bis in indogermanische Zeiten zurück, aber sie hat sich bis heute in so mancher Sitte erhalten.

Wenn das Vieh zurückgebracht war, erhielten Knechte und Mägde ihren Lohn. Wenn sie die Stelle wechselten, bekamen sie den sogenannten *Martinstaler.* Manche Dienstboten kehrten nach Beendigung der Dienstzeit für einige Tage nach Hause zu den Eltern zurück. Dort zogen sie mit Gesang und Musik von Haus zu Haus, wurden bewirtet und sammelten Martinsgaben ein, bevor sie zu ihrer neuen Dienststelle wechselten. Wahrscheinlich entwickelten sich hieraus die Bettel- und Heischeumzüge der Kinder.

Für Kinder ist der abendliche Martinsumzug mit Laternen immer ein ganz besonderes Erlebnis.

Laterne, Laterne, Sonne, Mond und Sterne . . .

Vor allem für die Kleinsten ist das Laternegehen im November ein schöner Brauch. Je nach Region ist er mit Gabensammeln oder anderen Sitten, wie großen Feuern vor der Kirche oder kleinen Feuern in jeder Straße, verbunden. Mancherorts gibt es Bräuche und Spiele zu Martini, die denen am Nikolaustag ähneln. In Belgien z.B. werfen die Eltern den Kindern Äpfel, Nüsse und Gebäck ins Zimmer, das die Kinder nur dann aufsammeln dürfen, wenn sie glauben, der heilige Martin persönlich habe es ihnen zugeworfen, denn der will, so sagt man, unerkannt von Haus zu Haus gehen.

In Westfalen gibt es einen ähnlichen Brauch: da stellen die Hausbesitzer den Kindern Äpfel und Nüsse in einem Korb hin, den ebenfalls der heilige Martin gebracht haben soll. Und in Pommern ist es ein Korb voller Rüben, mit Münzen vermischt, die von den Kindern mit verbundenen Augen herausgefischt werden dürfen.

Gefüllte Körbe – wie nach der Ernte – tauchen zu Martini immer wieder auf, vor allem mit Gaben für die Kinder. In Holland heißt der 11. November auch *Korbschüttetag,* weil da die gefüllten Körbe dicht neben das Feuer gestellt und rasch umgekippt werden, sobald sie Feuer zu fangen drohen. Und alle Anwesenden versuchen dann, soviel wie möglich von den verschütteten Gegenständen aufzusammeln.

*„Laterne, Laterne,
Sonne, Mond und Sterne!
Brenne auf, mein Licht,
Brenne auf, mein Licht,
aber nur meine liebe Laterne nicht!"*

oder:

*„Ich geh mit meiner Laterne
und meine Laterne mit mir.
Da oben leuchten die Sterne,
hier unten leuchten wir:
Mein Licht geht aus, wir gehn nach Haus.
Rabimmel, Rabammel, Rabum!"*

Martin, der Schimmelreiter

Im Badischen wird den Kindern eine Brezel vom heiligen Martin geschenkt, die dieser verteilt, nachdem er mit seinem Schimmel den laternetragenden Kindern voran durch die Straßen gezogen ist. Als Beispiel christlicher Nächstenliebe wird die Mantellegende nachgespielt, und dann verschwindet der Reiter wieder in der Dunkelheit.

In manchen Bezeichnungen des heiligen Martin erkennt man noch die Verbindung zum germanischen Schicksals- und Totengott Wotan, dessen beliebtestes Opfertier das Pferd war und der oft hoch zu Roß dargestellt wurde. In Norddeutschland nannte man ihn *Schimmelreiter*, in Mecklenburg *Wode*. Und in einer Bauernregel heißt es, daß zu Martini der Winter auf einem Schimmel geritten kommt. Möglicherweise wurde die ursprüngliche Verehrung Wotans und seines Schimmels auch in dem Brauch fortgesetzt, *Martini- oder Martinshörnchen* in Hufeisenform zu backen. Um gegen die Verehrung Wotans vorzugehen, tabuisierten die angelsächsischen und irischen Missionare die germanischen Opfertiere, so daß der Genuß von Pferdefleisch in der Folge als abscheulich und barbarisch galt. Dieses Tabu unterscheidet noch heute die Deutschen mehrheitlich etwa von den Franzosen und den Schweizern, wo Pferdefleisch sogar zur üblichen Kost in Mensen und Kantinen gehört – für viele Deutsche eine grauenerregende Vorstellung.

Das Fest des neuen Weins

„Was paßt besser zur Gans als Wein", kann man zu Recht sagen. Tatsächlich ist um Martini auch der Most fertig, und der neue Wein kann probiert werden. Die Winzer finden sich zum *Martinstrunk* oder *Märteswein* zusammen, um für das nächste Jahr auf eine gute Ernte anzustoßen. Und das ist nicht erst seit Martins Lebzeiten so. Schon die Römer feierten zu dieser Zeit das Fest des neuen Weines in Anlehnung an die Weinfeste der Griechen zu Ehren des Dionysos.
Auch in Italien steht der *San Martino* für den neuen Wein, der an diesem Tag traditionell verkostet wird. Im Sprichwort heißt es: „Am Martinstag wird der Most zu Wein."
Ein Weinrausch am Martinstag sollte den Menschen in Ungarn und Böhmen Schönheit und Stärke verheißen. Kein Wunder also, daß der heilige Martinus zum Schutzpatron der Zecher und Trinker wurde. Bei all der Fröhlichkeit blieb es nicht aus, daß man ihn auch bei Trinkgelagen verspottete, wie in diesem alten Trinklied:

Sankt Martin war ein milder Mann,
Trank gerne Cerevisiam (Bier)
Und hatt' doch kein Pecuniam, (Geld)
Drum mußt' er lassen Tunicam. (Mantel)

Die Unterstellung, der heilige Martin habe seinen Mantel verpfänden müssen, weil er seine Zeche nicht bezahlen konnte, ist freilich eine etwas respektlose Variante der Mantellegende.

Der Martinszehnt...

Um den 11. November herum wurde nicht nur gefeiert. Dieser Tag war auch ein wichtiger Termin für Zinsen und sonstige Abgaben. Denn nach der eingebrachten Ernte und dem Eintreiben des Viehs besaßen die Bauern in der Regel am meisten Geld, um ihre Pacht, Zinsen, Rechnungen und auch die Dienstboten zu bezahlen.

Hin und wieder wurde auch mit Naturalien bezahlt. Die Martinsgans war hier ein prächtiges Zahlungsmittel. Gewiß konnte dennoch manch einer den *Martinszehnt* nicht bezahlen, wie wäre es sonst zu dieser Klage gekommen:

„Herr Martin ist ein schlimmer Mann
Für den, der nicht bezahlen kann."

Ein leichteres Leben hatte der, der zahlen konnte. Er saß am warmen Ofen, lehnte sich zurück, erfreute sich bei Essen und Trinken und gedachte dabei des heiligen Martin:

„Martin, lieber Herre mein, nun laßt uns fröhlich sein;
heut zu deinen Ehren und durch den Willen dein,
die Gäns' sollst du uns mehren und den kühlen Wein,
gesotten und gebraten, sie müssen all herein."

(Vers aus dem 14. Jahrhundert)

Praktische Martinsmärkte

All die schönen Dinge der Ernte sollten an die Leute gebracht und damit in klingende Münze verwandelt werden. Gute Möglichkeiten boten die *Martinsmärkte* oder *Martinskirmes* und Jahrmärkte. Gleich nach der Ernte fanden sie statt, wie beispielsweise der *Zibele- und Chachelimärit* (Zwiebel- und Geschirrmarkt) am letzten Novembertag in Bern oder der *Zwiebelmarkt* in Weimar in Thüringen, bei denen alle notwendigen Dinge gekauft werden konnten.

Die merowingisch-fränkischen Könige machten Martin zu ihrem Schutzheiligen und ließen seinen Mantel (cappa) in jeder Schlacht voraustragen. Dieser Kapuzenmantel (capella) wird heute noch in der „Sainte Chapelle" in Paris, der Schloßkirche der französischen Könige, aufbewahrt. Die Hüter der Mantelhälfte wurden „capellani" (Kaplan) genannt, und danach hieß jedes kleine Gotteshaus ohne eigene Geistlichkeit „Kapelle", und auch die Gemeinschaft der Kirchenmusiker erhielt diesen Namen. Annähernd 4000 Martinskapellen und Kirchen finden sich allein in Frankreich.

Sankt Katharina

Katharina lebte im 4. Jahrhundert und war die Tochter des Königs Kostus in Alexandrien. Die Legende berichtet, daß sie sich zum Christentum bekannte und deswegen verfolgt wurde. Doch sie verteidigte ihren Glauben gegen 50 Gelehrte, die ihre schlagkräftigen Argumente nicht widerlegen konnten. Kaiser Maximus ließ sie daraufhin auf ein Rad flechten. Doch ein Blitz zerschlug das Rad und vernichtete

Der Fantasie der Amerikaner sind an Halloween – diesem schaurig-fröhlichen Familienfest – keine Grenzen gesetzt. Gespenster „bewachen" in der Halloween-Nacht einen Garten in Kalifornien.

viele der Ungläubigen. Schließlich wurde sie enthauptet. Doch ihr Tod hat einen Großteil des Volkes bekehrt. Engel sollen ihren Leichnam zum Berge Sinai gebracht haben, wo heilkräftiges Öl aus ihren Gebeinen floß. Später errichtete man hier das berühmte Katharinenkloster.

Katharina gilt wegen ihrer Gelehrsamkeit als Schutzpatronin der Philosophen.

In England und den Niederlanden verehrt man sie auch als Patronin der Spitzenklöpplerinnen und der Spinnerinnen. Und zu ihren Ehren besuchten sich am Katharinentag, dem 25. November, Frauen und Mädchen gegenseitig. *Kathrinengehen* nennt sich diese Sitte.

In Belgien war der Katharinentag ein Feiertag für die Mädchen, denn Katharina (griechisch, „die Reine") galt, wie ihr Name schon besagt, als Personifizierung der Reinheit und Jungfräulichkeit. „Brave" Mädchen wurden mit Katharinengeschenken belohnt, und am Abend gab es ein Fest. Es war in Belgien und auch andernorts – zumindest in katholischen Gegenden – der letzte Abend, an dem es laut und lustig zugehen durfte. Denn jetzt begann die geschlossene Zeit vor Weihnachten, ohne laute Musik und Tanzveranstaltungen, und auch Hochzeiten gab es keine mehr. Man sagte:

Sankt Kathrein
schließt Trommeln und Pfeifen ein
Sankt Kathrein
stellt das Tanzen ein.

Nach altem Volksglauben darf sich am Katharinentag auch kein Rad drehen, und so herrscht noch heute z.B. in Kroatien an diesem Tag strenges Spinnverbot.

In vielen Gegenden ist der 25. November der traditionelle Beginn des Plätzchenbackens. Zu Ehren Katharinas werden in England *Spitzenkuchen* und *Catterncakes* gebacken, die so rund wie das Rad sind, auf das die Heilige geflochten wurde. Und vor allem bereitet man an diesem Tag die *Thorner Kathrinchen* vor, für die man heute noch spezielle Kuchenformen verwendet, die an das Gewand der Nonne erinnern sollen.

Halloween:
Das große Fest der Kürbisse

Außerhalb der eigentlichen Weihnachtszeit, die traditionell mit Martini beginnt, liegt ein Tag, der – nicht zuletzt durch einschlägige amerikanische Horrorfilme – in jüngster Zeit auch bei uns Berühmtheit erlangt hat: der 31. Oktober – Halloween.

Viel Geheimnisvolles rankt sich um diesen Tag. Aus europäischem Brauchtum und Aberglauben ist im Laufe der Zeit das typisch amerikanische Halloween-Fest entstanden. Der Ursprung ist wohl ein keltisch-angelsächsisches Erntedankfest, das von den Druiden, der keltischen Priesterklasse, gefeiert wurde. Man dankte dem Sonnengott und begrüßte den Winter mit großen Freudenfeuern und üppigen Schmausereien, bei denen zum erstenmal von der eingebrachten Ernte gegessen wurde, tanzte maskiert und verkleidet, um damit Geister, Hexen und Dämonen zu vertreiben. Der Winterbeginn war auch der Zeitpunkt, wo Gesetze und Grundbesitztitel erneuert und die Stammbäume weitergeführt wurden.

Wie alle wichtigen Wendetage, mit denen man den Übergang von der einen Zeit in eine andere markierte, so galt und gilt bis heute auf den Britischen Inseln und in den USA auch der Vorabend vor Allerheiligen als günstiger Tag für Weissagungen über Gesundheit, Glück und künftige Eheschließungen. Am Abend ziehen Kinder von Haus zu Haus. Phantasievoll gekleidet, treiben sie gespenstischen Schabernack, um kleine Gaben wie Süßigkeiten oder Spielsachen zu „ernten", und es gibt traditionelle Gerichte wie Kartoffelpfannkuchen, *Barm Bread* und *Colcannon*, ein Kartoffel-Gemüse-Gericht.

Die Tradition der Jack-o'-lantern

Das klassische Symbol für Halloween ist ein ausgehöhlter Kürbis, der mit einer Kerze im Inneren gespenstisch leuchtet. Das schaurige Kürbisgesicht, auch *Jack-o'-lantern* genannt, geht auf eine irische Legende zurück: Der alte Ire

Jack schließt mit dem Teufel einen Pakt, so daß er nach dem Tod der Hölle entkommt. Doch der Himmel will ihn nicht aufnehmen. So irrt er nach seinem Tod auf der Suche nach einem „Platz für die Ewigkeit" umher, wobei er eine ausgehöhlte weiße Rübe, in die er eine Kerze gestellt hat, als Laterne benutzt.

Die Rübe wurde von da an zur Abschreckung böser Geister verwendet. Irische Einwanderer fanden in der neuen Welt für diesen Brauch einen idealen Rübenersatz: den Kürbis (engl. Pumpkin), und so wird diese Frucht seit 1840 einmal im Jahr zum Mittelpunkt eines lebhaften Winteranfangsfestes, das jung und alt gleichermaßen begeistert.

Doch der Kürbis eignet sich nicht nur als symbolischer

Geisterschreck. Das Kürbisfleisch ergibt z. B. eine schmackhafte Kürbissuppe – ein typisches Halloween-Gericht – oder den *Pumpkin Pie*, der oftmals auch zu Thanksgiving gegessen wird.

Thanksgiving: das Truthahn-Fest

Von jedem Amerikaner wird er heiß geliebt: der 4. Donnerstag im November – Thanksgiving, das amerikanische Erntedankfest. Dieses Fest ist in mancherlei Hinsicht ein bißchen wie das deutsche Weihnachtsfest, denn an diesem Tag kommt die Familie zusammen. Man versucht an die Armen zu denken, und oft werden Körbe mit Eßwaren für sie zurechtgemacht. Die Kinder laufen tagsüber verkleidet durch die Straßen, um Gaben zu erbetteln. Später ißt man gemeinsam, spielt und erzählt Geschichten von früher.

Das Fest ist eine Erinnerung an die ersten Erntedankfeste in Gemeinschaft mit den Indianern. 1620 waren die ersten Siedler mit der *Mayflower* in New England in der Neuen Welt gelandet. Fast die Hälfte von ihnen überlebte den ersten sehr harten Winter nicht. Doch im Herbst 1621 kam durch die gute Ernte wieder Hoffnung auf. Nun wollten die Siedler wohl eine Art Erntedankfest feiern, zu dem sie die dort lebenden Indianer einluden. Diese feierten schon immer zu dieser Zeit ein traditionelles Herbstfest, den *Grünen Maistanz*, der 4 Tage dauerte. Und so kam es wohl zu einer Vermischung der Feierlichkeiten, was dazu führte, daß es ein ganz besonders üppiges Fest wurde, bei dem es viele Gerichte gab, die auch heute noch in der ein oder anderen Form zu Thanksgiving gegessen werden.

Später breitete sich das Thanksgiving-Fest auch in anderen US-Staaten aus, wurde aber an unterschiedlichen Tagen gefeiert. Erst Abraham Lincoln rief den Thanksgiving als nationalen Feiertag aus, der alljährlich am 4. Donnerstag im November stattfinden sollte.

Das Dinner spielt bei diesem Fest eine große Rolle; es gibt traditionelle Gerichte wie *Pumpkin Pie*, Kürbisauflauf zum obligatorischen Puter, und jeder Gast bringt möglichst etwas Selbstgemachtes zum Essen mit. Am Nachmittag werden überall Wettspiele veranstaltet, die schon vor über 300 Jahren gespielt wurden. Wie z.B. das *Maiswettspiel*, bei dem fünf getrocknete Maiskolben, die vorher versteckt wurden, gesucht werden müssen. Das soll daran erinnern, daß die tägliche Ration der Pilgerväter nur aus eben fünf Maiskolben bestand. – Oder das Kürbisrennen: hier versucht jeder Mitspieler, einen Kürbis mit einem Löffel ins Ziel zu treiben. Da Kürbisse mit Schlagseite rollen, wird bei diesem Spiel viel gelacht.

Eine Halloween-Dekoration mit aufblasbaren Riesenkürbissen in Beverly Hills.

Grünkohlfeste

Bis jetzt haben sich die amerikanischen Traditionen von Halloween oder Thanksgiving in Europa noch nicht durchgesetzt. Aber der November, der auch *Schlachtmonat, Nebelung*, oder, wie zur Zeit Karls des Großen, *Windmonat* genannt wird, eignet sich mit seinen trüben Regentagen ganz ausgezeichnet für ein geselliges Beisammensein mit gutem Essen, auch wenn man für die Versorgung mit fleischlichen Delikatessen heutzutage nicht mehr auf das traditionelle Herbstschlachten angewiesen ist.

Beim Gemüse ganz oben auf der Beliebtheitsskala der Menschen zwischen Ost- und Nordsee steht noch heute der Grünkohl. Zumindest hier im Hohen Norden ist der 20. November, der Buß- und Bettag, auch ein Freudentag. Dann beginnt hier nämlich offiziell die Grünkohlsaison.

Berühmt sind Grünkohl- und Pinkelfahrten in Bremen und Umgebung. Vereine und Clubs, ganze Büroabteilungen und Kaffeekränzchen (von innen mit viel Korn gewärmt) treffen sich zu langen Winterspaziergängen, ihr Ziel: ein Gasthaus mit anerkannt guter Grünkohl-Küche. Wer die größte

Portion Grünkohl mit Pinkel verdrückt hat, wird zum Kohlkönig gekürt.

Bei offiziellen Grünkohlessen, wie dem der Stadt Oldenburg in der niedersächsischen Landesvertretung in Bonn, wird nicht der größte Esser, sondern ein Gast, der besonders geehrt werden soll, zum Kohlkönig ausgerufen und mit einer Kohlkette geschmückt. Bonvivant Joschka Fischer, Fraktionssprecher von Bündnis 90/Die Grünen, hat sie 1996 erhalten.

Sankt Andreas

Im 8. Jahrhundert legte man das Ende des Kirchenjahres auf den 30. November, den Andreastag, der gleichzeitig den ungefähren Beginn der Adventszeit markierte. Dieser Tag wurde als Jahreswechsel festlich begangen und war den Silvesterfeiern der weltlichen Jahreswende vergleichbar.

Kein Wunder also, wenn man an einem so wichtigen Datum versuchte, einen Blick in die Zukunft zu tun. Vor allem für junge Mägde und Dienstbotinnen war die Nacht vor dem

30. November eine ganz wichtige *Losnacht. Losen* heißt wahrsagen, einen Blick in die Zukunft tun. Und da interessierte eine junge Frau in der Regel nichts mehr als der zukünftige Ehemann, denn von ihm hing ihr Glück, ihre zukünftige Versorgung und ihr soziales Ansehen ab. Es entwickelten sich eine Fülle von Liebes- und Heiratsorakel, bei denen oft Äpfel als Liebessymbole (mehr dazu im Kapitel „Advent") eine Rolle spielten. Eines dieser Orakel bestand darin, daß ein Mädchen einen Apfel schälte und die Schale, die natürlich möglichst lang sein sollte, hinter sich warf. Aus der Form der Schale, so sagte man, konnte sie dann den Anfangsbuchstaben des Namens ihres zukünftigen Geliebten herauslesen.

Man glaubte vielfach, je komplizierter die Bedingungen eines Orakels seien, desto sicherer sei auch das, was man dadurch erfahre. So gab es z.B. in Hessen den Brauch, daß sich ein Mädchen von einer Witwe schweigend und ohne Dank einen Apfel schenken lassen sollte. Die eine Hälfte mußte sie vor, die andere nach Mitternacht essen, dann, so sagte man, würde sie von ihrem künftigen Bräutigam träumen. Den gleichen Dienst sollten getrocknete Leinsamen erweisen, wenn man sie unters Kopfkissen schüttete und in dieser Nacht rückwärts ins Bett stieg. Auch ein Tritt gegen die Rückwand des Bettes konnte helfen, wenn man dazu sprach:

> *„Heiliger Andreas, ich bitt' dich*
> *Bettstatt, ich tritt dich,*
> *laß mir erscheinen –*
> *den Herzallerliebsten mein!"*

Bei vielen magischen Handlungen, die aus der Andreasnacht überliefert sind, tritt der erotische Charakter eindeutig zutage: wenn sich beispielsweise die Mädchen nackt in die Stube setzen, dabei rückwärts ein Vaterunser aufsagen, dann die Stube fegen, den Tisch decken und sich schließlich – immer noch nackt – ins Bett legen sollten, damit ihnen der Geliebte im Traume erscheine.

Aus Böhmen ist das *Lichtelschwimmen* bekannt. Für jedes anwesende Mädchen wurden zwei Nußschalen mit einer brennenden Kerze in eine große mit Wasser gefüllte Schale gesetzt. Jedes Mädchen hatte eine Kerze für sich und eine, der sie insgeheim den Namen ihres Liebsten gab. Wenn sich nach einiger Zeit die Nußschalen trafen, so bedeutete das,

Links: Am Thanksgiving Day, der alljährlich am 4. Donnerstag im November gefeiert wird, ist in den Vereinigten Staaten nicht nur kulinarisch einiges geboten. In Paraden und Umzügen mit phantasievollen Kostümen wird auf typisch amerikanische Weise an das erste Erntedankfest in Gemeinschaft mit den Indianern im Jahr 1621 erinnert.

daß bald eine Hochzeit ins Haus stand. Glück sollen auch Apfel- und Holunderzweige bringen, die am Andreastag geschnitten werden, besonders dann, wenn man sie um 6, 9 oder 12 Uhr schneidet, und dann am besten von 7- oder 9erlei verschiedenen Bäumen und Sträuchern. An ihrer Blüte glaubte man eine bevorstehende Heirat ablesen zu können. Auch Bleigießen, das vielen als Silvesterbrauch bekannt ist, war in ländlichen Gegenden ein beliebtes Mittel, um einen Blick in die Zukunft zu tun.

Was die Legende erzählt

Andreas war Fischer am See Genezareth und wurde wie sein Bruder Simon Jünger von Jesus. Er war Prediger in ganz Kleinasien, dem südlichen Rußland, Ungarn und Polen und wurde an einem Kreuz in Form des griechischen Chi (X) hingerichtet, dem später nach ihm benannten Andreaskreuz. Er soll viele Wunder vollbracht, Kranke geheilt und Ertrunkene wieder zum Leben erweckt haben, vor allem hat er wohl in Liebesdingen oft Hilfe geleistet. Der heilige Andreas wird vor allem in der griechischen und russisch-orthodoxen Kirche hoch verehrt, und die Schotten erwählten Saint Andrew sogar zu ihrem Nationalheiligen. Mit Beschluß des 2. Konzils von Nicea im Jahr 787 legte die Kirche fest, daß der Gedenktag des heiligen Andreas mit dem Ende des Kirchenjahres und mit dem Beginn der Adventszeit zusammenfiel, wodurch er die Bedeutung eines wichtigen Wendetags erhielt. Lange Zeit war es üblich, an diesem Tag in den Kirchen vor versammelter Gemeinde die wichtigsten und schicksalhaftesten Ereignisse des vergangenen Jahres zu verlesen. Es ist nur zu verständlich, daß sich die Menschen da fragten, was wohl das nächste Jahr bringen würde, und daß manch einer versuchte, das eigene Schicksal auf magische Weise zu beeinflussen. Die Los- und Liebesorakel in der Andreasnacht dürften auf diesen kirchlichen Brauch zurückgehen.

In den USA war der Andreastag der erste Schlachttermin. Nach alter Tradition gibt es zur Feier dieses Tages Gulaschsuppe und *Brunswick Stew* – ein Gericht, das angeblich von den Indianern erfunden wurde. Andere behaupten, ein schwarzer Sklave habe es in Brunswick County, Virginia, aus Eichhörnchenfleisch zubereitet.

Deftiges für die kalte Jahreszeit

Der November ist unser elfter Monat, im römischen Kalender der neunte. Daher auch sein Name vom lateinischen *novem* für neun. Aber der November, der auch *Schlachtmonat* oder *Nebelung* genannt wird – Karl der Große benannte ihn auch *Windmonat* –, eignet sich mit seinen trüben Regentagen auch ausgezeichnet für ein geselliges Beisammensein mit gutem Essen.

„Der deutsche Winter", so stellte im Jahre 1789 ein englischer Reisender fest, „duftet nach Erbsensuppe. Besonders in nördlichen Regionen sah ich Leute ganz unglaubliche Mengen davon essen."

Hülsenfrüchte wie Erbsen und Linsen stehen auf dem winterlichen Speiseplan auch heutzutage ganz weit oben.

Nach wie vor an erster Stelle unter den Wintergemüsen rangiert aber der Kohl. Obwohl bescheiden und alltäglich, ist er der unangefochtene König der Gemüse und zählt noch immer zu den wichtigsten und am häufigsten angebauten Feldfrüchten der Welt. Hierzulande sind es vor allem die Zwillingsbrüder Grünkohl und Weißkohl, die dieses wertvolle Gemüse in der winterlichen Küche würdig vertreten und uns in der kalten Jahreszeit mit wichtigen Vitaminen und Mineralstoffen versorgen. Schon in römischer Zeit ernährten sich arme Leute häufig von Kohlgemüse, und über das ganze Mittelalter hinweg war der Eintopf aus Bohnen und Kohl ein Grundnahrungsmittel. Ob Grünkohl mit Pinkel oder Sauerkraut mit Speck – viele deftige Wintermahlzeiten sind ohne Kohl gar nicht denkbar.

Die Früchte der Herbsternte. Erntedankfest in Hamburgs „Vierlande".

Grüner Erbseneintopf

Für 4 Portionen
500 g grüne, getrocknete und
ungeschälte Erbsen
2½ Liter kaltes Wasser
2 Zwiebeln
500 g Schweinenacken
1 Bund Suppengrün
300 g Kartoffeln
20 g Butterschmalz
Salz
weißer Pfeffer
½ Bund frischer Majoran

Erbsen zusammen mit dem Wasser in eine Schüssel geben und über Nacht einweichen. Am nächsten Tag die Erbsen mit dem Einweichwasser etwa 1 Stunde kochen lassen.

Inzwischen die Zwiebeln schälen und fein würfeln. Den Schweinenacken ebenfalls würfeln. Das Suppengrün putzen, waschen und grob schneiden. Die Kartoffeln schälen und würfeln.

Butterschmalz in einem großen Topf erhitzen, das Fleisch darin rundherum anbraten.

Die Zwiebelwürfel hinzufügen und ebenfalls anbraten, dann das Suppengrün und die Kartoffeln dazugeben. Mit Salz und Pfeffer würzen. Zugedeckt leicht schmoren lassen.

Die gekochten Erbsen mit dem Kochwasser hinzufügen und die Suppe weitere 30 Minuten köcheln lassen.

Zum Servieren die geschnittenen Majoranblättchen unterziehen und nach Belieben abschmecken.

TIP Wer mag, kann den Eintopf auch mit gerösteten Brotwürfeln garnieren.

Grünkohl mit Schweinebacke und Kochwurst

Fast jeder norddeutsche Landstrich hat seine besonderen Beilagen zum Grünkohl. In Schleswig-Holstein gehört viel geräucherter Speck dazu, die Bremer und Oldenburger essen Pinkelwurst, die ihren Namen vom Pinkeldarm des Rindes hat. Die südlichen Niedersachsen bevorzugen Brägenwurst, die aus Hirn (Brägen) hergestellt wird. In Berlin wird zum Grünkohl Kasseler und Geflügel, wie gebratene Ente oder Gans, gegessen. Außerhalb dieser klassischen Grünkohl-Hochburgen ißt man dazu Kochwürste, Kasseler, Schweinefleisch oder auch Geflügel.

Für 4 Portionen
2 kg frischer Grünkohl
¾ Liter Wasser
Salz
weißer Pfeffer
1 Prise Zucker
1 EL zarte Haferflocken
250 g Schweinebacke oder Schweinerippchen
250 g durchwachsener Speck
20 g Schweineschmalz
4 kleine Mettwürste

Grünkohlblätter gründlich waschen, abtropfen lassen, die dicken Rippen entfernen und die Blätter kleinzupfen. Wasser zum Kochen bringen, Grünkohl dazugeben und mit Salz, Pfeffer und Zucker würzen.

Haferflocken, Schweinebacke (oder Schweinerippchen) und durchwachsenen Speck hinzufügen. Das Schweineschmalz über den Kohl geben. Zugedeckt 60 Minuten kochen lassen. Die Mettwürste 10 Minuten vor Ende der Garzeit zum Kohl geben.

Den Kohl abschmecken und zusammen mit dem in Portionen geschnittenen Fleisch anrichten.

TIP Zu diesem deftigen Gericht gehören Salzkartoffeln, scharfer Senf und – selbstverständlich – ein kühles Bier.

Sauerkraut auf französische Art

Choucroute

Choucroute ist französisch und heißt Sauerkraut. Obwohl wir Deutschen *Krauts* genannt werden und die Super-Sauerkrautesser der Welt sind, kommt dieses Gericht aus dem benachbarten Elsaß, wo es sich insbesondere an kalten Wintertagen größter Beliebtheit erfreut.

Für 6 Portionen
4 große Kartoffeln
Salz
200 g durchwachsener Speck
500 g Sauerkraut
3 Lorbeerblätter
3 Wacholderbeeren, 6 Nelken
2 Zwiebeln
1 Knoblauchzehe
200 g Schweinebauch
4 geräucherte Mettwürste
200 g gepökelte Rippchen
¼ Liter Fleischbrühe
1 Glas Rotwein (0,2 l)
50 g Schinkenspeck

Kartoffeln schälen und in dünne Scheiben schneiden. In leicht gesalzenem Wasser 10 Minuten vorgaren, dann herausnehmen, gut abtropfen lassen.

Den durchwachsenen Speck in dünne Scheiben schneiden. Eine feuerfeste Form damit auslegen. Eine Schicht Sauerkraut und die Hälfte der Gewürze darauf verteilen. Zwiebel schälen und fein hacken. Knoblauchzehe mit dem Salz zerdrücken und mit den Zwiebelwürfeln mischen. Die Gewürze mit der Hälfte dieser Mischung bedecken.

Die nächste Schicht besteht aus in Scheiben geschnittenem Schweinebauch, Mettwürstchen und Rippchen. Darauf kommt wieder eine Schicht Sauerkraut. Auf dieser die Kartoffelscheiben verteilen und mit den restlichen Gewürzen und dem verbliebenen Sauerkraut bedecken.

Den Auflauf mit Fleischbrühe und Rotwein angießen. Schinkenspeck fein würfeln, kurz in einer Pfanne auslassen und auf dem Auflauf verteilen. Zugedeckt im vorgeheizten Backofen, untere Schiene, bei 200 °C (Umluft 170 °C, Gas Stufe 3) 75 Minuten backen. Sofort nach dem Herausnehmen servieren.

TIP Als Beilage schmecken Salzkartoffeln, als Getränk empfiehlt sich Bier oder ein Wein aus dem Elsaß.

Jagdherrentopf

Bigos

Dieses polnische Nationalgericht wird in jeder altpolnischen Küche anders zubereitet. Jedes Haus hatte sein eigenes Rezept.

Bigos wird immer mit Brot serviert. Am besten schmeckt dieser Winter-Eintopf aufgewärmt. Warm verpackt, war Bigos früher nahrhafter Begleiter bei Jagdgesellschaften und Schlittenfahrten.

Für 4–6 Portionen
1,5 kg Sauerkraut
50 g getrocknete Pilze
je 300 g mageres Schweine- und Rindfleisch
¼ Ente
300 g Wurst (Mettwürstchen) und gekochter Schinken
100 g durchwachsener Speck
4 Zwiebeln
30 g Schweineschmalz
2 Lorbeerblätter
weißer Pfeffer
3 Pimentkörner
2 Wacholderbeeren
4 mittelgroße säuerliche Äpfel
100 g getrocknete Pflaumen ohne Stein
2 Zwiebeln
⅛ Liter Madeira

Das Sauerkraut mit zwei Gabeln zerpflücken, eventuell etwas zerkleinern. In kochendem Wasser etwa 5 Minuten blanchieren. Dann herausnehmen, abtropfen lassen. Die Pilze gut abspülen, in Streifchen schneiden und in ½ Liter Wasser einweichen.

Das Schweine-, Rind- und Geflügelfleisch, die Wurst und den gekochten Schinken in walnußgroße Würfel schneiden. Den Speck und die geschälten Zwiebeln würfeln.

Schweineschmalz in einer Pfanne erhitzen und den Speck darin glasig braten. Die Fleisch- und Geflügelwürfel dazugeben und rundherum anbraten. Die Zwiebelwürfel hinzufügen und goldgelb werden lassen. Pilze und Gewürze in die Pfanne geben, mit dem Pilzwasser auffüllen und zugedeckt 15 Minuten schmoren lassen. Dann das Sauerkraut unter das Fleisch heben. Noch 45 Minuten zugedeckt schmoren lassen. Die Äpfel schälen, achteln und entkernen, Pflaumen in Streifen schneiden. Äpfel, Backpflaumen, Wurst- und Schinkenwürfel 10 Minuten vor Ende der Garzeit unterheben und das Ganze mit dem Madeira abschmecken. Noch einmal kräftig durchkochen lassen.

Ochsenschwanztopf

—— Hotchpotch ——

Hot-pot oder *Hotchpotch* heißt dieser Eintopf in Großbritannien, *Hutspot* in den Niederlanden, wo er ein beliebtes Hausmannsgericht ist. Die Franzosen sagen *Hochepot*. Man kochte dieses Gericht schon im Mittelalter. Später entwickelten sich daraus viele streng gehütete Familienrezepte. Keine Familie verriet der anderen, welche Gewürze sie in „ihren" Hochepot tat. Noch heute wird dieses Gericht bevorzugt in der Vorweihnachtszeit gegessen, wozu man gern Freunde und Bekannte einlädt.

1 Ochsenschwanz (etwa 1 kg), in gleichgroße Stücke geschnitten
50 g Butterschmalz
Salz
weißer Pfeffer
2 Zwiebeln
2 Möhren
300 g Weißkohl
1 mittelgroße Knoblauchzehe
1 Glas Cognac (2 cl)
je ¼ Liter Weißwein und Wasser
100 g durchwachsener Speck
500 g kleine Zwiebeln oder Schalotten
1 Bund Petersilie

Ochsenschwanzstücke abspülen und trockentupfen. 30 g Butterschmalz in einer Pfanne erhitzen und die Fleischstücke darin anbraten. Mit Salz und Pfeffer würzen. Zwiebeln schälen und würfeln. Möhren schaben, waschen und kleinschneiden. Weißkohl in 4 cm große Stücke schneiden. Knoblauchzehe schälen und zerdrücken.
Alle Zutaten zum Fleisch geben. Mit Cognac ablöschen, Wein und Wasser zugeben. Zugedeckt 120 Minuten schmoren lassen. Speck fein würfeln und in dem restlichen Butterschmalz auslassen. Zwiebeln schälen und goldgelb anbraten. In den Eintopf geben. Zugedeckt nochmals 60 Minuten schmoren lassen. Nach dem Garen das Fleisch von den Knochen lösen und in den Eintopf geben. Mit gehackter Petersilie bestreut anrichten.

TIP Als Beilage empfiehlt sich knuspriges Stangenweißbrot.

Hörnchennudeln mit Linsen

—— Pasta e lenticchie ——

Ein typisch italienisches Wintergericht ist Pasta mit Linsen. Es stammt von Enrico Braganti, dem Chefkoch der im Südosten der Toskana mit Blick auf die Stadt Sansepolcro gelegenen „Casa Buitoni". Dort gründete im Jahr 1827 Signora (Mamma) Giulia Buitoni Italiens erste kommerzielle Pastafabrik. In der neoklassizistischen Villa aus dem 19. Jahrhundert lebte Giulia Buitonis Neffe, Giuseppe Buitoni, bis zum 2. Weltkrieg. Seit 1988 ist das prächtige Gebäude im Besitz der Firma Nestlé, die das Haus originalgetreu renovieren ließ. Außer einem modernen Kommunikations-, Forschungs- und Entwicklungszentrum beherbergt die „Casa Buitoni" heute verschiedene Versuchsküchen, in denen unter der Leitung von Enrico Braganti neue Produkte entwickelt werden.

Für 4 Portionen
100 g durchwachsener Speck
1 Zwiebel
2 Knoblauchzehen
4 Stangen Staudensellerie
4 EL Olivenöl
feingehackter Rosmarin
200 g kleine italienische Linsen
1 Lorbeerblatt
1 Liter Gemüsebrühe
250 g Cellentani (kleine Hörnchennudeln)
Salz
frisch gemahlener weißer Pfeffer

Den Speck in feine Streifen schneiden, die Zwiebel fein hacken. Den Knoblauch schälen und mit dem Sellerie in Scheiben schneiden. Zarte Sellerieblätter beiseite legen.
In einer Pfanne einen Eßlöffel Olivenöl erhitzen, Zwiebel, Knoblauch und Selleriestücke darin anbraten. Mit Rosmarin bestreuen.
Die Linsen waschen und zusammen mit dem Lorbeerblatt in die Pfanne geben. Mit Gemüsebrühe auffüllen. Etwa 40 Minuten zugedeckt köcheln lassen. 10 Minuten vor Ende der Garzeit die Cellentani hinzufügen und mitgaren. Mit Salz und Pfeffer würzen.
Vor dem Servieren mit restlichem Olivenöl beträufeln und mit feingeschnittenem Selleriegrün bestreuen.

Festlich aufgetischt

Was wäre der 11. November, der Tag des heiligen Martin, ohne die traditionelle Martinsgans! Zur Strafe dafür, daß ihn ihr Geschnatter einmal verraten hat, soll der Heilige dereinst alle Gänse habe schlachten lassen – so jedenfalls berichtet die Legende.

Doch wie viele spätherbstliche und vorweihnachtliche Feste hat auch der traditionelle Martinsschmaus einen weit älteren Ursprung. Das Schlachten der Gänse zu Martini hängt mit einer bedeutsamen Wende im Jahresablauf zusammen. Mitte November endete für die Germanen der Spätsommer (eine der drei Jahreszeiten: Frühsommer, Spätsommer, Winter). Damit setzte die erste große Schlachtzeit ein, wobei nicht nur Gänse, sondern auch anderes Vieh geschlachtet wurden; man feierte große Feste, dankte den Göttern für die Ernte, brachte ihnen Opfer und sorgte für die Wintervorräte. Im Laufe der Zeit gingen germanisches und christliches Brauchtum ineinander über. Geblieben ist aber bis ins 19. Jahrhundert Martini als wichtiger Tag im Bauernjahr, als Zins- und Abgabetermin.

Wie hierzulande der Martinstag so haben auch die typisch amerikanischen Feste Halloween und Thanksgiving ihre ganz besonderen kulinarischen Spezialitäten. Kürbissuppe, Pumpkin-Pie und der obligatorische Thanksgiving-Day Turkey gehören in Amerika an diesen Tagen auf jeden festlich gedeckten Tisch. Und für alle, die es deftig und lecker mögen, gibt's zum Andreastag am 30. November Brunswick Stew mit Okraschoten. Na, dann guten Appetit!

Wintersalat mit Walnüssen

Für 6 Portionen

Für den Salat:

2 Chicoréekolben
1 Kopf Radicchio (200 g)
1 kleiner Kopf Eichblattsalat
1 kleiner Kopf Lollo Bianco

Für die Salatsauce:

⅛ Liter Gemüsebrühe
4 EL Sherryessig
2 EL körniger Senf
1 EL Honig
2 kleine Knoblauchzehen
Salz
frisch gemahlener weißer Pfeffer
4 EL Pflanzenöl
2 EL Walnuß- oder Haselnußöl
1 Bund Schnittlauch
50 g Walnußkerne

Von den Chicoréekolben eventuell die welken Blätter entfernen, unten knapp ½ cm abschneiden und den weißen Kern keilförmig entfernen, kurz abspülen.

Chicorée in Scheiben bzw. in Ringe schneiden. Radicchioblätter auseinandernehmen, abspülen, die Blätter in mundgerechte Stücke zerteilen. Auch die anderen Salate waschen und zerteilen. Alle Salatblätter abtropfen lassen und in einer Schüssel mischen.

Für die Sauce: Gemüsebrühe, Essig, Honig, zerdrückte Knoblauchzehen, Salz und Pfeffer verrühren und das Öl (Pflanzen- und Nußöl) unterschlagen. Schnittlauch in Röllchen schneiden und dazugeben (2 Teelöffel zum Garnieren beiseite legen).

Den Salat mit der Sauce begießen, kurz mischen. Walnußkerne grob zerhacken und zusammen mit dem übrigen Schnittlauch über den Salat streuen.

TIP Zum Vorbereiten: Die Salate putzen und in Plastikdosen oder -beuteln im Kühlschrank nicht länger als einen Tag aufbewahren. In einem Schraubglas verschlossen und kühl gestellt, bleibt die Salatsauce etwa drei Tage haltbar. Walnüsse immer frisch gehackt darüber streuen. Zum Anrichten kurz vor dem Essen alles mischen.

Martinsgans

Für 4–6 Portionen

1 junge Gans (etwa 4 kg)
Salz
weißer Pfeffer
1 Bund Beifuß
Für die Füllung:
400 g Äpfel (z.B. Boskop)
250 g Backpflaumen ohne Stein
2 EL Zucker
3–4 EL geriebenes Schwarzbrot
50 g durchwachsener Speck, gewürfelt
Für die Sauce:
⅛ Liter Wasser
1–2 EL Mehl
1 EL Speisestärke
Salz
weißer Pfeffer

Die Gans ausnehmen, abspülen, trockentupfen und innen und außen mit Salz und Pfeffer einreiben. Das Innere mit gehacktem Beifuß ausstreuen.

Für die Füllung: Äpfel waschen und vierteln, Kerngehäuse entfernen. Mit Backpflaumen, Zucker, Schwarzbrot und Speck mischen; die Gans damit füllen. Die Öffnung mit Küchengarn zunähen. Die Gans dressieren, d.h. die Flügel ineinander verschränken, die Keulen am Körper mit Küchengarn festbinden.

Die Gans auf den Bratenrost, mit der Brust nach unten, legen. Die Fettpfanne mit einem halben Liter heißem Wasser füllen und unter die Gans schieben. Im vorgeheizten Backofen bei 200 °C (Umluft 170 °C, Gas Stufe 3) etwa 60 Minuten braten. Dann den Vogel umdrehen und weitere 90 bis 120 Minuten braten. Nach 20 Minuten zwischen Keulen und Brust die Haut einstechen, damit das Fett herausläuft. 10 Minuten vor Ende der Bratzeit die Temperatur auf 220 °C (Umluft 180 °C, Gas Stufe 4) erhöhen. Die Haut mit etwas Salzwasser bestreichen. So wird sie schön kroß. Die Gans warm stellen.

Für die Sauce: Den Bratenfond mit Wasser loskochen und in einen Topf seihen, eventuell Fett abschöpfen. Mehl und Speisestärke mit wenig Wasser verrühren, die Sauce damit binden. 5 Minuten kochen lassen. Mit Salz und Pfeffer abschmecken.

TIP Wenn die Gans noch viele Kiele hat, kann man sie für ca. 10 Minuten in den Backofen schieben. Dann wird die Haut prall, und die Kiele lassen sich mit einer Pinzette wunderbar herausziehen.

Die Gänse-Innereien können mit in die Füllung eingearbeitet oder separat zubereitet und serviert werden, z. B. als delikate Vorspeise.

Als Beilage zur Martinsgans eignen sich Rot- oder Grünkohl oder in Butter geschwenkte Rosenkohlblättchen und Salzkartoffeln.

Gänseschmalz I

1 kg Gänseflomen
⅛ Liter Wasser
250 g Zwiebeln
3 säuerliche Äpfel
1 Stiel Beifuß
1 Prise Salz

Flomen in sehr kleine Stücke schneiden. Zusammen mit ⅛ Liter Wasser so lange ausbraten, bis das Fett klar ist. In der Zwischenzeit Zwiebeln schälen und in Würfel schneiden. Kurz vor Ende der Garzeit zum Fett geben und bei mittlerer Hitze noch 10 Minuten köcheln lassen. Dabei werden die Zwiebeln goldgelb.

Inzwischen die Äpfel schälen, vierteln. Kerngehäuse entfernen und die Äpfel würfeln. Den Topf vom Herd nehmen und die Apfelwürfel und den abgerebelten Beifuß unterrühren und salzen. Das Schmalz bei Raumtemperatur fest werden lassen.

TIP Das Schmalz wird fester, wenn Sie ½ Teelöffel weißes Kokosfett zusammen mit dem Gänseschmalz zerlassen.

Gänseschmalz II

500 g Gänsefett (nach dem Braten abgeschöpftes Fett)
250 g Schweineschmalz
3 Zwiebeln
1 Stengel Beifuß
2 säuerliche Äpfel
1 Prise Salz

Das abgeschöpfte Gänsefett zusammen mit dem Schweineschmalz erhitzen. Zwiebeln schälen und würfeln. Zum Fett geben und 20 Minuten bei kleiner Hitze kochen.

Inzwischen die Äpfel schälen. Kerngehäuse entfernen und würfeln. Beifuß vom Stengel zupfen und mit den Apfelwürfeln zum Schmalz geben. Salzen und in einem Töpfchen bei Zimmertemperatur erkalten lassen.

Früchtetee-Creme

Für 6 Portionen

100 ml Wasser
2 EL tropische Früchtetee-Mischung
½ TL gemahlener Ingwer
1 Messerspitze gemahlener Kardamom
60 g Zucker
7 Blatt weiße Gelatine
je 250 g Pfirsiche und Aprikosen (aus der Dose)
200 g Apfelkompott
1 Becher Schlagsahne (250 g)
1 Zweig frische Zitronenmelisse

Wasser, Teemischung, Ingwer, Kardamom und Zucker auf kochen und 10 Minuten ziehen lassen.

Gelatine in kaltem Wasser einweichen. Pfirsiche und Aprikosen (jeweils 4 dünne Streifen beiseite legen) gut abtropfen lassen, Apfelkompott dazugeben. Mit dem Schneidstab des Handrührgerätes oder im Mixer pürieren.

Tee durch ein Sieb seihen und die eingeweichte und gut ausgedrückte Gelatine darin auflösen. Fruchtpüree unterrühren und kalt stellen. Schlagsahne steif schlagen. Sobald die Masse zu gelieren beginnt – das erkennen Sie daran, daß ein Schnitt

mit dem Messer sichtbar bleibt –, die Schlagsahne vorsichtig unterziehen. Creme in Portionsschälchen füllen. 60 Minuten im Kühlschrank erstarren lassen. Zum Servieren die Creme mit Pfirsich- und Aprikosenstreifen und Zitronenmelisse garnieren.

TIP Die Früchte können schon einen Tag vorher püriert werden; in einem Plastikbehälter lassen sie sich problemlos im Kühlschrank aufbewahren. Die Creme büßt auch nichts von ihrem Geschmack ein, wenn Sie sie bereits am Abend vorher zubereiten.

Karpfen blau

Die einen essen ihn zum Heilig Abend, anderswo kommt er an Neujahr auf den Tisch – der Karpfen ist ursprünglich ein asiatischer Fisch. Schon vor unserer Zeitrechnung wurde er in China in Teichen gezüchtet.

Um der weihnachtlichen Völlerei entgegenzuwirken, empfahl die Kirche den Karpfen früher als Fastenspeise. Doch noch heute ist er aufgrund seines vorzüglichen Geschmacks ein geschätztes Festtagsgericht.

Eine Karpfenschuppe sollten Sie auf jeden Fall beiseite legen: Im Portemonnaie aufbewahrt, so sagt man, bringt sie Glück fürs nächste Jahr.

Für 4 Personen
1 küchenfertiger Karpfen von etwa 1,5 kg
je ⅜ Liter Essig und Weißwein
⅜ Liter Wasser
1 Zwiebel
1 Lorbeerblatt
3 weiße Pfefferkörner
1 Zitrone
4 kleine Salatblätter
100 g Butter

Den Karpfen unter kaltem Wasser vorsichtig abspülen, damit die Schleimhaut nicht verletzt wird. Innen trockentupfen und salzen. Nicht abschuppen! Fisch in eine Schüssel setzen. Essig bis zum Siedepunkt erhitzen und über den Fisch gießen. 10 Minuten ziehen lassen. Dann auf eine Platte legen. Den Essig zusammen mit Wein und Wasser in einem Bräter erhitzen. Zwiebel schälen und halbieren und zusammen mit dem Lorbeerblatt, den Pfefferkörnern und der in Scheiben geschnittenen Zitrone in den Sud geben.

Karpfen in den Sud legen und 20 Minuten bei niedrigster Hitze ziehen lassen. Mit zwei Schaumlöffeln herausheben, abtropfen lassen und auf einer vorgewärmten Platte anrichten.

Mit Salatblättern garnieren. Dazu zerlassene Butter reichen.

TIP Vorzüglich schmecken dazu Meerrettichsahne und Salzkartoffeln.

Meerrettichsahne

Auch der deutsche Name dieser unvergleichlichen Wurzel mit dem beißend scharfen Geschmack leitet sich – nein, nicht von Meer, sondern von – „Mähre" ab. Wie Meerrettich auch im Englischen *horse-radish* heißt, nicht weil nur Pferde besonders scharf auf diese Wurzel wären. Allgemein wurden früher die Bezeichnungen ungenießbarer oder scharf schmeckender Pflanzen häufig mit Tiernamen kombiniert. Alles andere als ungenießbar, ist Meerrettich in dieser raffinierten Zubereitung ein wahrer Genuß.

¼ Liter Sahne
1 Prise Zucker
3 EL geriebener Meerrettich, frisch oder aus dem Glas (60 g)
1 TL Zitronensaft
Salz
weißer Pfeffer

Sahne mit Zucker in einer Schüssel steif schlagen. Den Meerrettich unterheben. Mit Zitronensaft, Salz und Pfeffer abschmecken. Bis zum Servieren in den Kühlschrank stellen.

TIP Sie können zusätzlich noch 1 Eßlöffel Orangensaft und die abgeriebene Schale einer halben unbehandelten Orange in die Meerrettichsahne geben. Das mildert die Schärfe und verleiht einen noch feineren Geschmack.

Amerikanische Familienfeste

Streng genommen haben Halloween und Thanksgiving mit Weihnachten ja nichts zu tun. Diese typisch amerikanischen Feste entstanden, als die europäischen Siedler mit ihren mitgebrachten Gewohnheiten und Traditionen in der neuen Welt mit einer Vielfalt neuer Eindrücke, indianischen Lebensweisen und Bräuchen konfrontiert wurden. Das gilt ganz besonders für einen Tag, der im amerikanischen Kalender rot angestrichen ist und von jedem Amerikaner heiß geliebt wird – der vierte Donnerstag im November: der Thanksgiving Day, das amerikanische Erntedankfest. Für Familien in ganz Nordamerika ist er der wichtigste Feiertag überhaupt.

Zur Feier am Thanksgiving Day bringt jeder geladene Gast etwas Selbstgemachtes mit: selbstgebackenes Brot, Mixed Pickles, Tomaten-Chutney, verschiedene Salate, denn das sind typische Beilagen zum *Stuffed Turkey Roast* – dem obligatorischen stattlichen Truthahn, der im Mittelpunkt der reich gedeckten Tafel steht.

Über 230 Jahre alt ist das traditionelle Fest, das an die ersten Erntedankfeste in Gemeinschaft mit den Indianern erinnert. Im Thanksgiving Day, wie er heute in den USA gefeiert wird, haben sich die Traditionen der Siedler mit denen der indianischen Urbevölkerung vermischt. Denn die Indianer feierten schon vor Ankunft der ersten Siedler in dieser Zeit immer ein traditionelles Herbstfest – den *Grünen Maistanz* –, das sich über 4 Tage erstreckte.

Wenn man sich das üppige Fest mit seinen vielfältigen kulinarischen Delikatessen vor Augen führt, dann möchte man wünschen, die Eroberung der Neuen Welt wäre nur überall so friedfertig verlaufen wie in diesem Fall.

Kürbissuppe „Halloween"

Pumpkin Soup „Halloween"

Symbol des amerikanischen Halloween-Festes ist der ausgehöhlte und im Innern mit einer Kerze gespenstisch erleuchtete Kürbis. Das schaurige Kürbisgesicht – *Jack o'lantern* – geht auf eine Legende zurück, welche die irischen Einwanderer mit nach Amerika brachten. Auf seiner verzweifelten Suche nach einem Platz für die Ewigkeit benutzt der alte Jack, der einen Pakt mit dem Teufel geschlossen hat, eine weiße Rübe als Laterne. In Amerika wurde aus der Rübe dann der Kürbis. Der eignet sich aber nicht nur als symbolischer Geisterschreck, sondern ergibt z.B. eine schmackhafte Kürbissuppe – ein typisches Halloween-Gericht.

Für 8 Portionen
1 kg Kürbis
1½ Liter Hühnerbrühe
1 EL Butter
1 EL Mehl
2 EL brauner Zucker
Salz
weißer Pfeffer
je 1 Messerspitze gemahlener Ingwer und Zimt
150 g gekochter Schinken
200 ml süße Sahne

Kürbisstück schälen, entkernen, würfeln und 15 Minuten in der Hühnerbrühe kochen. Die Masse sehr fein pürieren und noch einmal erhitzen. Butter und Mehl verkneten und die Suppe damit binden. Mit den Gewürzen abschmecken. Den Schinken in feine Streifen schneiden und in die Suppe geben. 150 ml Sahne in die Suppe rühren.

Die restliche Sahne mit einem Eßlöffel als Garnitur in die Suppe ziehen. Sofort servieren.

Kürbiskuchen

Pumpkin Pie

Auch der Pumpkin-Pie ist ein klassisches Halloween-Gericht. Genauso gern ißt man ihn aber am Thanksgiving Day.

Ergibt 12 bis 14 Stücke
Für den Teig:
100 g Butter
220 g Mehl
1 Prise Salz
1 Ei
1 EL eiskaltes Wasser
Für den Belag:
750 g Kürbis
⅛ Liter Wasser
200 g brauner Zucker
4 Eigelb
75 g Butter
je 1 Messerspitze gemahlener Zimt, Ingwer
und geriebene Muskatnuß
1 Prise Salz
4 Eiweiß
2 EL Speisestärke
⅛ Liter Schlagsahne

Für den Teig: Alle Zutaten verkneten. Den Teig flachdrücken und mit Folie bedeckt 2 Stunden kalt stellen.

Für den Belag: Den Kürbis schälen, entkernen und in Stücke schneiden. Wasser und 100 g Zucker in einem Topf aufkochen, Kürbisstücke darin 15 Minuten garen. In einem Sieb abtropfen und abkühlen lassen und in einer Schüssel mit dem Schneidstab des Handrührgerätes pürieren.

Eigelbe, restlichen Zucker und weiche Butter weißcremig schlagen. Zimt, Ingwer und Muskatnuß unterrühren.

Eiweiß mit Salz schnittfest schlagen und unter die Eier-Zucker-Masse heben.

Speisestärke mit der Kürbismasse verrühren und ebenfalls unter die Masse ziehen.

Eine Pie-Form (Durchmesser etwa 30 cm) einfetten. Den Mürbeteig durchkneten und auf leicht bemehlter Fläche etwas größer als die Form ausrollen. Die Form damit auskleiden. Die Kürbismasse in die Form füllen. In den vorgeheizten Backofen, 2. Schiene von unten, setzen und bei 200 °C (Umluft 170 °C, Gas Stufe 3) etwa 45 Minuten backen. Den Pie in der Form warm mit der geschlagenen Sahne anrichten.

Puter auf amerikanische Art

— Stuffed Turkey Roast —

Für 6 Portionen
1 Puter von 3–4 kg
Salz
½ Liter Wasser
3 Zwiebeln
1 Lorbeerblatt
weißer Pfeffer
Leber des Puters
80 g Butterschmalz
1 Bund Petersilie
5 Scheiben Toastbrot
125 g Bratwurstfülle
3 Stengel frischer Salbei
geriebene Muskatnuß
2 große, dünne Scheiben fetter Speck, die über die gesamte Puterbrust reichen
1 Bund Suppengrün
⅛ Liter halbtrockener Weißwein oder trockener Sherry
200 g Crème fraîche
⅛ Liter Schlagsahne
40 g Butter
30 g Mehl

Den Beutel mit den Innereien aus dem Puter nehmen und gut abspülen und trockentupfen. Die Leber beiseite legen. Salzwasser aufkochen. Hals, Magen und Herz zusammen mit einer geschälten Zwiebel und dem Lorbeerblatt in einen Topf mit kochendem Wasser geben. 60 Minuten zugedeckt köcheln lassen. Dann mit einem Schaumlöffel herausnehmen. Die Brühe durch ein Sieb gießen, warm stellen.

Den Puter innen und außen abspülen, trockentupfen und mit Salz und Pfeffer einreiben. Puterleber abspülen, trockentupfen und fein würfeln. Die restlichen Zwiebeln schälen und fein hacken. In einer Pfanne in 30 g heißem Butterschmalz glasig braten. Die Leberstücke dazugeben und 2 Minuten unter Wenden mitbraten. Petersilie abspülen, trockenschleudern und hacken. Das Toastbrot beidseitig im Toaster rösten und in ½ cm große Würfel schneiden. Mit der Puterleber-Zwiebelmischung, Petersilie, Brotwürfel, Bratwurstfülle und etwa ⅛ Liter Puterbrühe in einer Schüssel mischen. Mit feingeschnittenem Salbei, Muskatnuß, Salz und Pfeffer würzen. Den Puter damit füllen und zunähen.

Den Puter mit der Brustseite nach oben in eine Fettpfanne legen. Restliches Butterschmalz in einem Topf erhitzen und über den Puter gießen. Die Speckscheiben auf dem Puter verteilen. Alufolie locker darüberlegen. Die Fettpfanne in den vorgeheizten Backofen, untere Schiene, setzen und bei 180 °C (Umluft 160 °C, Gas Stufe 2) 3 Stunden braten. Den Puter mit dem Bratenfond begießen. Nach 60 Minuten die Folie entfernen.

Das Suppengrün putzen, waschen und grob schneiden. Die gekochten Innereien in kleine Würfel schneiden. 60 Minuten vor Ende der Bratzeit mit dem Suppengrün in den Bratenfond geben. Den Puter aus dem Bräter nehmen; den Bratenfond mit Weißwein oder Sherry mit Hilfe eines Pinsels von der Fettpfanne lösen.

Den Bratenfond durch ein feines Sieb in einen Topf gießen. Crème fraîche und Schlagsahne einrühren und aufkochen lassen. Butter und Mehl verkneten und in den Fond rühren. 5 Minuten unter Rühren kochen lassen. Die Sauce mit Salz und Pfeffer würzen.

Den Puter am Tisch fachgerecht zerteilen und mit Beilagen servieren.

Gratinierte Süßkartoffeln

— Gratinated Sweet Potatoes —

Für 6–8 Portionen
1 kg Süßkartoffeln
80 g Butter
1 kräftige Prise Salz
1 Messerspitze edelsüßer Paprika
abgeriebene Schale von ½ unbehandelten Zitrone
1 Prise Ingwerpulver
2 EL Zitronensaft
5 EL Ahornsirup

Kartoffeln waschen und in der Schale 10–12 Minuten gar kochen. Dann schälen und in Scheiben schneiden.

Eine ofenfeste Auflaufform mit der Hälfte der Butter bestreichen. Die Kartoffelscheiben einschichten, zwischendurch mit Salz, Paprika, der abgeriebenen Zitronenschale und Ingwerpulver bestreuen. Zitronensaft und Ahornsirup verrühren und über die Kartoffelscheiben träufeln. Die restliche Butter in Flocken darüber verteilen.

In den vorgeheizten Backofen, untere Schiene, setzen und bei 200 °C (Umluft 170 °C, Gas Stufe 3) etwa 15–20 Minuten backen.

Preiselbeer-Sauce

―――― Cranberry Relish ――――

Preiselbeeren besitzen nicht nur wertvolle Mineralstoffe und Vitamine, sondern auch Benzoesäure, die den Beeren als Kompott eine lange Haltbarkeit verleiht. Wegen ihres Gerbsäuregehalts können die herb-sauer schmeckenden Früchte nicht roh gegessen werden. Als Kompott, gesüßt, sind sie aber eine vorzügliche Beilage zu Wild, Geflügel, Sauerbraten und zu kalten Fleischplatten.

2 EL Wasser
100 g Zucker
½ Tasse Orangensaft
250 g Preiselbeeren (frisch oder tiefgefroren)
1 TL abgeriebene Schale einer unbehandelten Orange

Wasser, Zucker und Orangensaft bei kleiner Hitze in einem Topf verrühren, bis sich der Zucker gelöst hat. Die Preiselbeeren und die Orangenschale hinzufügen, zum Kochen bringen und etwa 3–4 Minuten kochen lassen. Die Früchte sollen platzen, aber nicht zu weich werden.
Das Cranberry-Relish abkühlen lassen und bis zum Anrichten im Kühlschrank aufbewahren.

Krautsalat

―――― White Cabbage Salad ――――

Obschon in der Küche vielseitig verwendbar und vor allem als Wintergemüse beliebt, wird Weißkohl in seinem gesundheitlichen Wert häufig unterschätzt. Er enthält viele wertvolle Vitamine (B_1, B_2 und C) und Mineralstoffe, und seine therapeutische Wirkung kannte man schon im Altertum. Auf die besonders gesunde Konservierungsform des Weißkohls, das Sauerkraut (versetzt mit Reis), sollen sich auch die mauerbauenden Chinesen schon verlassen haben. Und die Seefahrer hielten sich mittels Sauerkraut den gefürchteten Skorbut vom Leib.
Auch Kalorienbewußte können bei diesem Kraut aufatmen, denn in 100 g Weißkohl sind sage und schreibe nur 26 kcal. enthalten.

Für 6–8 Portionen
ca. 1,2 kg Weißkohl
2–3 Pink-Grapefruits
Für die Salatsauce:
180 g Zucker, 200 ml Weißweinessig
100 ml Wasser, 1 TL Salz
frisch gemahlener weißer Pfeffer
1 TL Kümmel, 1 TL Senfkörner
1 TL mittelscharfer Senf
1 gehäufte Messerspitze Selleriesalz

Florida-Grapefruit-Sorbet

Florida Grapefruit Sorbet

Für 6 Portionen
180 g Zucker
0,2 Liter Wasser
Saft von 3 roten Grapefruits
Saft von einer Zitrone
¼ Liter süßer Weißwein
6 cl Campari
2 Eiweiß
frische Minze

Zucker und Wasser zu Sirup kochen und erkalten lassen. Grapefruit- und Zitronensaft, Weißwein und Campari dazugeben. Eiweiß halbsteif schlagen und unter die Mischung rühren. In einer Eismaschine zum Sorbet gefrieren lassen oder in einer Metallschüssel in das Gefriergerät stellen und während des Gefriervorganges mit dem Schneebesen öfters gut durchrühren. Das fertige Sorbet in Kugeln abstechen, in Gläser geben und, mit frischer Minze garniert, anrichten.

TIP Noch erfrischender schmeckt das Florida-Grapefruit-Sorbet, wenn Sie einige Grapefruit-Stücke zurückbehalten und diese zusammen mit dem Sorbet servieren.

Zucker, Weinessig, Wasser, Salz und Pfeffer in einem Topf aufkochen. Kümmel, Senfkörner, Senf und Selleriesalz einrühren und abkühlen lassen.
Weißkohl putzen, vierteln, den Strunk entfernen, die Kohlviertel fein hobeln oder schneiden.
Grapefruits wie einen Apfel schälen, die weiße Haut völlig entfernen, mit einem scharfen Messer zwischen den Trenn-

wänden die Fruchtsegmente herausschneiden. Den Saft dabei auffangen und in die Salatsauce geben.
Die Salatsauce mit dem Weißkohl mischen und etwa 1 Stunde durchziehen lassen. Die Fruchtsegmente halbieren und vorsichtig unter den Salat heben.

TIP Diesen Salat müssen Sie frisch zubereiten, d. h. den Kohl können Sie schon einige Stunden zuvor hobeln und verschlossen in einen Frischhaltebeutel im Kühlschrank aufbewahren. Wer mag, kann auch eine Mayonnaise-Sauce aus 2 Eßlöffeln Zucker, etwas Salz, Selleriesalz und 2 Eßlöffeln Weinessig selbst zubereiten.

Geflügel-Eintopf

— Brunswick Stew —

In den USA ist der *Andrew's Day*, der 30. November, der erste Schlachttermin. Zur Feier des Tages gibt es Gulaschsuppe oder eben: Brunswick Stew.

Die einen sagen, daß Indianer, die den frühen Siedlern in Jamestown überleben halfen, dieses Gericht an die Weißen weitergaben. Die anderen behaupten, ein schwarzer Sklave in Brunswick Country, Virginia, habe es als erster zubereitet – aus Eichhörnchenfleisch. Wie dem auch gewesen sei, heute benutzt man für dieses Gericht im allgemeinen Hühner- oder Kaninchenfleisch. In Kentucky, in manchen Teilen Georgias, in Alabama und Louisiana gehören zu einem richtigen Brunswick Stew außerdem noch Okraschoten.

Für 6–8 Portionen
1 Poularde (1,7 kg)
1 große Zwiebel
1 Liter Geflügelbrühe
2 große Tomaten
1 Prise Zucker
2 Kartoffeln
je 130 g Lima-Bohnen und Maiskörner (aus der Dose)
Salz
frisch gemahlener Pfeffer
¼ TL Cayennepfeffer
1 Bund Petersilie

Die Poularde abspülen, in 8 Teile schneiden. Die Zwiebel schälen und in Scheiben schneiden. Zusammen mit der Brühe in einem Topf aufsetzen und bei kleiner Hitze 35 Minuten kochen lassen. Tomaten einritzen, mit kochendem Wasser begießen und häuten. Kartoffeln schälen und würfeln.

Die Geflügelteile aus der Brühe nehmen und warm stellen. Tomaten und Zucker in die Brühe geben und um ½ Liter einkochen lassen.

Kartoffelstückchen hinzufügen und 10 Minuten kochen lassen. Dann Bohnen und Mais zugeben und darin erwärmen und 10 Minuten etwas köcheln lassen. Das Geflügelfleisch von Haut und Knochen befreien und die Fleischstücke in den Eintopf geben; noch einmal erhitzen. Mit Salz, Pfeffer und Cayennepfeffer würzen. Zum Anrichten gehackte Petersilie darüberstreuen.

Okra-Pfanne mit Mais und Tomaten

— Okra, Corn and Tomato Melange —

In Griechenland heißen sie *Bamies*, die Engländer nennen sie elegant *Ladyfingers*: Die Okra ist die pelzige Schote der Rosenpappel, einer Eibischart. In unseren Breiten wird dieses Malvengewächs – leider – nur selten angebaut. Trotz ihrer ungewohnten Konsistenz schmecken die Okras entfernt wie Bohnen. Manche, die die Okra auch nur einmal probiert haben, sind ganz verrückt nach diesem Gemüse.

Für 6 Portionen
200 g kleine Okraschoten
100 g Maiskörner
3 große Tomaten
4 Scheiben geräucherter durchwachsener Speck
1 Zwiebel
1 kleine grüne Paprikaschote
1 TL Zucker
frisch gemahlener Pfeffer
Tabasco-Sauce

Tomaten schälen und grob hacken, die Zwiebel ebenfalls schälen und fein hacken. Paprika entkernen und hacken. Den Speck in einer großen Bratpfanne knusprig braten. Aus der Pfanne nehmen, abtropfen lassen und zerkleinern. Beiseite stellen. Das Fett bis auf einen Rest von 4 Eßlöffel weggießen. Die Okra und die Zwiebel hineinrühren, die Maiskörner hinzugeben und alles bei mittlerer Hitze 10 Minuten unter ständigem Rühren garen. Tomaten, Paprika und Zucker hinzugeben und mit Salz, Pfeffer und einem Schuß Tabasco-Sauce würzen. Zugedeckt etwa 25 Minuten köcheln lassen, bis das Gemüse gar ist; dabei gelegentlich umrühren. Nachwürzen; das Gericht in einer flachen Schüssel servieren und mit den Speckstückchen bestreuen.

Warten auf Weihnachten

Zur Winterzeit, als einmal tiefer Schnee lag, mußte ein armer Junge hinausgehen und Holz auf einem Schlitten holen. Wie er es nun zusammengesucht und aufgeladen hatte, wollte er, weil er so erfroren war, noch nicht nach Hause gehen, sondern erst Feuer anmachen und sich ein bißchen wärmen. Da scharrte er den Schnee weg, und wie er so den Erdboden aufräumte, fand er einen kleinen goldenen Schlüssel. Nun glaubte er, wo der Schlüssel wäre, müßte auch das Schloß dazu sein, grub in der Erde und fand ein eisernes Kästchen. Wenn der Schlüssel nur paßte! dachte er, es sind gewiß kostbare Sachen in dem Kästchen. Er suchte, aber es war kein Schlüsselloch da; endlich entdeckte er eins, aber so klein, daß man es kaum sehen konnte. Er probierte, und der Schlüssel paßte glücklich. Da drehte er einmal um, und nun müssen wir warten, bis er vollends aufgeschlossen und den Deckel aufgemacht hat, dann werden wir erfahren, was für wunderbare Sachen in dem Kästchen lagen.

(Brüder Grimm, „Der goldene Schlüssel")

Vor der Ausbreitung des Christentums waren die dunklen Wintermonate erfüllt mit Vorstellungen von unheimlichen Gestalten: Dämonen und Hexen. Dazu gehörten vielfältige Bräuche. Das galt besonders für den Dezember (das Wort kommt vom lateinischen *decem* für „zehn", weil der Dezember nach dem römischen Kalender der zehnte Monat war), der in vorchristlicher Zeit *Wolfsmond* hieß, denn er war wie ein Wolf, der mit seinem dunklen Rachen das Licht verschlingt. Nach und nach gelang es der Kirche, viele religiöse Vorstellungen umzudeuten oder umzulenken, sie – in ihrem Sinne – zu entdämonisieren. Bestehende Bräuche wurden mit neuer Bedeutung belegt, und vielen Kulten und Bräuchen wurde so eine neue, erwünschte Richtung gegeben.

Seit Einführung der Adventszeit (Advent bedeutet „Ankunft") im 5. Jahrhundert mußte zur Vorbereitung auf Weihnachten 40 Tage lang gefastet werden. Später waren es nur noch 4 Wochen, aber es war eine Zeit der strengen Trauer, der Passion und der Enthaltsamkeit. Durch Fasten und Buße-tun sollten Herz und Leib gründlich von allem Bösen gereinigt werden. Im Laufe der Zeit wurde unter dem Einfluß der Kirche aus der eher bedrohlichen Mittwinterzeit eine Zeit der Erwartung und der Vorbereitung auf die Ankunft des Christengottes. Heute empfinden viele die Adventswochen als Zeit der stillen Vorfreude und des Wartens – Warten auf Weihnachten mit all seinem Glanz und seiner Feierlichkeit ... auf den ersten Schnee, auf den Nikolaus, auf daß es wieder so werde wie in der Erinnerung an unsere Kindheit, wo wir manchmal glaubten, die Span-

nung kaum noch aushalten zu können, bis es endlich soweit war, wo plötzlich Schlüssellöcher verhängt waren, weil heimlich Vorbereitungen getroffen wurden, wunderbare Düfte das Haus durchzogen, wenn gebacken wurde, und wo das schönste Fest des Jahres eben jeden Tag ein Stückchen näher rückte.

Advent, Advent, ein Lichtlein brennt

Schon in germanischer Zeit gab es den Brauch, sich im Winter immergrüne Zweige ins Haus zu holen. Zum einen wollte man mit dem Grün daran erinnern, daß die Vegetation im Winter nur ruht und im Frühling wieder aufleben wird. Aber man schrieb grünen und blühenden Pflanzen auch Heil- und Segenskräfte zu, benützte sie zur Abwehr böser Geister und damit auch zur Überwindung der Angst vor der Dunkelheit. Das ist für uns, die wir einfach das elektrische Licht anschalten, wenn es uns nicht hell genug ist, schwer vorstellbar.

Unser heutiger Adventskranz aus Tannengrün mit den vier Kerzen ist allerdings kein so alter Brauch, wie man vielleicht annehmen könnte, sondern er kam vermutlich erst mit der Jugendbewegung um die Jahrhundertwende auf und verbreitete sich zunächst in der Mittel- und Oberschicht. Man weiß sogar, wer sozusagen der Erfinder dieses Brauches war. Es war Johannes Heinrich Wichern, der Gründer des „Rauhen Hauses" in Hamburg, ein Erziehungsheim für sozial vernachlässigte Jugendliche. Wichern entzündete während der Adventsandacht jeden Tag eine neue Kerze auf einem hölzernen Kranz, der von der Decke hing. Erst später, als

Das „A" steht für Ave Maria. Nicht für Kinder war so ein Kunstbild gedacht, sondern für wohlhabende Familien. Heute, da Weihnachten für viele zu einem reinen Fest der Geschenke geworden ist, da sind hinter den Fenstern des Adventskalenders in der Regel Süßigkeiten oder kleine Spielsachen verborgen, mit denen Vorfreude und Neugier der Kleinen auf die große Bescherung an Heiligabend angefacht werden sollen.

Der erste gedruckte Adventskalender erschien 1903. Diesen „Münchner Weihnachtskalender" hatte der Verleger und Künstler Gerhard Lang herausgegeben: Auf 24 Kästchen steht zu lesen, was Christkind, Nikolaus und Engel vor Weihnachten noch alles erledigen müssen. Man „erfährt", daß es im Himmel nicht anders zugeht als im irdischen Leben. Es wird gebacken, gebastelt, gebaut, verpackt...

In vielen Familien wurde die Adventszeit früher gerne für erzieherische Zwecke genutzt. Da gab es z.B. die *Klausenhölzer*, auf denen die Kinder oder ihre Eltern „gute" Taten und Gebete einkerbten, um sie dem Nikolaus vorzeigen zu können. Wer brav war, sollte Geschenke bekommen, „Unarten" wurden vom Nikolaus, dem Knecht Ruprecht oder anderen Weihnachtsgestalten mit der Rute bestraft.

Äpfel, Nuß und Mandelkern

„Unter einem glücklichen Stern stand die Backwoche, wo mit Pfeffer- und Zuckernüssen begonnen und mit Brezeln, Kranz- und Blechkuchen aufgehört wurde. Wir durften nicht nur in die Backstube hinein, darin es überall anheimelnd nach bitteren Mandeln und geriebener Zitrone roch, sondern erhielten auch als Weihnachtsgeschmack eigens für uns Kinder gebackene kleine Wecken, alles reichlich zugemessen. ‚Ich weiß', sagte meine Mutter, ‚daß sie sich den Magen verderben, aber das ist besser, wie wenn sie knappgehalten werden. Sie sollen all diese Zeit über eine Festesfreude haben, und die bringt ihnen ein Festkuchen am besten bei.'"

So erinnert sich Theodor Fontane an seine Kindheit im pommerschen Swinemünde, wo, wie überall in der Adventszeit, für das Fest gebacken wurde. Nicht allen Kindern ging es so gut. Viele mußten sich die Backsachen ersingen und gingen von Haus zu Haus. Den Nüssen und Mandeln, die traditionell verschenkt wurden, sprach man Heilkräfte zu, man verwendete sie auch zu Weissagungen oder zur Abwehr von Übel. Nüsse und Mandeln sind reich an Vitaminen, Fetten und Mineralstoffen und schützen so vor Mangelerscheinungen. Ohne diese Inhaltsstoffe zu kennen, wurden Nüsse in der Antike so hoch geschätzt, daß man sie sogar unter die Hochzeitsgäste streute, wenn die Braut ins Brautgemach geführt wurde; und auch heute noch gelten in vielen Ländern Mandeln als Glückssymbole. Bei den Germanen wurde

Wichern auch in Berlin arbeitete, soll dieser Kranz dann mit Tannengrün umwunden worden sein, und es wurde dann nur noch für jede Woche vor Weihnachten eine Kerze angezündet.

Inzwischen ist der Glaube an die besondere Kraft der blühenden und grünenden Pflanzen mit dem Glauben an das Wunder der Christnacht verbunden. Der Adventskranz wurde nach dem Willen der Kirche zum Sinnbild der Hoffnung auf Gott. Das Tannengrün soll das wiederkehrende neue Leben symbolisieren, und das Rot der Kerzen steht für den Heiligen Geist und den nach christlichem Glauben zu Fleisch und Blut gewordenen Gottessohn.

Allerdings geht es heute vielfach nicht mehr um tiefgründige religiöse Symbolik. Längst haben vielfältige Industriezweige aus der Adventszeit Profit geschlagen, und der Adventskranz ist meist nur noch ein hübscher Wohnungsschmuck, der wie die Blumen in der Vase dazu dient, ein wenig Licht und Wärme in diese dunkle und kalte Jahreszeit zu bringen.

Adventskalender

Für viele Kinder gehört der Adventskalender zu den schönsten Seiten der Adventszeit. Früher bestand dieser aus Papierklappfenstern, hinter denen beziehungsreiche Bilder zum christlichen Weihnachtsgeschehen die zentrale christliche Botschaft, die bevorstehende Geburt des Jesuskindes, einprägsam vermitteln sollten. Die ersten Adventskalender stammen von einem Maler aus dem 15. Jahrhundert. Einer dieser Kalender zeigt Maria mit dem Jesuskind und einem dürren Baum, dessen Zweige 24 Mal das goldene „A" tragen.

Iduna, die Göttin des Sommergrüns, auch durch Nüsse symbolisiert. Nach christlich-mittelalterlicher Bibelauslegung galten Nüsse gar als Christussymbole.

Zu den traditionellen Gaben in der Weihnachtszeit gehören vor allem auch die Äpfel. Das hat natürlich auch praktische Gründe, denn dieses Obst läßt sich lange lagern, ohne zu verderben, ganz im Gegensatz zu den meisten anderen einheimischen Früchten.

Zu allen Zeiten spielte der Apfel im Volksglauben als erotisches Symbol eine bedeutsame Rolle. Kein Wunder also, daß für die mittelalterliche Bibelauslegung nur der Apfel als die in der Bibel erwähnte verbotene Frucht in Frage kommen konnte, deren Genuß für Adam und Eva so fatale Folgen hatte. Der Haken daran ist nur: Zur Zeit der Entstehung des Alten Testaments gab es in Kleinasien noch gar keine Äpfel.

Äpfel, die Götterspeise

Nach christlicher Anschauung ist die Sterblichkeit der Menschen eine Folge des Sündenfalls von Adam und Eva. Denn entgegen dem ausdrücklichen Verbot ihres Schöpfers naschten die „ersten" Menschen bekanntlich vom Baum der Erkenntnis. Als Strafe dafür wurden sie aus dem Paradies vertrieben. Erst der Kreuzestod Christi, des „Erlösers", habe die Menschen von der Paradies- oder Erbsünde befreit. So feiert man an Weihnachten gewissermaßen die Aussicht auf das wiedergewonnene Paradies. Symbol für das Paradies sind der Lebensbaum und seine Früchte: die Äpfel.

In schwäbischen Familien war es noch bis 1940 üblich, an Weihnachten in einem dunklen Raum die Geschichte von der Vertreibung aus dem Paradies zu erzählen. Dann öffnete sich die Tür zum hell erleuchteten Weihnachtszimmer. Man kann sich gut vorstellen, daß Weihnachten insbesondere den Kleinen so tatsächlich wie ein Vorgeschmack des Paradieses erscheinen mußte.

Auch in den nordischen Mythen geht es um Äpfel besonderer Art: golden waren sie und sollten ewige Jugend verleihen, doch sie konnten nur unter Abenteuern aus einer anderen Welt geholt werden – die Göttin Iduna galt als Hüterin der kostbaren Früchte.

Als Attribute von Demeter, der griechischen Göttin der Fruchtbarkeit und des Wachstums, und von Aphrodite, der Göttin der Liebe, waren Äpfel Symbole der Fruchtbarkeit und der Liebe.

Schon bei den Indogermanen spielten Äpfel eine ähnliche Rolle, wenn man sie als sogenannte *Brautäpfel*, mit Geld gespickt, dem Brautpaar übergab.

Bis heute ist im Volksglauben die Vorstellung vom Apfel als Fruchtbarkeitssymbol tief verwurzelt. In der Weihnachtszeit finden sich überall Bräuche, denen diese Symbolik zugrunde liegt. Ob man den Dienstboten in Schlesien, ganz wie bei dem genannten indogermanischen Hochzeitsapfel, einen Goldapfel zu Weihnachten schenkte, ob man Apfelgestecke mit Kerzen aufstellt (*Paradeisl* werden sie in Oberbayern genannt), ob man, wie in der Andreasnacht, damit Liebeszauber ausübte, ob man Äpfel auf Weihnachtsteller legt oder ob man sie blankgeputzt an den Christbaum hängte, wo

später Weihnachtskugeln ihre Funktion übernahmen: die göttlichen Äpfel standen schon immer für das, was sich die Menschen vom Paradies erhoffen: Liebe, Glück, Fruchtbarkeit, Gesundheit, ewige Jugend und Unsterblichkeit.

Obwohl der Apfelbaum als Wildform in Nordeuropa seit der Steinzeit bekannt ist, gab es zur Zeit der Entstehung des Alten Testamentes in Kleinasien noch keine Äpfel. Wahrscheinlich handelte es sich daher in der Geschichte von Adam und Eva um Granatäpfel oder Quitten. Erst die mittelalterliche Bibelauslegung machte den Apfel zum doppelten Sinnbild: für Erbsünde und Auferstehung.

Das süße Brot der Weihnacht

Der Stollen ist wohl das bekannteste Weihnachtsgebäck überhaupt, als seine eigentliche Heimat gilt das Land Sachsen. In Naumburg an der Saale im heutigen Bundesland Sachsen-Anhalt wurden Stollen urkundlich bereits 1329 erwähnt. Damals erteilte Bischof Heinrich I. von Naumburg an der Saale den Bäckern seines Bistums das Zunftprivileg und forderte als Gegenleistung „zween lange Weizenstollen, wozu ein halber Scheffel Weizenmehl verwandt werde, ihm und seinem Hofe zu entrichten". Das war der Naturalersatz für die Kirchensteuer, die alljährlich

unaufgefordert zur Feier von Christi Geburt fällig war. Seither gilt Sachsen als Stollenland par excellence. Bis heute ist vor allem der Dresdner Stollen berühmt geblieben, dessen Markenzeichen es ist, daß er mit Butter gebacken wird. Auch sollte er auf 100 kg Mehl mindestens 70 kg Trockenfrüchte, auch Zitronat und Orangeat sowie mindestens 10 kg Mandeln und/oder Marzipanrohmasse enthalten. An den Zutaten Orangeat und Zitronat soll es auch gelegen haben, daß der typische Stollen sich erst nach dem Mittelalter durchsetzte: In den Jahrhunderten davor waren diese beiden Zutaten – die in Zucker gekochten und dann getrockneten Schalen von Orangen und Zitronen – noch nicht bei uns erhältlich.

Auch ihren typischen Buttergeschmack erhielten die Stollen erst Jahrhunderte später, durfte doch noch im 14. Jahrhundert in der Vorweihnachtszeit wegen des Adventsfastens nur Öl zum Backen verwendet werden.

Trotz allem waren wohl schon die ersten Stollen aus Dresden so schmackhaft, daß die Kurfürsten die *Striezel*, wie die Stollen in Dresden hießen, als Weihnachtsgrüße an die benachbarten Höfe verschickten. Die Bäcker wußten freilich ganz genau, daß das Öl zum Backen nicht verkaufsfördernd für den Stollen war, entstanden dem Striezel doch dadurch nicht nur hinsichtlich Verarbeitung, sondern auch in punkto Geschmack und besonders in der Bekömmlichkeit erhebliche Nachteile. Kurfürst Herzog von Sachsen Ernst der Fromme und sein Bruder Albrecht wandten sich deshalb im Jahr 1650 persönlich an den Heiligen Vater in Rom, mit der Bitte um Aufhebung des verkaufsschädigenden Butterverbots.

Der Papst antwortete: „Sintemalen nun, daß euretwegen für uns vorgegeben, daß in euren Herrschaften und Landen keine Oehlbäume wachsen und daß man des Oehles nicht genug sondern viel zu wenig und nur stinkend habe, daß man dann teuer kaufen muß oder solches Oehl allda habe, das man aus Rübenoehl macht das der Mensch Natur zuwider und ungesund, durch dessen Gebrauch die Einwohner der Lande in mancherlei Krankheit fallen. Als sind wir in den Dingen zu eurer Bitte geneigt und bewilligen in päpstlicher Gewalt, inkraft dieses Briefes, daß ihr, eure Weiber, Söhne und Töchter und alle euren wahren Diener und Hausgesind der Butter anstatt des Oehles ohne einige Pön (= Buße, Strafe, d. Red.) frei und ziemlich gebrauchen möget.“

Welch fröhliches Backen mag nach diesem päpstlichen Freibrief in sächsischen Landen begonnen haben!

Erst im Jahre 1663 jedoch zeigte ein Papst Verständnis für die kulinarischen und kommerziellen Bedürfnisse seiner Schäfchen und hob das Butterverbot generell auf. Vermutlich hatte ihm wohl der zum Verkosten gesandte Stollen nicht geschmeckt.

In der Advents- und Weihnachtszeit war der Stollen Mittelpunkt der Familie, wie man aus dem nachfolgenden Text entnehmen kann.

„Der Stollen wurde für einen Familienkreis mit vielen Kindern, Muhmen, Basen, Oheimen und Urahnen aufgeschnitten, und ein jeder erhielt sein Teil. Am Weihnachtsabend spendete der Hausvater ein paar Kannen Wurzener Bieres oder auch einen Schluck Branntwein, ‚so man aqua vitae nannte‘, vielleicht wurde auch ein heißer Tee aus Gundermann, Ehrenpreis und Teufelsbiß aufgegossen…“

Denn…gar lange währte es noch, ehe sich der Duft des Stollens mit dem kräftigen Aroma des Kaffees mischte, ehe es dem Sachsen vergönnt war, seinen Christstollen in den heißen Kaffee zu „ditschen“. Die unzertrennliche Gefährtin sächsischen Stollens, die *indianische Kaffeebohne*, kam erst um 1650 nach Deutschland und 1670 mit der ersten *Coffeestube* nach Dresden.

Die meisten Menschen trinken heute noch Kaffee oder Tee zum Stollen.

In früheren Zeiten, als man alles und jedes mit einer symbolischen Bedeutung befrachtete, wurde gesagt, der weiß bestäubte Christstollen symbolisiere das in Decken gewickelte Christuskind in der Krippe, bzw. – nach anderem Verständnis – er solle die Wiege darstellen, in die das Christuskind gelegt wurde. Wahrscheinlicher aber ist, daß der Stollen bereits in heidnischer Vorzeit mythologische Bedeutung hatte. Schon die Germanen haben an hohen Festtagen, die den Göttern geweiht waren, Teigwaren gebacken und als kultische Handlung gegessen. Die christlichen Missionare verboten derlei „Götzendienst“ zwar kurzerhand, dennoch fand der Stollen aber wie viele andere sogenannte *Gebildbrote* Eingang in das christliche Brauchtum. Heute ist er so untrennbar mit Weihnachten verbunden wie Weihnachtskrippe und Tannenbaum.

Die Weitergabe von Dresdner-Stollen-Rezepten kam dereinst Landesverrat gleich. Vielleicht kamen die Weihnachtsstollen deshalb erst recht spät in den bayerisch-alemannischen und fränkischen Raum und waren dort im vorigen Jahrhundert noch kaum bekannt. Wenn auch die Zutaten und somit Form und Geschmack des Stollen überall unterschiedlich sind, so ist der Stollen oder Striezel doch allerorten das Weihnachtsgebäck schlechthin.

Wo Christkind und Weihnachtsmann einkaufen

Weihnachtsmärkte sind in der Vorweihnachtszeit magnetische Anziehungspunkte. Und ihre Zahl steigt unentwegt, denn selbst die kleinste Kreisstadt folgt heute dem Beispiel der großen Christkindlmärkte, die teilweise auf eine jahrhundertealte Tradition zurückblicken können. So sind die Weihnachtsmärkte mittlerweile aus dem Jahreslauf kaum mehr wegzudenken. Millionen von Besucher sind jedes Jahr aufs neue begeistert von der Weihnachtsstimmung, die von den zahllosen Buden und Ständen, von dem Duft der Tannen, gerösteten Mandeln und Maronen und dem schier unübersehbaren Angebot an Leckereien und Krimskrams ausgeht. Wenn der Himmel mitspielt und auch noch Schnee herabrieseln läßt, der die Dächer und Simse der Häuser weiß verzaubert, dann ist das Weihnachtsmärchen perfekt.

Märkte mit alter Tradition

Schon in der Antike war es üblich, gegen Ende des Jahres, als die Ernte eingebracht und das Vieh geschlachtet war, Märkte abzuhalten, auf denen sich die Menschen mit Wintervorräten eindecken konnten. Volksbelustigungen und allerlei Krämerware kamen mit der Zeit hinzu. Im Mittelalter erhielten diese Märkte dann zusätzlich auch einen weihnachtlichen Aspekt. Erst unter dem Einfluß Luthers allerdings entstanden die sogenannten *Christkindsmärkte*. Mit der Reformation wurden nämlich in den protestantischen Gegenden der Nikolaus und alle übrigen Heiligen abgeschafft. Nun sollte nicht mehr der Nikolaus, sondern der von Luther geschaffene *Heilige Christ* die Kinder beschenken. Die Bescherung der Kinder, die es vielerorts erst seit dem 15. Jahrhundert gab, wurde damit von Nikolaus bzw. Neujahr vorverlegt auf den Weihnachtstag. Mindestens auch seit dem 15. Jahrhundert verkauften die Hersteller von Spielwaren aus Berchtesgaden, dem Thüringer Wald und aus dem Erzgebirge ihre Produkte

Da werden Kinderaugen groß. Weihnachtsmärkte haben nicht nur eine alte Tradition. Noch heute geht von ihnen ein ganz besonderer Reiz aus, dem jung und alt gleichermaßen erliegen.

Rechts: Ein Methusalem unter den Weihnachtsmärkten ist der Münchner Christkindlmarkt, der alljährlich Hunderttausende auf den Marienplatz der Isarmetropole lockt.

auch auf den vorweihnachtlichen Märkten. Im Laufe der Zeit wurde das Angebot um Galanteriewaren, Silber, Zinn, Rauschgoldengel, Krippenfiguren und Lebkuchen erweitert. Seit dem 19. Jahrhundert ersetzten mundgeblasene Kugeln aus Thüringen die mit Schaumgold verzierten Lehmkugeln, die bis dahin gebräuchlich waren.

Neben dem *Dresdner Striezelmarkt* galten schon zu jener Zeit der *Nürnberger Christkindlesmarkt*, der *Berliner Weihnachtsmarkt* und der *Frankfurter Christkindchesmarkt* zu den ältesten Festmärkten.

München

Alle Jahre wieder... pünktlich zum 1. Advent, der vorweihnachtlichen Besinnung wegen in Bayern als die *stade Zeit* bezeichnet, verwandelt sich Münchens „gute Stube", der Marienplatz, in ein festliches Lichtermeer, das groß und klein Jahr für Jahr in seinen Bann zieht. Der Münchner *Christkindlmarkt* hat eine lange Tradition. Als Vorläufer des

heutigen Marktgeschehens wurde bereits im Jahre 1310 der *Nikolausmarkt* erstmals in den Annalen der Stadt genannt. Was man damals an den Ständen handelte und feilbot, haben die Chronisten leider nicht festgehalten. 1805 jedoch reichte das Angebot von baumwollenen Kinderkleidchen über Kaminfeger, Dörrzwetschgen und Mandeln bis zu Kripperlfiguren und ähnelte damit sicher schon dem heutigen Angebot. 1597 mußte der Nikolausmarkt umziehen, 1805 wurde der *Christkindlmarkt* aus der Taufe gehoben. Aber erst 1972 fand er seinen wohl endgültigen Platz im Herzen von München.

Wenn vom 85 Meter hohen Turm des Rathauses die Töne des Glockenspiels auf den mit hölzernen Verkaufsbuden bedeckten Marienplatz herabperlen, dann können sich auch die eingefleischtesten Kritiker des weihnachtlichen Rummels dem verführerischen Zauber dieses Christkindlmarktes nicht mehr entziehen. Nahe dem Christbaum, der beherrschend vor dem Rathaus steht, ist der Krippenmarkt; in seinem Mittelpunkt steht die Weihnachtskrippe mit fast lebensgroßen Figuren auf dem Marienhof.

Nürnberg

Auch in Nürnberg wurden die Kinder ursprünglich zu Neujahr beschert. Der bisher älteste Beleg für dieses *Kindleinsbescheren* stammt aus dem Jahre 1559 und fand sich im Rechnungsbuch des Nürnberger Ratsherren Paulus I. Behaim. Bereits einige Jahre später – nachweislich erstmals im Jahr 1564 – wurde die Bescherung dann vom Neujahrstag auf den Weihnachtstag vorverlegt.

Die damit entstandene Nachfrage nach Spielsachen, z. B. *Docken* – wie in Nürnberg die Puppen früher hießen –, führte in den ersten Jahrzehnten des 17. Jahrhunderts dazu, daß im Anschluß an den gewöhnlichen Markt in der vorweihnachtlichen Zeit auf dem Marktplatz solche Geschenkartikel für Kinder zusätzlich zum Verkauf angeboten wurden. Die Eröffnung des Marktes ist sehr eindrucksvoll. Nach Einbruch der Dunkelheit spricht das Nürnberger Christkind, das alle zwei Jahre neu gewählt wird, vom Chorumgang der Frauenkirche herab einen Prolog, begleitet von festlicher Musik. Vor der Kirche singen Kinderchöre Weihnachtslieder.

Wenn sich die Dämmerung über den Markt senkt und die Lichter in den Buden aufleuchten, wenn Frauenkirche und Schöner Brunnen im Glanz der Scheinwerfer erstrahlen, von den Bratwurstbratereien kräftiger Duft emporsteigt und sich Kinder erwartungsfroh durch die Reihen drängen, dann wird der *Christkindlesmarkt* zum Mittelpunkt vorweihnachtlicher Stimmung in der Stadt.

Nach Einbruch der Dunkelheit wird er jedes Jahr Ende November vom Nürnberger Christkind höchstpersönlich eröffnet: der berühmte Christkindlesmarkt in Nürnberg.

Dresden

Zu den traditionellen deutschen Weihnachtsmärkten zählt auch der *Dresdner Striezelmarkt*. Sein Ursprung geht auf ein „landesherrliches Privileg" vom 19. Oktober 1434 zurück. Kurfürst Friedrich I. und sein Bruder Herzog Sigismund bewilligten das Abhalten eines freien Markttages „am Tag vor dem Heiligen Abend" auf dem heutigen Altmarkt. Eigentlich war es ein freier Fleischmarkt. Hier kauften die Bürger nach dem vorweihnachtlichen Fasten ihren Festbraten. Die Einrichtung bewährte sich, und der Verkauf wurde auf andere Waren erweitert. Um 1500 ging der Markt als *Striezelmontag* in die Geschichte ein, denn es handelte sich um den Montag vor dem Christabend. Das kam den Dresdner Hausfrauen gerade recht, so konnten sie von den Dresdner Weißbäckern einen auf *Strutzelbrettern* ausgelegten Festtagsstriezel kaufen. Die Bretter lagerten auf *Strutzelwahen* oder Karren und dienten dergestalt als fahrbare Verkaufsstände. Diese Striezel waren jahrhundertelang die Hauptware des Dresdner Christmarktes und gaben ihm schließlich den Namen. Ab Ende des 17. Jahrhunderts wurde das Marktangebot mit Waren von auswärts erweitert.

Töpfererzeugnisse aus Radeberg, Pfefferkuchen aus Pulsnitz, Spielwaren aus dem Erzgebirge und Christbaumschmuck aus Thüringen. Mehrfach siedelte der Markt um, jetzt findet er wieder auf dem Altmarkt statt.

Hamburg

Traditionsgemäß wurden Weihnachtsmärkte früher immer entweder vor der Kirche oder vor dem Dom abgehalten. Das hatte zwei Gründe: erstens befanden sich hier in der Regel die größten Plätze, und zweitens konnte der Markt bei schlechtem Wetter in die Kirche verlegt werden.

Ähnlich verhielt es sich in Hamburg. Noch um 1668 wurde in der Domhalle allerlei feilgeboten. Das war auch für die Domherren eine lohnenswerte Einnahmequelle. Erst 1804 wurde der Weihnachtsmarkt aus dem baufälligen Dom zum Gänsemarkt verlegt, behielt jedoch den alten Namen *Dom* bei. Aus ihm entwickelte sich schließlich der heutige Jahrmarkt, der *Hamburger Dom*, der viermal im Jahr auf dem Heiliggeistfeld stattfindet. Die Budenstadt des Weihnachtsmarktes findet man heute dagegen rund um St. Petri und auf dem Gänsemarkt.

Frankfurt

Jedes Jahr kommen sie wieder von nah und fern herbeige-strömt, die vielen Menschen, die mit den Frankfurtern der Meinung sind, ihr Weihnachtsmarkt im Herzen der Stadt sei der schönste von allen. Traditionsreich ist er allemal: In Quellen zur Stadtgeschichte Frankfurts finden sich bis in das Jahr 1393 zurück Belege über Märkte in der Adventszeit, und auch von christlichen Mysterienspielen auf dem Römer-berg ist zu lesen.

Von der Zeil über den Liebfrauenberg, über Paulsplatz und Römerberg bis zum Mainufer sind jährlich über 200 deko-rierte Stände und Holzbuden aneinandergereiht. Wie alle Jahre wieder lockt der Duft von gebrannten Mandeln, Leb-kuchen und Glühwein ebenso wie das Angebot an Kerzen, Weihnachtsschmuck und Geschenkideen. Auch die Frank-furter *Dippe*, Keramikgeschirr, kann auf dem weihnacht-lichen Markt erstanden werden.

Gewürze und Pomeranzenschalen waren die erlesenen Kost-barkeiten, die in mittelalterlichen Zeiten die Augen der Christmarktbesucher leuchten ließen.

Liebevoll zubereitete Köstlichkeiten erfreuen die Weihnachts-besucher bis heute. „Sie haben Augen von Wacholderbeer, Nase von Mandelkern und Mund von Rosine", so beschreibt Clemens von Brentano die beliebten *Korinthenmännchen*. Sie gehören, wie *Frankfurter Würstchen*, *Grüne Sauce* und *Handkäs' mit Musik*, zu den typischen Frankfurter Leckereien, die in die Annalen der Stadt eingegangen sind.

Napoleon persönlich soll bei einem Besuch im Hause der Bankiers Johann Philipp und Simon Moritz Bethmann den Namen *Bethmännchen* für marzipangefüllte Spezialitäten geprägt haben. Und nicht rote Rosen, sondern *Quetsche-männche*, jene köstliche Figur aus Pflaumen und Nüssen, schickten zur Kaiserzeit junge Frankfurter per Laufbote ihrer Angebeteten als Liebesbeweis. Wurde die Gabe ange-nommen, konnte der Spender auf eine baldige Verlobung hoffen.

Johann Wolfgang von Goethe, den schönen Seiten des Lebens bekanntlich sehr zugetan, war einer der großen Verehrer der Frankfurter Gaumenfreuden. So schickte ihm seine Mutter alljährlich ein Paket mit den heimischen Knab-bereien nach Weimar. Im Jahre 1803 allerdings muß der anziehende Duft des Päckchens zum Diebstahl verführt haben. Aja Goethes Zorn entlud sich in einem Brief an ihre Schwiegertochter: „Am meisten ärgert mich, daß die Schur-ken den Confect gefressen haben."

Rund um den Budenrummel gibt es jedes Jahr ein Rahmen-programm, wozu auch das traditionelle Posaunenblasen auf dem Altan der Alten Nikolaikirche gehört. Außerdem findet am 1. Advent alljährlich das Frankfurter Stadtgeläut statt: 46 Glocken von neun Kirchen der Innenstadt vereinen sich zu einem imposanten Läutkonzert.

Stuttgart

Glaubt man dem Stuttgarter Presse- und Informationsamt, dann befindet sich der „...größte und schönste Weihnachts-mark Europas" im Herzen der baden-württembergischen Landeshauptstadt. Und in der Tat: Gemessen an der Fläche und der Anzahl der Buden, kann sich kein Weihnachtsmarkt mit dem Stuttgarter messen. Urkundlich erstmals aus dem Jahr 1692 bezeugt und schon damals eine „altgewohnte" Einrichtung, war der *Christkindlmarkt*, wie er früher hieß, ursprünglich ein Markt, der die Gassen und Plätze rund um das Rathaus zu einem Wunderland für Kinder machte.

Die großen Zeiten der Haffner, Gerber, Waffen- und Nagel-schmiede sind natürlich auch im Schwabenland längst vorbei. Truppen mit Seiltänzern und Tanzbären, der alte Hanswurst sind Bilderbuchereignisse, und auch der Wun-derdoktor Eisenbarth, der für jedes Leiden ein Mittelchen feilbot, ist längst Geschichte. Geblieben ist jedoch die Budenstadt mit Holzspielzeug und Christbaumschmuck, Töpferwaren und Baumwollsocken, Lebkuchen und Magen-brot, gebrannten Mandeln und Rostbratwürsten und all dem Rauch und Duft, der zu Weihnachten gehört, genau wie der riesige Weihnachtsbaum vor dem wuchtigen Stuttgarter Rat-haus. Neu ist das Märchenland auf dem Schloßplatz, wo sich Kinderkarussels drehen, Kindereisenbahnen rattern und Kinderbühne und -theater ihr kleines Publikum erfreuen.

Ähnlich, wenn auch in bescheidenerem Rahmen, geht es auf anderen sehens- und erlebenswerten süddeutschen Märkten zu: in Regensburg etwa, wo die Domspatzen, der berühmte Knabenchor mit der rund tausendjährigen Tradition, am Freitag vor dem ersten Adventssonntag auf der Empore über der Alten Wache am Neupfarrplatz den *Christkindlmarkt* eröffnen. Die Adventskonzerte der Domspatzen sind kultu-relle Höhepunkte dieser wunderschönen mittelalterlichen Stadt. Auch in der Fuggerstadt Augsburg wird der *Christ-kindlesmarkt* von kulturellen Veranstaltungen umrahmt. Und selbstverständlich locken auch außerhalb Deutschlands – etwa in so traditionsreichen Städten wie Straßburg, Wien oder Zürich – weihnachtliche Märkte die Menschen auf die festlich erleuchteten Straßen und Plätze.

Klopfnächte

Auch wenn es drinnen mit Kerzenschein, stimmungsvollen Adventsliedern, bei Tee und duftenden Plätzchen sehr heimelig ist, so kann es in der Dämmerung draußen an der Tür klopfen, poltern, lärmen und bosseln. Keine Angst – schließlich gehört auch das zu den *heiligen Nächten* oder *Rauhnächten*. Das sind – nach unterschiedlicher Tradition und Überlieferung und je nach Region – entweder die letzten drei bzw. vier Donnerstage im Advent oder alle Tage vom ersten Advent bis zum Dreikönigstag oder aber nur die erste Nacht nach dem Andreastag. Vermutlich hing der Brauch ursprünglich mit dem altnordischen Donnergott *Thor*, germanisch *Donar*, zusammen, von dessen Namen sich der 5. Wochentag ableitet: (Donnerstag, dondredag (Niederlande), Thorsdag (Skandinavien), thursday (England). Wenn Thor zornig war, so glaubten die alten Germanen, dann schüttelte er seinen langen roten Bart, so daß Blitze den Himmel durchzuckten und Donner rollten. Er beschützte aber auch die Ernte und die Bauern und stand Kriegern und Seefahrern bei. Noch lange nach der Christianisierung hielt sich der Glaube an Thor, und Bräuche wie das Anklopfen wurden weiter ausgeübt. Da die katholische Kirche die Klopfumzüge nur schwer verbieten konnte, wurden auch sie in bewährter Manier christlich umgedeutet. So behauptete man, das Klopfen im Advent kündige die Ankunft des Herrn an. Nach einer anderen Version soll das Klopfen an die Zeit der Christenverfolgungen erinnern, als man mit Hilfe verabredeter Klopfzeichen – oder auch indem man Erbsen ans Fenster warf – geheime Versammlungen einberufen oder sich zu verbotenen Gottesdiensten getroffen habe.

Heute ist in manchen ländlichen Gegenden aus dem Anklopfen ein mittleres Volksfest geworden, wo die Klöpfer in den Hauptstraßen der Orte zusammenkommen und bis Mitternacht laut lärmend umherspuken. Oder Kinder und Erwachsene ziehen in kleinen Gruppen, mit oder ohne Masken, durch die Gegend, klopfen mit Hämmerchen oder Ruten an die Türen oder werfen mit getrockneten Erbsen, Linsen und Getreide an die Fensterläden. Dabei werden Adventslieder gesungen, und man hofft, Äpfel, Nüsse oder auch Geld zu bekommen – zu *erheischen*. Die *Bossel-*, *Bochsel-*, *Bolster-*, *Klöpfelnächte*, *Klöckeabende* oder *Anklopfete*, und wie sie je nach Region sonst noch heißen, gehören damit in die Reihe der vielen vorweihnachtlichen *Heischebräuche*.

Sankt Barbara

In ganz Südosteuropa sät man am 4. Dezember, dem Barbaratag, manchmal auch am 10. Dezember, Getreide in einen feuchtgehaltenen Teller. Das Getreide blüht bis Weihnachten auf und gilt als Symbol für die immerwiederkehrende Kraft der Natur. Um die Figur der heiligen Barbara ranken sich viele Legenden.

Es war um die Zeit zwischen 236 und 306 n. Chr., als die Tochter eines reichen Kaufmanns aus Nikomedien zum Christentum übertrat. Das brachte ihren Vater derart in Zorn, daß er nicht allein den Tod der Tochter wünschte, nein, er griff sogar eigenhändig zum Henkersbeil. Doch da tat sich der Himmel auf, und der Vater wurde für seine Tat

auf der Stelle vom Blitz erschlagen. Barbara aber erkor man zur Schutzpatronin gegen Blitz und Donner. Und da Kirchtürme aufgrund ihrer herausragenden Gestalt immer schon ein bevorzugtes Opfer von Blitzeinschlägen waren, wurden sie seither gern der heiligen Barbara geweiht, wodurch man sich Schutz vor Blitz- und Feuergefahr versprach. Doch auch die Feuerglocken erhielten häufig den Namen der heiligen Barbara, und sobald ein Gewitter im Anzug war, wurden zur Abwehr die *Barbaraglocken* geläutet. Auch die Artillerie schätzte die segensreichen Wirkungen der Heiligen und erwählte sich Barbara zur Schutzpatronin, ahmten doch die Kanonen – so der Analogieschluß – gleichsam Donner und Blitz nach. Viele berühmte Kanonen wurden in der Folge nach der Heiligen benannt.

Eine andere Legende besagt, daß Barbara von ihrem ungläubigen Vater aus lauter Ärger über ihren Übertritt zum Christentum in einen Turm gesperrt worden sei. Dort habe sie

St. Nikolaus rettet drei Knaben aus dem Salzfass (Fribourg, Museum d'Art et d' Histoire).
Links: Eine Gestalt, um die sich viele Legenden ranken: die heilige Barbara, Schutzpatronin gegen Blitz und Donner (Holzskulptur, um 1500, Aachen, Suermondt-Museum).

mit dem spärlichen Inhalt ihres Trinknapfes einen verdörrten Baum begossen und zum Blühen gebracht. Diese Legende kommt dem bekannten Brauch der Barbarazweige schon etwas näher.

Traditionell mußten die Zweige entweder vor Sonnenaufgang oder beim Vesperläuten (gegen 18 Uhr) geschnitten werden. Vielfach hatten die blühenden Zweige auch die Funktion eines Orakels. Blühten sie zu Weihnachten auf, konnte man einem verheißungsvollen Jahr mit Glück und Gesundheit, guter Ernte, sich erfüllender Liebe oder Fruchtbarkeit bei Kinderwunsch entgegensehen.

Offensichtlich sollten die blühenden Barbarazweige in der dunklen Jahreszeit auch daran erinnern, daß die Natur nicht tot ist, sondern nur „ruht". Da wir heute jederzeit blühende Pflanzen kaufen können, ist für uns nicht immer ganz einfach nachzuvollziehen, welche symbolische Bedeutung die Menschen derartigen „Zeichen" früher beimaßen.

Barbarazweige schneidet man am besten am 4. Dezember von Kirsch- oder Apfelbäumen oder von Forsythiensträuchern ab, legt sie zuerst in heißes und stellt sie am nächsten Tag in eine Vase mit warmem Wasser. Am 24. Dezember stehen die Zweige dann in voller Blütenpracht.

Blütenzweig
Dich abgebrochenen Zweig vom Apfelbaum,
Erstarrt und kalt,
Dich hol ich ein zum warmen Winterraum.
Ich weiß, du blühst mir bald.
Ein klares Wasser richt ich dir im Krug,
Der Ruf des Lichts
Ergeht an dich, Ihn hören ist genug.
Aus dir vermagst du nichts.
Laß die erwartungsvollen Wochen still
Vorübergehn,
Der Christnacht, die auch dich erlösen will,
Wird niemand widerstehn.
Erstarrter, abgebrochner Apfelzweig,
Dein Traum war tief.
Nun kam die Segensstunde. Und nun zeig,
Was in dir schwieg und schlief.

(Bernt von Heiseler)

Sankt Nikolaus

Weltweit dürfte der heilige Nikolaus wohl der bekannteste christliche Heilige sein. Die Verehrung geht vermutlich auf zwei historische Bischöfe gleichen Namens zurück: Bischof Nikolaus von Myra, um 270 in Patana in Kleinasien geboren und um 343 gestorben, und Abt Nikolaus von Sion, Bischof von Pinora, der im Jahr 564 starb.

Im Laufe der Zeit verschmolzen die beiden Heiligen zu einer unglaublich populären Gestalt. Viele Legenden ranken sich um den Heiligen, aber besonders zwei davon weisen Nikolaus als Schutzheiligen und Freund der Kinder aus. In der einen wird erzählt, wie der Bischof von Myra drei Töchter eines armen, aber frommen Mannes vor dem Verkauf in die Prostitution rettete, indem er ihnen heimlich Gold ins Zimmer warf, so daß sie heiraten konnten. In einer Variante der Legende wirft Nikolaus das Gold durch den Kamin, so daß es in den dort aufgehängten Strümpfen der Töchter landete. In der zweiten Legende wird von drei Jugendlichen berichtet, die unterwegs waren und einen Gastwirt (Metzger) um Obdach baten. Dieser nahm sie freundlich auf und bewirtete sie, doch statt ihnen ein Bett anzubieten, brachte er sie um und legte sie zwischen Schweinefleisch in ein Pökelfaß. Als der heilige Nikolaus bald darauf desselben Weges kam und den Metzger um Herberge und Nachtmahl bat, wurde ihm von dem Pökelfleisch angeboten. Er erkannte, was er da vor sich hatte, und erweckte die drei Kinder wieder zum Leben. Aus dieser Legende wurde die Funktion des heiligen Nikolaus als Schutzherr der Schüler abgeleitet.

Nikolaus ist Nothelfer der Gebärenden, Schutzpatron der Kinder und Schüler, der Mädchen und der Frauen, die sich ein Kind wünschen. Er ist Patron der Seeleute, der Flußschiffer, der Flößer und Schiffsbauer, der Reisenden zu Land und zu Wasser, der Fischer, der Brückenbauer, der Kaufleute und Händler, der Schneider, Tuchmacher und Weber, der Bäcker, der Apotheker, der Müller und der Metzger, der Advokaten, Notare, Pfandleiher, der Küfer, Wein- und Kornhändler, der unschuldig Gefangenen und der zum Tode Verurteilten, er gilt als Beschützer des Eigentums, wird aber genauso von Dieben und Bettlern angefleht. Tausende von Kirchen sind ihm geweiht, Amsterdam und New York stehen unter seinem Patronat, er ist Landespatron der Russen und der Lothringer, und in Spanien und Italien gibt es unzählige Ortschaften, die ihn zu ihrem besonderen Schutzheiligen erkoren haben.

Nikolaus als Gabenbringer

Um die Jahrtausendwende begann man in Süditalien, Nikolaus immer mehr zu verehren und an seinem Festtag die Kinder zu beschenken. Als sich der Kult allmählich in Europa ausbreitete, vermischte er sich mit anderen, teils germanischen Kulten, jahreszeitlichen Praktiken und Bräuchen der bäuerlichen Wirtschaft.

Bis ins 19. Jahrhundert war Nikolaus der einzige, der Kindern und oft auch Dienstboten Geschenke brachte, denn Weihnachten war damals noch ein rein kirchliches Fest. Vor allem wurden Kleidung und Nahrungsmittel geschenkt, Äpfel und Nüsse. Je reicher die Leute waren, desto eher konnten auch exotische Früchte wie Feigen, Datteln und Mandarinen dabeisein. Die Gaben wurden in bereitgestellte Schuhe gelegt, und manchmal stand neben den Schuhen auch ein Gefäß, in das die Kinder Gaben für das Pferd des Nikolaus legten: Stroh und Hafer.

Vom Kinderbischof zum altehrwürdigen Nikolaus

Als der Nikolauskult im 14. Jahrhundert über die romanischen Länder nach Deutschland gelangte, entwickelte sich in den Klosterschulen der Brauch, am 6. Dezember kurzfristig die Herrschaftsverhältnisse umzudrehen: einer der Knaben wurde zum Bischof gewählt, als Zeichen der Vergänglichkeit der Macht, aber sicher auch, weil es einfach Spaß machte. Am Nikolaustag mußte der Erwählte im bischöflichen Ornat eine Predigt an die Erwachsenen in lateinischen oder deutschen Versen halten. Mit der Zeit entwickelten sich aus diesen Feiern kleine Umzüge von Haus zu Haus, wobei immer mehr verkleidete Gestalten den Kinderbischof begleiteten: Heilige, Engel, Teufel, Könige und viele mehr. Allmählich wurde aus dem Kinderbischof ein eher großväterlicher alter Mann, der durch die Gegend zieht und Geschenke verteilt.

Nikolaus und seine Begleiter

Da der Nikolaus die Rolle und die Funktion vieler anderer traditioneller kultischer Figuren übernommen hat, erscheint er auch in unterschiedlichen Gestalten. Mal im bischöflichen Ornat, mal im Kapuzenmantel, hier eher segnend und beschenkend, da als einer, der nur die „Guten" belohnt, die „Schlechten" aber bestraft. Häufig übernimmt einer seiner furchterregenden Begleiter das Bestrafen. Und begleitet wird der Nikolaus manchmal von einer ganzen Horde von Unholden. Am bekanntesten ist sicher der *Knecht Ruprecht*, ein dunkler, unheimlicher Gesell'. Er ist in Lumpen gekleidet und trägt einen Sack auf dem Rücken, in dem er die unartigen Kinder mitnimmt. Wahrscheinlich ist seine Gestalt von einem *rauhen Percht*, einem wilden Wintermann, abgeleitet, der schon in germanischer Zeit mit anderen Mythenwesen den Menschen Angst einflößte. Noch heute gibt es z.B. in Niederösterreich am Nikolaustag sogenannte *Krampusrudel*, Umzüge von wilden Masken in Gestalt von Tieren oder Teufeln.

Der *Niklaus, Pelznickel, Klasbur, Nicolo*, oder wie er je nach Region auch immer heißt, wird noch von einer Reihe anderer furchterregender Gestalten begleitet, die gerne Kinder erschrecken und Erwachsene ärgern: Im Rheinland ist es *Hans Muff*, ein zotteliger Kerl mit schwarzem, berußtem

Familie enthält. Drei Wochen vorher feiert das ganze Land die Ankunft des heiligen Nikolaus, der mit einem Schiff aus Spanien erwartet wird. *Sinterklaas* wird mit Musik und Polizeieskorte zum Palast der Königin geleitet. An diesem Abend haben die Kinder einen Schuh und daneben Wasser, Heu oder eine Mohrrübe für das Pferd des Nikolaus vor den Kamin gestellt, und am nächsten Morgen liegt dort ein Schokoladennikolaus.

In der russisch-orthodoxen Kirche wird am 6. Dezember die *Slava* gefeiert, ein ganz besonderes Fest zu Ehren des jeweiligen Hausheiligen und des heiligen Nikolaus, dessen Wurzeln bis zu den thrakischen Heroenkulten und der Verehrung der römischen Hausgötter zurückgehen. Am Abend vor dem Nikolaustag lädt ein Bote die Gäste ein und überbringt einen Apfel als Symbol der Freundschaft; der Gast erwidert diese Geste, indem er zum Fest ebenfalls einen Apfel mitbringt. Jede Familie feiert ihre eigene Slava, bei der feierlich ein Licht zu Ehren des Schutzheiligen der Familie angezündet wird, und danach bricht der Hausherr das Festbrot, was Glück und Frieden bringen soll.

Küssnachter Klausjagen: In Küssnacht am Rigi (Zentralschweiz) ziehen alljährlich am 6. Dezember die Lichterkläuse durch den Ort .
Links: Die Bescherung der Kinder durch den Nikolaus hat eine lange Tradition. Bereits um die Jahrtausendwende wurde der Heilige in Süditalien als Gabenbringer verehrt.

Gesicht, in Schleswig-Holstein *Wotan*, in Berchtesgaden sind es die *Buttmandl*, die mit Stroh umwickelt sind und Ruten und Peitschen dabei haben. In Zürich und Küsnacht lärmen die *Lichterkläuse*, im Elsaß *Hans Trapp*, der *Pelzmärtel* an der Mosel, in Mitteldeutschland begleitet gelegentlich *Frau Holle* den Nikolaus, in Hessen das *Fraache*, die *Butzenbrecht* gibt es in Schwaben, die *Berchtl* in Tirol, und im Burgenland muß man sich vor der *Pudelmutter* in acht nehmen.

Eltern und Lehrern waren die alten Dämonen und Schreckgestalten als Miterzieher gerade recht, und häufig wurde und wird gedroht, daß die Kinder „schon was erleben würden", wenn der Nikolaus kommt... Mancherorts hatten die Kinder früher sogenannte *Klausenhölzer*, auf denen sie ihre „guten" Taten und Gebete einkerbten, um sie dem Nikolaus vorzeigen zu können, ähnlich den Kerbhölzern der Erwachsen, auf denen die Schulden eingekerbt waren, die noch beim Müller, Bäcker usw. ausstanden.

Nikolaus ist überall

In den Niederlanden und Flandern ist der 6.12. für die Kinder der schönste Tag des Jahres, er heißt dort auch *Abend der Geschenke*. Am Abend zuvor legt man einen Sack vor die Tür, der am nächsten Morgen die Geschenke für die ganze

In Griechenland, Serbien und Rußland ist der 6. Dezember der Festtag der Seefahrer, deren Schutzpàtron Nikolaus ist. Mit feierlichen Prozessionen wird dieser Tag zu einem Höhepunkt in der Weihnachtszeit.

In England schlachtete man in der Nikolauszeit, die mit der zweiten großen Schlachtzeit des Jahres zusammenfiel, bevorzugt Eber, die lange Zeit zu Weihnachten auf der Festtafel standen, denn häufig konnte man die Tiere nicht durch den Winter füttern. Um das Fleisch haltbar zu machen, wurde es u. a. eingepökelt – ganz wie die drei Knaben, die Nikolaus laut der Legende wieder zum Leben erweckt hat. Andererseits spielten Eber aber auch in den Bräuchen der Germanen eine wichtige Rolle. So war der Eber z.B. das heilige Tier des *Freyr*, des Gottes der Sonne, des Lichtes und der Fruchtbarkeit, und es war Brauch, zum Fest der Wintersonnwende zu Ehren dieses Gottes viele Eber zu schlachten.

Nisse und Santa Claus

Ein unternehmungslustiger und in aller Welt bekannter Bursche ist der amerikanische Weihnachtsmann, *Santa Claus*, der ein gewaltiges, eben echt amerikanisches Tempo vorlegt. Sein Flug über die Arktis, die erste Nordpollinie der Welt, imponierte den Amerikanern ungemein. Im Gegensatz zu dieser dynamischen Erscheinung ist der skandinavische *Nisse*, der den Kindern die Geschenke auf herausgestellte Teller oder unter den Weihnachtsbaum legt, ein nordischer

Stubenhocker. Zwar sind sich Santa Claus und Nisse in vielem ähnlich: gleicher Bart, gleiches Gewand – doch verwandt sind die beiden nicht: Santa Claus ist ein luftfahrender Heiliger, der Nisse ein kleiner, uralter Kobold mit Holzpantoffeln, meist gutartig und nicht humorlos, aber bisweilen auch ein gefährlicher Gesell'. Als der Nisse so ungefähr vor 4000 Jahren das Licht der Welt erblickte, da dachte noch niemand an Nikolaus und Weihnachtsmann. Die Geschichte des Nisse verliert sich in heidnischem Dunkel. Die längste Zeit des Jahres lebte er unsichtbar im Haus dahin, erst in der *Julnacht*, in der die Toten umgingen, kam die Sippe des Nisse zum Vorschein. Wenn der sausende Zug der Toten unter der Führung des Todesgottes Odin über das Land hinwegbrauste, dann verschanzten sich die Menschen am liebsten in ihren Häusern, um nicht auf die *Asgårdreise* mitgenommen zu werden.

Vom Nikolaus zum Weihnachtsmann

Nach der Reformation wurde in den protestantischen Ländern der Nikolaus abgeschafft. Martin Luther hatte versucht, ihn durch den *Heiligen Christ* zu ersetzen, der nun den Kindern die Gaben bringen sollte. Aus der abstrakten und blutleeren Gestalt, die entgegen einem weit verbreiteten Irrglauben eben nicht mit dem Jesuskind in der Krippe identisch ist, schuf die Volksphantasie im Lutherland alsbald das engelgleiche, weißgewandete *Christkind* der weihnachtlichen Umzüge und Krippenspiele, wo es zunächst eine Schar von Engelsgestalten anführte. Erst später wurde in eigenartiger Umkehrung in den protestantischen Gegenden Deutschlands das Christkind vom Weihnachtsmann abgelöst, während der geschenkebringende Nikolaus in den südlichen, katholischen Landesteilen nun vom – ursprünglich – protestantischen Christkind Konkurrenz erhielt.

Im 19. Jahrhundert kehrte der Nikolaus zurück und legte seine Geschenke am 6. Dezember zum Nikolaustag in die Schuhe der Kinder. Zusätzlich zum Heilig Abend war damit ein zweiter Geschenk- und Beschertag entstanden.

Recht aufschlußreich ist diese deutsche Weihnachtskarte aus dem Jahr 1922. Die traditionellen Farben des Weihnachtsmannes – weiß und rot – werden hier mit dem giftigen Fliegenpilz (Amanita muscaria) in Verbindung gebracht. Aufgrund seiner halluzinogenen Wirkung wurde der Fliegenpilz von sibirischen Schamanen benutzt, um Trancezustände hervorzurufen. Auch Rentiere pflegen den Pilz zu fressen. Der moderne Mythos vom durch die Lüfte fliegenden Santa Claus, dessen Schlitten von einem rotnasigen Rentier gezogen wird, könnte hiervon beeinflusst sein.
Links: Wie in den USA und in Australien bringt auch in Kanada der auf einem Rentierschlitten durch die Lüfte brausende Santa Claus den Kindern die Geschenke.

Der Maler Moritz von Schwind (1804 bis 1871) legte im Jahre 1847 für die „Münchner Bilderbogen" mit einer Folge über den „Herrn Winter" den bis heute gültigen Weihnachtsmann-Typ fest: eine liebvoll-autoritäre, untersetzte Figur mit langem weißem Bart, bekleidet mit Kapuzenmantel und hohen Stiefeln, das Kerzenbäumchen auf dem Arm. Nicht nur das Bäumchen, auch die Gestalt des Weihnachtsmannes ist offenbar eine Anlehnung an den einst im Römischen Reich weit verbreiteten Mithraskult, von dem im nächsten Kapitel noch die Rede sein wird. Als Symbolfigur für den Winter ist dort in kultischen Darstellungen ein frierender alter Mann mit Bart und Pelz überliefert.

Jedes Jahr freuen wir uns erneut über die Weihnachtsmänner, Nikoläuse und Christkinder, wo immer sie auftauchen: Sie versetzen nicht nur die Kleinen, auch die Großen, in eine wunderbare Märchenwelt.

Sankt Lucia

Bis zur Einführung des Gregorianischen Kalenders im 16. Jahrhundert galt der 13. Dezember als kürzester Tag des Jahres und damit auch als Wintersonnwende. Die Nacht vor diesem Tag belebte viele Jahrhunderte lang in den Menschen die Angst vor Geistern und Dämonen, und alles war voller Geheimnisse und Wunder. Ähnlich wie die Andreas- und die Neujahrsnacht, wo wir heute noch auf verschiedene Art und Weise versuchen, die Zukunft vorauszusehen oder doch günstig zu beeinflussen, galt früher auch die Luziennacht als wichtige *Losnacht*.

Nach der Überlieferung wissen wir, daß Lucia um 300 n.Chr. in Syracus auf Sizilien lebte. Sie war sehr reich, doch soll sie ihr ganzes Vermögen den Armen gegeben und ihre Mutter von schwerer Krankheit geheilt haben. Ihr Glaube an Christus war Lucia wichtiger als die Liebe zu einem jungen Mann. Von ihrem Verlobten denunziert, überstand sie alle Martern, bis man ihr schließlich ein Schwert durch die Kehle stieß. Nach späteren Fassungen hat sie sich die Augen ausgerissen und ihrem Verlobten auf einer Schüssel geschickt.

Weil sie so mildtätig, standhaft und rein geblieben war, galt sie der Kirche fortan als Ideal weiblicher Tugendhaftigkeit und als Vorbild für viele christliche Jungfrauen.

In Dalmatien und in weiten Teilen Sloweniens bringt Lucia den Mädchen Geschenke und Süßigkeiten, wenn sie am Vorabend des 13. Dezember ihre Schuhe aufs Fensterbrett stellen. Lucia tritt sowohl als Licht- und Gabenbringerin (Schweden) als auch als Schreckensgestalt (*Lucija, Felsenlutzel, Lutzelfrau*), so im Bayerischen Wald und in Osteuropa, auf. Sie wird meist mit Schwert und Halswunde, auch mit Palme und Öllampe, häufig die Augen auf einer Schüssel tragend, dargestellt.

Lucia und andere Wintergestalten

Nun gab es aber in vorchristlicher Zeit verschiedene eindrucksvolle Wintergestalten, Dämoninnen und Totengöttinnen, die in verschiedener Weise in den Lucienkult aufgenommen wurden. Lucia verschmolz im Mittelmeerraum mit den vorchristlichen Diana- und Artemiskulten, in Oberdeutschland und den österreichischen Alpenländern mit der mythischen Gestalt der *Percht*, die eine Schar dämonischer Wesen anführt. Die ambivalente Percht heißt auch *Frau Holle*, *Hulda*, *Perahta*, *Berchta*, *Berta*, *Butzenbrecht*, *Lutzelfrau* oder auch *Pudelmutter*, in Nordeuropa *Holla*, in Frankreich *Bonne dame*, in Italien *Befana*. Frau Holle kann, wie im Märchen, reich beschenken und belohnen, wenn jemand ihr einen Dienst erweist, aber sie kann auch strafen. Und sie kann eine richtig grausige, blutrünstige Unholdin sein. Was man sich in manchen Gegenden über die Percht erzählt, ist wirklich furchterregend. Frau Percht schneidet unfolgsamen Kindern den Bauch auf und füllt Steine ein, oder sie raubt die Kinder und steckt sie in ihren Korb. Ähnlich bestraft sie auch faule und nachlässige Spinnerinnen und Mägde. Deshalb mußte das Haus vor der Luziennacht blankgeputzt und aufgeräumt sein. Spinnen, nähen und Brotbacken war in dieser Nacht streng verboten, und wer es dennoch tat, dem waren am Morgen die Spindeln verdreht und das Garn verwirrt. Begleitet wird die dunkle Lucia von einem wilden Heer von Toten, die durch die Lüfte ziehen. Wahrscheinlich gehen die Perchtengestalten auf eine alte germanische Totengöttin zurück, die *Hel*, deren Name sich von „hüllen" (auch „verbergen", „begraben") ableitet.

Wegen ihres bedrängenden Einflusses auf die Bevölkerung wurden die aus den Toten- und Lebenskulten der germanischen Frühzeit emporgestiegenen Perchtengestalten von der Kirche bekämpft. So wurde aus den heidnisch Leuchtenden die heilige Lucia, wobei die Assoziation zu *lux* (lat. Licht) sicher nicht unwillkommen war. Gleichzeitig wurden die vorchristlichen Perchtengestalten dämonisiert. Es ist deshalb nicht auszuschließen, daß manche der blutrünstigen Geschichten, die man sich über die Perchten erzählt, diesen erst in christlicher Zeit angedichtet wurden.

Zauber und Orakel

Viele Los- und Orakelbräuche sind aus der Luziennacht überliefert. So ritzten die Mädchen mancherorts nachts ein Luzienkreuz in die Rinde einer Weide und hofften, aus der Veränderung bis zum Neujahrstag die Zukunft zu deuten. In Österreich ging der Glaube an den *Luzienschein*, ein sich zitternd bewegendes Licht, das die Zukunft verraten sollte. Im katholischen Kroatien glaubte man bis zum 2. Weltkrieg, mit Hilfe des sogenannten *Luzienstuhls* „Hexen" erkennen zu können. Und der Luzientag galt als besonders günstig zum Abschluß von Verträgen und Verlöbnissen. Arbeit an diesem Tag war nicht erlaubt, weil man sonst Krankheit und Unglück anzog.

Der Luzienbrauch in Schweden: Frühstück ans Bett

Über die gesellschaftliche Oberschicht der Herrenhöfe gelangten im 19. Jahrhundert Weihnachtsbaum und Christkind ins protestantische Schweden. Der Luzienbrauch, der unter diesem Einfluß entstand, hat mit den traditionellen, vom vorchristlichen Perchtenglauben beeinflußten Luzienkulten wenig gemeinsam. Hierbei handelt es sich vielmehr um eine Übernahme des weißgewandeten deutschen Christkinds als Gabenbringer. Am Morgen des Luzientages bringt die älteste Tochter der Familie den übrigen Familienmitgliedern das Frühstück ans Bett. Es gibt Kaffee und *Lussekattor*: Luzienkatzen, ein Hefegebäck, oder *Dövelskattor*: Teufelskatzen. Das Mädchen ist dann mit einem langen, weißen Gewand bekleidet und trägt auf dem Kopf einen Kranz aus Preiselbeerzweigen, in denen brennende Kerzen befestigt sind.

Bei den Römern begannen an diesem Tag die Saturnalien. Die Kirche machte den 17. Dezember zum Tag des heiligen Lazarus, den Jesus von den Toten auferweckt haben soll. (Russische Ikone aus dem 15. Jahrhundert, Kloster Sergiew Passad).
Rechts: Lichtbringerin und Schreckensgestalt zugleich. Eine höchst ambivalente Gestalt ist die heilige Lucia, die wegen ihrer Tugendhaftigkeit noch heute als Vorbild christlicher Jungfrauen gilt. (Giovanni Battista Tiepolo: „Die Kommunion der heiligen Lucia", 1748, Venedig, SS. Apostoli)

Der 16. Dezember

An diesem Tag beginnen in Kolumbien die Weihnachtsfeierlichkeiten. Die ganze Familie wandert, von Freunden begleitet, in den Wald, um Moos zu sammeln. Denn an diesem Tag wird die Krippe aufgestellt, die den Mittelpunkt des Weihnachtsfestes bildet.

Wenn es dunkel wird, beten alle gemeinsam, singen Weihnachtslieder und musizieren bis Mitternacht. Jeder der folgenden neun Abende wird genauso verbracht. Am 24. Dezember, dem Heiligen Abend, wird nach der Mitternachtsmesse auf der Straße getanzt, es gibt Feuerwerke, und man feiert die ganze Nacht mit gutem Essen und Trinken. Weihnachtsbäume gibt es höchstens in den Städten, so wie andere Konsumgüter, die aus den reicheren Ländern nach Kolumbien gelangten. Für die Kinder verstecken die Eltern kleine Geschenke unterm Bett, die diese am Morgen des 25. Dezember suchen dürfen.

Lazarus, 17. Dezember

Der 17. Dezember war der Beginn der *Saturnalien*, der römischen Wintersonnwendfeiern zu Ehren von Saturnus, unter dessen Herrschaft die Menschen das goldene Zeitalter erlebten. Interessant ist, daß bei diesem ausgelassenen Fest, das auf Staatskosten begangen wurde, die Herren mit den Sklaven für kurze Zeit Kleidung und Rollen tauschten. So verwundert es nicht, daß sich das Christentum später auch

dieses wichtigen Datums bemächtigte. Während der Karneval teilweise die Funktion der Saturnalien als die eines sozialen Ventils übernahm, wurde der 17. Dezember zum Tag des heiligen Lazarus erklärt, an dem man traditionell die Alten und Kranken besucht. In katholischen Gegenden beginnt nachmittags um drei Uhr das *Christkindleinläuten*, für das die Kirchen all ihre Glocken erklingen lassen.

Sankt Thomas und die Zwölfnächte

Thomas war der Apostel, der an der Auferstehung Christi am längsten gezweifelt hatte und erst dann glaubte, als er seine Hand in die Wundmale Christi legen durfte. An diese Erzählung der Evangelien erinnert noch heute der Volksmund mit seinem geflügelten Wort vom „ungläubigen Thomas“. Die Kirche soll seinen Festtag auf den kürzesten Tag des Jahres, den 21. Dezember, gelegt haben, weil Thomas am längsten gezweifelt und sozusagen in der „Nacht des Unglaubens“ verharrt habe.

In Volksglauben hatte der Tag schon in vorchristlicher Zeit eine bedeutende Rolle gespielt. Die längste Nacht in der dunklen Jahreszeit galt mancherorts als erste der *Zwölfnächte*. In der Regel waren dies die Nächte vom 25. Dezember bis zum 5. oder 6. Januar. Doch in manchen Gegenden begannen diese Dunkel- oder auch Sperrnächte bereits am Luzientag und dauerten bis zum 25. Dezember, andernorts wiederum bezeichnete man damit die zwölf Nächte nach Neujahr. Jedenfalls versuchte man, sich gegen Bedrohungen aus der Dunkelheit zu schützen, indem man alles absperrte, um das Einschleichen im Schutz der Dunkelheit unmöglich zu machen.

In Nordfriesland war das *Thamsen* ein beliebter Brauch. Thamsen heißt soviel wie verstecken, verschleppen. Und versteckt wurden alle drehbaren Geräte wie Wagen und Schubkarren. Hintergrund ist die alte Vorstellung vom Zeitenrad, das während der Sonnenwende stillsteht und sich erst nach den 12 heiligen Nächten wieder in Bewegung setzt. Darum mußte auch alles, was Räder hat, stillstehen.

Viele der Bräuche, die am Thomastag ausgeübt wurden, waren auch in der Silvesternacht oder in der Andreasnacht üblich, wie das Bleigießen, das Horchen an Kreuzwegen, das Bettkastentreten oder andere Liebes- und Zukunftsorakel.

In Bayern und Österreich nannte man die Zwölfnächte auch *Rauh*- oder *Rauchnächte*. Diese Bezeichnung hängt einmal mit dem Ausräuchern der Ställe gegen Viehkrankheiten zusammen, wo man auch gleichzeitig die „Elemente" Wasser, Feuer und Wind mit Weihrauch und Weihwasser „fütterte" und böse Geister vertreiben wollte. Zum anderen hängt „rauh" mit der Vorstellung der *rauchigen*, also haarigen und felligen Perchten zusammen. Man glaubte, daß in den Rauhnächten die Götter über Land gingen und die Ahnen, angeführt von *Wotan*, unter Jagdrufen und Hundegebell durch die Lüfte brausten. Vor diesem Heer, der *Wilden Jagd*, mußte man sich schützen, Haus und Hof versperren. Man blieb im Haus, feierte mit Freunden und brachte den Göttern Opfer. Um sie zu besänftigen, stellte man ihnen Speisen aufs Dach: Bier, Grütze, Fisch, Käse, Getreide u.a., wovon viele unserer Weihnachtsgerichte und Gebäcke noch zeugen, die ursprünglich Tier-, Haar- und Getreideopfer symbolisierten. In Mecklenburg zum Beispiel durfte man die wilden Tiere aus Wotans Zug nicht beim Namen nennen, um sie nicht ins Dorf zu rufen. Und in vielen Gegenden galten Arbeitsverbote, bestimmte Speise-

Weil er am längsten in der „Nacht des Unglaubens" verharrt habe, wurde sein Festtag von der Kirche auf den kürzesten Tag des Jahres gelegt: der Apostel Thomas (Ikonenmalerei, 15. Jahrhundert, Ohrid, Ikonengalerie Sveti Kliment).

Links oben: Die sogenannten Rauh- oder Zwölfnächte galten vor der Ausbreitung des Christentums als die Zeit, in der Wotan mit seiner Wilden Jagd durch die Lüfte ritt und Feld, Wald und Wiesen unsicher machte. (Franz von Stuck: „Wilde Jagd", um 1889, München, Städtische Galerie).

Links unten: Bei den alten Germanen war das Pferd das Opfertier Wotans. Der Genuß von Pferdefleisch wurde daher von den christlichen Missionaren mit Vehemenz bekämpft.

verbote oder die Pflicht, geliehene Gegenstände zurückzugeben. Vormals waren die Speisen auf dem Dach vermutlich Opfergaben im Rahmen eines Toten- und Ahnenkultes, wozu auch all die anderen Rituale in dieser Zeit paßten. Die christliche Religion überlagerte diese Bräuche; erhalten blieben lärmende Maskenumzüge zur Abschreckung böser Geister, schützendes Grün an den Hauswänden in England, und an manchen Orten auch die Bewirtung der nächtlichen Wilden Jagd.

Geblieben ist aber auch das Gebot der Waffenruhe in dieser Zeit, das schon unsere heidnischen Vorfahren als *Julfriede* befolgt haben.

Leckereien zum Adventskaffee

D ie Adventszeit ist vielleicht die romantischste Zeit des ganzen Jahres. Das Weihnachtsfest rückt näher und näher – und überall schleicht sich gespannte Erwartung ins Herz. Mehr als ein bloßes Ritual ist das Entzünden der Kerzen zu Advent – erst eins, dann zwei, dann drei . . . – Ausdruck sich steigernder Spannung und Erwartung. Viele Menschen sind in dieser Zeit aufmerksamer und nachdenklicher als sonst.

Doch die Adventszeit ist auch die Zeit der überfüllten Straßen und Geschäfte, die Zeit der hektischen und oft gedankenlosen Weihnachtseinkäufe – eine Zeit rastloser Betriebsamkeit, die in eigenartigem Kontrast steht zur vorher gezeichneten Romantik und Idylle. Nicht zuletzt ist die Adventszeit aber auch die Zeit leckeren Naschwerks aus dem eigenen Backofen. Weder vorher noch nachher schmecken Süßigkeiten so gut wie zur Adventszeit. Was wäre ein gemütlicher Adventsnachmittag ohne Weihnachtsplätzchen, Christstollen, Lebkuchen oder Marzipan?

Und da probieren über studieren geht, wie das Sprichwort so schön sagt, sollte man auch hier ruhig einmal über den eigenen Tellerrand schauen und ausprobieren, was unsere Nachbarn zum Advent naschen.

Wie wäre es zum Beispiel mit Joulupiparkakut? Oder soll es lieber Prjaniki sein?

Auf den nächsten Seiten finden Sie jede Menge internationale Weihnachtsleckereien. Ihr Lieblingsgebäck ist ganz bestimmt auch darunter.

Weihnachtsstollen nach Dresdner Art

Ergibt etwa 30 Scheiben

400 g Sultaninen
knapp ⅛ Liter Rum (45% Vol.)
1 kg Mehl, 80 g frische Hefe
100 g Zucker, ⅛–¼ Liter Milch
375 g Butterschmalz, 1 Prise Salz
abgeriebene Schale von 1 unbehandelten Zitrone
3 geriebene bittere Mandeln
150 g geriebene süße Mandeln
25 g gehacktes Orangeat
125 g gehacktes Zitronat
250 g flüssige Butter zum Bestreichen
125 g feinster Zucker
200 g Puderzucker
Außerdem:
Backpapier

Gut abgespülte und trockengetupfte Sultaninen mit Rum beträufeln und in einer abgedeckten Schüssel über Nacht ziehen lassen. Alle anderen Zutaten in einen warmen Raum stellen. Gesiebtes Mehl in eine Schüssel geben. In die Mitte eine Vertiefung drücken. Hefe zerbröckeln, mit wenig Zucker und etwas lauwarmer Milch verquirlen und die Vertiefung damit füllen. Mit etwas Mehl bestäuben. 30 Minuten zugedeckt bei Zimmertemperatur gehen lassen.

Dann restlichen Zucker, Milch, Butterschmalzflöckchen, Salz und Zitronenschale dazugeben und alles mit dem Handrührgerät (Knethaken) zu einem geschmeidigen Teig verrühren. 1 Stunde gehen lassen. Sultaninen, Mandeln, Orangeat und Zitronat unter den Teig kneten. Zugedeckt bei Zimmertemperatur 1 Stunde gehen lassen. Nochmals durchkneten und einen ovalen Laib formen. Weitere 30 Minuten gehen lassen. Danach mit dem Rollholz eine Vertiefung in den Teiglaib drücken. Eine Teighälfte überschlagen. Das gibt die typische Stollenform. Den Stollen auf ein mit Backpapier ausgelegtes Backblech setzen. Im vorgeheizten Backofen, untere Schiene, 70 Minuten bei 180 °C (Umluft 160 °C, Gas Stufe 2) backen. Den Stollen etwas auskühlen lassen, mit zerlassener Butter bestreichen und mit Zucker und durch ein Sieb gedrücktem Puderzucker bestreuen. Erneut mit Butter bestreichen und wieder mit Puderzucker bestäuben usw., bis Butter, Zucker und Puderzucker aufgebraucht sind. Vor dem Anschneiden noch einmal dick mit Puderzucker bestäuben.

TIP Stollen können gut verschlossen bis in den Frühling aufbewahrt werden. In Sachsen war es früher Sitte, den letzten Stollen am Ostersonntag anzuschneiden.

Marzipan-Stollen

Ergibt etwa 20 Scheiben

Für den Teig:
500 g Mehl
1 Würfel Hefe (42 g)
75 g Zucker
1 Prise Salz
75 ml lauwarme Milch
200 g Butter
25 g feingehackter Rindertalg (gibt's beim Metzger)
250 g Rosinen
25 g fein gewürfeltes Zitronat
20 g gehackte Mandeln
abgeriebene Schale von 1 unbehandelten Zitrone
2 Tropfen Bittermandelöl
3 EL Rum
Für die Marzipanrolle:
100 g Marzipan-Rohmasse
40 g Puderzucker
1 TL Rum
Zum Bestreichen:
150 g Butter
Zum Bestäuben:
100 g Puderzucker
2 Päckchen Vanillezucker

Mehl, Hefe, Zucker, Salz, lauwarme Milch, Butter und den zerlassenen, abgekühlten Talg in eine Schüssel geben und mit dem Handrührgerät (Knethaken) so lange rühren, bis sich der Teig vom Schüsselrand löst. 1 Stunde zugedeckt an einem warmen Ort gehen lassen.

Inzwischen Rosinen, Zitronat, Mandeln, Zitronenschale, Bittermandelöl und Rum mischen. Ziehen lassen und unter den Teig kneten. Ein Rechteck von 30 x 15 cm Größe ausrollen. Die Marzipan-Rohmasse mit Puderzucker und Rum verkneten und zu einer Rolle formen. Die Marzipanrolle auf das Teigstück legen, Seiten über die Mitte hinweg einschlagen und andrücken. Stollen auf ein mit Backpapier ausgelegtes Backblech setzen. 20 Minuten gehen lassen. Einen Streifen aus Alufolie um den Stollen legen, damit er nicht auseinanderläuft. Den Stollen im vorgeheizten Backofen, untere Schiene, bei 180 °C (Umluft 160 °C, Gas Stufe 2) etwa 90 Minuten backen.

Nach dem Backen den noch warmen Stollen mit flüssiger Butter bestreichen. Mit Puderzucker-Vanillezucker-Gemisch bestreuen. Zum Aufbewahren in Alufolie wickeln. Zum Servieren erneut mit dem Zuckergemisch bestreuen und in Scheiben schneiden.

Mohnstollen

Ergibt etwa 18–20 Scheiben

Für den Teig:
500 g Mehl
1 Würfel Hefe (42 g)
70 g Zucker, ⅛ Liter lauwarme Milch
1 Päckchen Vanillezucker
180 g Butter, 1 Prise Salz
125 g geschälte und gemahlene Mandeln
125 g feingewürfeltes Zitronat
Für die Füllung:
¼ Liter süße Sahne
35 g Zucker, 125 g gemahlener Mohn
abgeriebene Schale von 1 unbehandelten Zitrone
50 g Sultaninen, 25 g Zitronat
1 TL Rum, ½ TL Zimt
10 g Semmelbrösel
Zum Bestreichen:
150 g Butter
Zum Bestreuen:
75 g Puderzucker
Außerdem:
Backpapier

Mehl in eine Schüssel geben. In die Mitte eine Mulde drücken. Die zerbröckelte Hefe, 1 Teelöffel Zucker und die lauwarme Milch in die Mulde füllen und mit etwas Mehl vom Rand verrühren. Zugedeckt ¼ Stunde ruhen lassen. In einer Schüssel den restlichen Zucker, Vanillezucker, weiche Butter und Salz gut mischen und mit dem restlichen Mehl und dem Vorteig zu einem festen Teig zusammenkneten. Mandeln und Zitronat unterkneten. Noch einmal 15 Minuten gehen lassen. Inzwischen für die Mohnfüllung Schlagsahne und Zucker aufkochen, Mohn und Zitronenschale hinzufügen und unter Rühren kochen, bis ein dicker Brei entsteht. Sultaninen, Zitronat, Rum, Zimt und Semmelbrösel unterrühren. Etwas abkühlen lassen. Den Stollenteig ausrollen und zu einem länglichen Brot formen. Mit der Teigrolle den Teig in der Mitte kurz andrücken, so daß seitlich ein kleiner und ein großer Wulst entstehen. Die Mohnmasse in die Vertiefung geben, die Seite mit dem kleinen Wulst über den größeren schlagen. Den Stollen auf ein mit Backpapier ausgelegtes Backblech setzen und im vorgeheizten Backofen, 2. Schiene von unten, bei 180 °C (Umluft 160 °C, Gas Stufe 2) 70 Minuten backen. Nach dem Backen mit zerlassener Butter bestreichen und mit Puderzucker bestreuen. Zum Aufbewahren in Alufolie wickeln. Zum Servieren erneut mit Puderzucker bestäuben und in Scheiben schneiden.

Berliner Quarkstolle

Ein eher schlichtes, aber herzhaftes Gebäck ist die in Berliner Haushalten mit vergleichsweise wenigen Zutaten gebackene und immer im Singular stehende *Stolle*. Aus Schlesien (von dort kam früher jeder dritte Berliner!) stammen schließlich zwei weitere Vertreter: die Mohn- und die Quarkstolle.

Ergibt etwa 20 Scheiben
Für den Teig:
je 50 g gewürfeltes Orangeat
und Zitronat
100 g gemahlene Mandeln
200 g Rosinen, 8 cl Rum
250 g Magerquark
200 g Zucker
175 g Butter, 2 Eier
abgeriebene Schale
von 1 unbehandelten Zitrone
1 Prise Salz
550 g Mehl
½ Päckchen Backpulver
1 TL Kardamom

Außerdem:
Backpapier
Zum Bestreichen:
200 g Butter
Zum Bestäuben:
Puderzucker

Für den Teig: Orangeat und Zitronat, Mandeln, Rosinen und Rum in einer Schüssel mischen. Zugedeckt 1 Stunde ziehen lassen. Quark, Zucker, Butter, Eier, Zitronenschale und Salz verrühren. Mehl, Backpulver und Kardamom mischen. Die Hälfte des Mehls unterrühren, die restlichen Zutaten mit dem Knethaken unterkneten.

Teig mit bemehlten Händen zu einem Laib formen und auf ein mit Backpapier ausgelegtes Backblech setzen. Im vorgeheizten Backofen, zweite Schiene von unten, bei 180 °C (Umluft 160 °C, Gas Stufe 2) 60 Minuten backen. Nach 25 Minuten den Laib in der Mitte längs einkerben und mit etwas flüssiger Butter begießen.

Nach dem Backen mit der restlichen flüssigen Butter bestreichen. Mit Puderzucker bestäuben und völlig auskühlen lassen. Zum Aufbewahren in Alufolie wickeln. Zum Servieren erneut mit Puderzucker bestäuben und in Scheiben schneiden.

Glarner Birnbrot

Ergibt 4 Brote

625 g getrocknete Birnen

⅜ Liter Wasser

1 Glas Rotwein (0,1 l)

20 g Butter

30 g Zitronat

85 g Walnußkerne

180 g Rosinen, 15 g Zimt

3 g Nelken, gemahlen

¹⁄₁₆ Liter Rosenwasser, 2 EL Kirschwasser

Für den Teig:

525 g Mehl,

20 g Hefe, 30 g Zucker

¼ Liter lauwarme Milch

1 Ei, 6 g Salz, 30 g Butter

1 TL Vanillezucker oder abgeriebene Schale von

½ unbehandelten Zitrone

Außerdem:

125 g Butter

Mehl zum Bestäuben

1 Eigelb zum Bestreichen

Backpapier

Birnen über Nacht in einer großen Schüssel in Wasser einweichen. Am nächsten Tag die Birnen mit der Hälfte des Einweichwassers, Rotwein und Butter in einem Topf etwa 25 Minuten weich kochen. Die Birnen auf einem Sieb abtropfen lassen, dann in kleine Stücke schneiden. Zitronat und Walnußkerne ebenfalls hacken und mit den Birnen mischen.

Rosinen, Zimt, Nelken, Rosenwasser und Kirschwasser dazugeben. Über Nacht an einem warmen Ort ziehen lassen. Für den Hefeteig: Mehl in eine Schüssel geben, in die Mitte eine Mulde drücken. Hefe hineinbröckeln; mit etwas Zucker und etwas Milch zu einem Brei verrühren. Mit wenig Mehl vom Rand bestäuben. Zugedeckt 20 Minuten gehen lassen. Dann die restlichen Zutaten hinzufügen. Den Teig gut durchschlagen, bis er Blasen wirft und sich vom Schüsselrand löst. Nochmals 30 Minuten gehen lassen. Die Hälfte des Teigs mit der Birnenmasse gut verkneten. 8 kleine längliche Brote daraus formen. Den restlichen Brotteig mit der Butter verkneten und 1½ cm dick ausrollen. Den Teig in 15 x 20 cm große Rechtecke schneiden. Jedes Brot in ein Rechteck wickeln. Die Brote mit der Naht nach unten, im Abstand von 10 cm, auf ein mit Backpapier ausgelegtes Backblech setzen. Die Oberfläche mehrmals einstechen und mit verquirltem Eigelb bestreichen. Im vorgeheizten Backofen, untere Schiene, bei 220 °C (Umluft 180 °C, Gas Stufe 4) etwa 60 bis 70 Minuten backen.

Hutzelbrot

Hutzel- oder Kletzenbrot ist nach den Hauptzutaten benannt. Das sind Schwarzbrotteig und getrocknete Birnen, in Süddeutschland und Österreich auch Hutzeln oder Kletzen genannt.

Im Laufe der Zeit wurde es durch die Zugabe von Mandeln, Nüssen, Rosinen und exotischen Frückten verfeinert.

Ergibt etwa 20 Scheiben

je 250 g getrocknete Pflaumen (ohne Stein)

und Birnen

150 g getrocknete Feigen

1 Liter Wasser

65 g getrocknete Aprikosen

je 65 g Haselnuß- und Walnußkerne

125 g Rosinen und Korinthen

je 65 g gewürfeltes Zitronat und Orangeat

125 g Zucker

1 TL gemahlener Zimt

je 1 Prise Nelkenpfeffer

und Anispulver

1 Prise Salz

je 2 EL Rum oder Kirschwasser

Saft von 1 Zitrone

500 g Schwarzbrotteig vom Bäcker oder

aus einer Fertigbackmischung

20 g geschälte Mandelhälften

Außerdem:

Backpapier

Pflaumen, Birnen und Feigen in einem Gefäß mit 1 Liter Wasser bedecken und über Nacht ziehen lassen.

Am nächsten Tag die Früchtemischung in einem Sieb gut abtropfen lassen, mit einem sauberen Geschirrtuch gut trockentupfen und anschließend würfeln. Die Aprikosen und Nüsse ebenfalls hacken. Alles in eine Schüssel geben und Rosinen, Korinthen, Zitronat und Orangeat hinzufügen.

Zucker und Gewürze darüberstreuen. Rum oder Kirschwasser und Zitronensaft hinzufügen. Alles mischen und 20 Minuten zugedeckt durchziehen lassen.

Den Schwarzbrotteig einmal durchkneten. Dann portionsweise die Früchte unterkneten und daraus zwei Brote formen. Die Oberfläche glattstreichen. Mit den Mandelhälften garnieren.

Auf ein mit Backpapier ausgelegtes Backblech setzen. Im vorgeheizten Backofen, untere Schiene, bei 180 °C (Umluft 160 °C, Gas Stufe 2) etwa 70 Minuten backen.

Das Brot auskühlen lassen und in Scheiben schneiden.

Bratäpfel mit Preiselbeeren

Der herrliche Duft von Brätäpfeln ist seit jeher verknüpft mit urgemütlicher Atmosphäre in den warmen vier Wänden, wenn es draußen frostig kalt ist. Süß gefüllt und frisch gebacken sind sie ein Genuß. Da werden Kindheitserinnerungen wach. Ob früher aus der Ofenröhre oder heute aus dem Backofen – pur oder mit etwas Butter –, da läuft einem schon bei der Vorstellung das Wasser im Munde zusammen. Sie schmecken einfach herrlich, und ihr unnachahmlicher Duft ist wundervoll.

Für 4 Portionen
4 Äpfel (Boskop)
8 El Preiselbeerkompott
20 g Butter
3 EL brauner Zucker

Äpfel abspülen, trockentupfen, das Kerngehäuse ausstechen und in eine feuerfeste Form setzen. Mit Preiselbeerkompott füllen und die Hälfte der Butter als Flöckchen darauflegen. In den vorgeheizten Backofen, 2. Schiene von unten, setzen und bei 220 °C (Umluft 180 °C, Gas Stufe 4) 25 Minuten backen.
10 Minuten vor Ende der Backzeit nochmals mit Butterflöckchen belegen und mit der Hälfte des Zuckers bestreuen. Die Bratäpfel aus dem Backofen nehmen, den restlichen Zucker darüberstreuen. Sofort servieren.

Calvadosäpfel

— Pommes au Calvados —

Wie beim Cidre soll der Name Calvados aus dem spanischen kommen und sich vom Wrack der Galeone „El Salvador" herleiten, die 1588 zur spanischen Armada gehörte. Zweihundert Jahre später erhielt diesen Namen das Apfelanbaugebiet südlich der Seine nahe Caen – bis heute Ursprung des besten Calvados. Bis zu zwei Jahre reift der Cidre im Fass, bevor der Saft wie Cognac zweimal destilliert wird. Der beste Calvados wird im *Valleé d'Ange* erzeugt, einem Flußtal in Calvados, nach dem diese Köstlichkeit denn auch benannt ist.

Für 4 Portionen
4–6 mittelgroße Äpfel (Cox Orange)
60 g Butter
100 g Zucker
100 g Crème fraîche
2–3 EL Calvados

Äpfel schälen, Kerngehäuse ausstechen, Äpfel in eine mit etwa 20 g Butter ausgestrichene feuerfeste Form setzen. Äpfel innen und außen mit Zucker bestreuen und mit Crème fraîche übergießen. Mit Butterflocken belegen.
Im vorgeheizten Backofen, untere Schiene, bei 220 °C (Umluft 180 °C, Gas Stufe 4) etwa 30 Minuten backen. Äpfel zuletzt mit Calvados beträufeln.

Calvados Destillerie de Fief Sainte Anne in Trouville, Mourmandie (Frankreich).

Apfelauflauf

—————— Apple Crumple ——————

Eine Art Auflauf ist dieser Pie aus England. Er ist schnell zubereitet und schmeckt ganz köstlich.

Insbesondere in der Vorweihnachtszeit und zu Weihnachten trifft man allenthalben auf Äpfel. Zum englischen Mispelgesteck gehören ein Apfel und eine Orange, die Gesundheit und Gold, d. h. Reichtum symbolisieren. In verschiedenen Gegenden Deutschlands und Europas soll das Apfelessen an Heiligabend Schutz vor Unheil und finanzielle Sicherheit im kommenden Jahr bringen. Aufgeschnittene Äpfel, bei denen das Kerngehäuse als Stern erkennbar ist, sollen Glück verheißen. Kein Wunder also, daß am Weihnachtsbaum früher und auch noch heute vereinzelt kleine blankgeputzte Äpfelchen zu finden sind.

Für 4 Portionen
4 mittelgroße Äpfel
150 g Zucker
1 Prise Salz
120 g Butter
120 g Mehl

Zum Servieren:
Eiscreme, Schlagsahne

Äpfel schälen, vierteln, entkernen und die Apfelviertel in 3 cm große Stücke schneiden. Apfelstücke, 100 g Zucker und Salz mischen und in eine feuerfeste Form geben. Butter und Mehl zu Streuseln formen, mit restlichem Zucker mischen und auf dem Apfelgemisch verteilen.

In den vorgeheizten Backofen, 2. Schiene von unten, setzen und bei 220 °C (Umluft 180 °C, Gas Stufe 4) etwa 30 Minuten backen. Kalt oder warm mit Vanille-Eiscreme und Schlagsahne servieren.

Apfeltorte

— Tarte aux pommes —

Für den Teig:

225 g Butter

300 g Mehl

40 g Puderzucker

1 Prise Salz

Für den Belag:

4 große Äpfel

60 g Puderzucker

Salz

Zum Bestreichen:

1 Ei

2 EL Wasser

Außerdem:

Fett für die Form

Puderzucker

Crème double nach Belieben

Für den Teig: Alle Zutaten zu einem Mürbeteig verkneten, flachdrücken und, in Folie gewickelt, 30 Minuten kühl stellen.

Für den Belag: Die Äpfel schälen, vierteln, entkernen und die Apfelviertel in dünne Scheiben schneiden. Salz und Puderzucker mischen und die Apfelscheiben mehrfach darin wenden.

Den Teig halbieren. Eine Teighälfte rund ausrollen und eine leicht gefettete Spring- oder Tarte-Form (etwa 24 cm Durchmesser) damit auslegen. Die Apfelmischung darauf verteilen. Den restlichen Teig ausrollen und daraus 2 cm breite Streifen ausradeln. Die Füllung gitterartig damit bedecken.

Ei und Wasser verquirlen und das Gitter mit dem Gemisch bestreichen.

Im vorgeheizten Backofen, untere Schiene, bei 180 °C (Umluft 160 °C, Gas Stufe 2) etwa 50 Minuten backen. Nach dem Backen abkühlen lassen und mit Puderzucker bestäuben.

TIP Zur Apfeltorte schmeckt Crème double ganz vorzüglich.

Kaffeesterne

— Estreles de café —

Ergibt etwa 40 Stück

Für den Teig:

250 g Zucker, 125 g gemahlene Haselnüsse

125 g gemahlene Mandeln, 1 EL löslicher Pulverkaffee

1 Prise Salz, 1 Stange gemahlener Zimt

1 gemahlene Nelke, 1 Ei, 1 EL dicke Kaffeesahne

Für den Guß:

100 g Puderzucker, 2 TL lösliches Kaffeepulver

1 knapper EL Wasser

Zum Garnieren:

100 g ganze Haselnüsse

Für den Teig: Alle Zutaten in einer Schüssel mischen und zu einem geschmeidigen Teig verkneten, flachdrücken und 2 Stunden, in Frischhaltefolie verpackt, kalt stellen.

Den Teig zwischen zwei Lagen Gefrierfolie 2 mm dick ausrollen und Sterne ausstechen. Die Ausstecher auf ein mit Backpapier ausgelegtes Backblech setzen. Im vorgeheizten Backofen, mittlere Schiene, bei 180 °C (Umluft 160 °C, Gas Stufe 2) etwa 12 Minuten backen.

Für den Guß: Puderzucker, löslichen Kaffee und Wasser verrühren. Die ausgekühlten Plätzchen damit bestreichen. Mit jeweils einer Haselnuß garnieren.

Spanische Mandelbrötchen

— Bollos Eulalia —

Ergibt etwa 50 Stück

250 g Mehl, 250 g Zucker, 250 g Butter

250 g gemahlene Mandeln, 4 Eigelb

4 EL dicke Kondensmilch, 1 Prise gemahlener Zimt

etwa 50 runde, kleine Oblaten

Zum Garnieren:

etwa 50 geschälte, halbierte Mandeln

Aprikosenkonfitüre zum Bestreichen

Alle Zutaten mischen und daraus einen geschmeidigen Teig kneten, flachdrücken und, mit Frischhaltefolie verpackt, 2 Stunden kalt stellen. Ein Backblech mit Backpapier auslegen und die Oblaten darauf verteilen. Mit Hilfe eines Teelöffels kleine Teighäufchen auf die Oblaten setzen. Jedes Häufchen mit einer Mandelhälfte garnieren. Im vorgeheizten Backofen, mittlere Schiene, bei 180 °C (Umluft 160 °C, Gas Stufe 2) etwa 20 Minuten backen. Nach dem Backen mit erwärmter Aprikosenkonfitüre bestreichen.

Irische Bierkekse

— Porter Cake —

Ergibt etwa 60 Stück

225 g Mehl, 110 g Butter

225 g kernlose Rosinen, 110 g Sultaninen

65 g rote kandierte Kirschen

65 g gehackte Mandeln

65 g gehacktes Zitronat und Orangeat

225 g brauner Zucker

abgeriebene Schale von ½ unbehandelten Zitrone

1 TL Pfefferkuchengewürz

1 TL löslicher Kaffee, ½ TL Natron

140 ml dunkles Bier, 2 Eier

Mehl in eine Schüssel geben; in die Mitte eine Mulde drücken. Butter in Flöckchen darauf verteilen. Rosinen, Sultaninen und Kirschen sehr fein hacken und zusammen mit den Mandeln, dem Zitronat und Orangeat, Zucker, Gewürzen und dem löslichen Kaffee zum Mehl geben. Alles gut mischen.

Natron in etwas lauwarmem Bier auflösen. Die Eier mit dem restlichen Bier verrühren und zusammen mit dem Natron zum Teig geben. Alles zu einem geschmeidigen Teig verkneten.

Kleine Teighäufchen auf ein mit Backpapier ausgelegtes Backblech setzen. Im vorgeheizten Backofen, mittlere Schiene, bei 160 °C (Umluft 150 °C, Gas Stufe 1) etwa 12–15 Minuten backen. Auf einem Kuchengitter auskühlen lassen.

Flämische Plätzchen

— Biscuits Flamands —

Ergibt etwa 90 Stück

Für den Teig:

125 g Zucker, 1 Ei, 1 Eigelb

125 g Mehl, Mark von ½ Vanilleschote

Zum Bestreuen:

40 g gehackte Mandeln

Für den Teig: Zucker, Ei und Eigelb schaumig rühren. Mehl und das Vanillemark hinzufügen. Den Teig in einen Spritzbeutel (Lochtülle) füllen.

Kleine Stäbchen von 1 cm Breite und 6 cm Länge auf ein mit Backpapier ausgelegtes Backblech spritzen. Mit gehackten Mandeln bestreuen. Im vorgeheizten Backofen, mittlere Schiene, bei 180 °C (Umluft 160 °C, Gas Stufe 2) etwa 8–10 Minuten backen.

Nanteser Plätzchen

— Biscuits nantaise —

Ergibt etwa 67 Stück

Für den Teig:

125 g Mehl

50 g Butter

60 g Zucker

1 Eigelb

Zum Bestreichen:

1 Eigelb

Zum Bestreuen:

40 g geriebene Mandeln

Zum Bestäuben:

Puderzucker

Außerdem:

Gefrierfolie

Backpapier

Für den Teig: Mehl, Butter, Zucker und Eigelb in einer Schüssel zu einem geschmeidigen Teig verkneten. 1 Stunde kalt stellen.

Danach den Teig zwischen Gefrierfolie 3 mm dick ausrollen und runde Kekse ausstechen. Kekse auf ein mit Backpapier ausgelegtes Backblech setzen, mit verquirltem Eigelb bestreichen und Oberfläche mit einer Gabel kreuzweise einritzen. In die Mitte jeweils eine Messerspitze geriebene Mandeln geben. Leicht mit Puderzucker bestäuben. Im vorgeheizten Backofen, 2. Schiene von unten, setzen und bei 200 °C (Umluft 170 °C, Gas Stufe 3) etwa 8 bis 10 Minuten backen.

Schwarz-Weiß-Gebäck

Ergibt etwa 60 Stück

400 g Butter

200 g Puderzucker

1 Prise Salz

550 g Mehl

40 g Kakao

Außerdem:

Mehl zum Ausrollen

1 Eiweiß zum Bestreichen

Butter zum Einfetten

Butter, Puderzucker und Salz verrühren. Mehl dazugeben und alles miteinander verkneten. Den Teig halbieren. Eine Hälfte mit Kakao verkneten. Beide Teigsorten 1 Stunde kühl stellen. Die Arbeitsfläche mit Mehl bestäuben. Beide Teige gleichmäßig dick, 6–8 mm, ausrollen. 4–6 gleichgroße Teigplatten ausschneiden. Die Teigplatten mit Eiweiß bestreichen und abwechselnd dunkle und helle Platten aufeinanderlegen, dann festdrücken.

Teigplatten 30 Minuten in den Kühlschrank legen. Von den gut abgekühlten Platten Streifen abschneiden und so zusammenlegen, daß ein Schachbrettmuster entsteht. Den restlichen Teig dünn ausrollen, mit Eiweiß bestreichen und die

Für die Florentiner Masse: Alle Zutaten bis auf die Mandeln aufkochen, bis sich die Masse vom Topfrand löst. Die Mandelstifte und -blättchen unterheben. Diese Masse auf etwa Zweidrittel eines mit Backpapier ausgelegten Backblechs streichen und im vorgeheizten Backofen bei 160 °C (Umluft 150 °C, Gas Stufe 1) etwa 10 Minuten backen. Dann herausnehmen und runde, etwa 2–3 cm Durchmesser große Plätzchen ausstechen (Die Teigreste können Sie separat verarbeiten).

Für den Honigkuchenteig: Honig, Zucker und Wasser aufkochen und abkühlen lassen. Mehl und Pfefferkuchengewürz unterkneten. Hirschhornsalz und Pottasche getrennt in etwas Wasser auflösen und nacheinander unter den Teig kneten. Den Teig 4 mm dick ausrollen und runde Plätzchen (5 cm Durchmesser) ausstechen. Im vorgeheizten Backofen bei 180 °C (Umluft 160 °C, Gas Stufe 2) etwa 8 Minuten backen. Herausnehmen, die kleinen Florentiner auf die Honigkuchen setzen. Im Backofen weitere 8 Minuten backen. Aus dem Ofen nehmen und abkühlen lassen. Die Kuvertüre im Wasserbad schmelzen. Die Plätzchen mit der Unterseite und dem Rand in die aufgelöste Kuvertüre tauchen.

TIP In einer Keksdose sind die Florentiner Kekse mindestens acht Wochen haltbar.

Teigstränge damit einrollen. Die Teige wieder 90 Minuten kühlen; dann in etwa gut ½ cm dicke Scheiben schneiden. Nicht zu dicht auf ein mit Backpapier ausgelegtes Backblech setzen. Im vorgeheizten Backofen, mittlere Schiene, bei 180 °C (Umluft 160 °C, Gas Stufe 2) etwa 12 Minuten backen.

Florentiner Kekse

—— Biscotto alla fiorentina ——

Ergibt etwa 35 Stück
Für die Florentiner Masse:
je 125 g Butter und Zucker
¹⁄₁₆ Liter Schlagsahne, 40 g Honig
je 18 g sehr fein geschnittenes Zitronat und Orangeat
je 75 g Mandelstifte und -blätter
Für den Honigkuchenteig:
250 g Honig, 80 g Zucker
75 ml Wasser
450 g Mehl
7,5 g Pfefferkuchengewürz
je 8 g Hirschhornsalz und Pottasche
150 g Kuvertüre

Pinien-Plätzchen

— Pignoletti —

Ergibt etwa 40 Stück
200 g Mehl, 150 g Butter, 80 g Zucker
1 Beutel Orangenschalen-Aroma
1 EL Vanillezucker, 60 g fein gehackte Pinienkerne
Zum Bestreichen:
2 Eigelb
Zum Garnieren:
40 g Pinienkerne
Außerdem:
Frischhaltefolie, Backpapier

Mehl, Butter, Zucker, Orangenschalen-Aroma, Vanillezucker und gehackte Pinienkerne zu einem geschmeidigen Teig verkneten. In Frischhaltefolie wickeln und 1 Stunde kühl stellen. Den Teig 3–5 mm dick ausrollen. Taler von 3–4 cm Durchmesser ausstechen und auf ein mit Backpapier ausgelegtes Backblech setzen. Mit verquirltem Eigelb bestreichen und mit gehackten Pinienkernen garnieren. Im vorgeheizten Backofen, mittlere Schiene, bei 180 °C (Umluft 160 °C, Gas Stufe 2) etwa 12 Minuten backen.

Mandelküchlein

— Croquets aux amandes —

Ergibt etwa 50 Stück
500 g Mehl, 1 TL Backpulver, 250 g Butter
180 g Grümmel (zerstoßener Kandis)
70 g Mandelblättchen, 2 Eier
1 EL Kondensmilch (12 % Fett)
20 g Spekulatiusgewürz
Zum Bestäuben:
2 EL Puderzucker
Außerdem:
Frischhaltefolie, Backpapier

Mehl und Backpulver mischen und mit Butter, Grümmel, Mandeln, Eiern, Kondensmilch und Spekulatiusgewürz zu einem geschmeidigen Teig verkneten. Den Teig flachdrücken, in Frischhaltefolie wickeln und 1 Stunde kühl stellen. Den Teig auf leicht bemehlter Fläche etwa ½ cm dick ausrollen und Plätzchen ausstechen. Auf ein mit Backpapier ausgelegtes Backblech setzen. Im vorgeheizten Backofen, mittlere Schiene, bei 180 °C (Umluft 160 °C, Gas Stufe 2) etwa 12 Minuten backen. Auf einem Kuchengitter auskühlen lassen. Mit Puderzucker bestäuben.

Vanillekipferl

Ergibt etwa 70 Stück
Für den Teig:
300 g Mehl
25 g feinster Zucker
1 Päckchen Vanillezucker, 3 Eigelb
125 g geriebene Mandeln, 250 g Butter
Zum Wenden:
2 Päckchen Vanillezucker
100 g Puderzucker
Außerdem:
Pergamentpapier, Backpapier

Alle Zutaten schnell zu einem geschmeidigen Teig verkneten. Mit Hilfe von Pergamentpapier zu fingerdicken Rollen formen. 1 Stunde kalt stellen. Dann in 2–3 cm lange Stücke teilen und zu Hörnchen (Kipferl) formen. Auf ein mit Backpapier ausgelegtes Backblech setzen. Im vorgeheizten Backofen, mittlere Schiene, bei 200 °C (Umluft 170 °C, Gas Stufe 3) etwa 10–12 Minuten backen. Nach dem Backen sofort in einer Mischung aus Vanillezucker und gesiebtem Puderzucker wenden.

Zimtsterne

Ergibt etwa 70 Stück
Für den Teig:
4 Eiweiß
400 g gesiebter Puderzucker
1 TL Zimt
500 g ungeschälte, geriebene Mandeln
2 EL Rum
Außerdem:
Zucker zum Ausrollen
Backpapier

Für den Teig: Eiweiß steif schlagen. Puderzucker nach und nach unterrühren. Ein Drittel dieser Masse beiseite stellen (damit werden die Zimtsterne bestrichen). Restliches Eiweiß mit Zimt, den Mandeln und Rum verkneten. Den Teig auf einer mit Zucker bestreuten Arbeitsfläche ½ cm dick ausrollen. Sterne ausstechen. Ein Backblech mit Backpapier auslegen und die Sterne darauf setzen. Die Sterne sehr gründlich mit der restlichen Eiweiß-Zucker-Mischung bestreichen und über Nacht trocknen lassen. In den vorgeheizten Backofen, 2. Schiene von unten, stellen und bei 180 °C (Umluft 160 °C, Gas Stufe 2) etwa 5–8 Minuten backen. Der Guß sollte dabei noch weiß bleiben. Die Zimtsterne vom Backblech nehmen und auf einem Kuchengitter auskühlen lassen.

Honigplätzchen

Lukumades

Ergibt etwa 50 Stück

110 g Butter, 1 TL Natron
1 EL Orangensaft, 2 EL Kondensmilch (12 % Fett)
1 Eigelb, 2 TL Weinbrand
50 g Zucker, 3 EL Öl
260 g Mehl, 100 g Grieß
1 TL Backpulver, 1 Prise Salz
abgeriebene Schale von ½ unbehandelten Zitrone
¼ TL gemahlene Nelken, 1 Messerspitze Muskatnuß
½ TL gemahlener Zimt, 50 g Sesamsaat
200 g Honig, ⅛ Liter Wasser

Butter zerlassen und etwas abkühlen lassen. Natron mit
Orangensaft, Kondensmilch, Eigelb, Weinbrand und Zucker
verquirlen. Das Öl und die zerlassene Butter dazugeben.
Alles miteinander verrühren. Mehl, Grieß, Backpulver und
Gewürze mischen und mit dem Buttergemisch zu einem
geschmeidigen Teig verkneten. Mit Hilfe von 2 Teelöffeln
kleine eiförmige Plätzchen formen und auf ein mit Backpapier ausgelegtes Backblech setzen. Im vorgeheizten
Backofen, mittlere Schiene, bei 180 °C (Umluft 160 °C, Gas
Stufe 2) etwa 15 Minuten backen. Sesamsaat in einer Pfanne
ohne Fett unter Rühren leicht rösten. Auf einen Teller geben
und abkühlen lassen. Honig und Wasser in einem Topf verrühren und 1 Minute köcheln lassen. Die Plätzchen mit Hilfe
einer Pralinengabel etwa ½ Minute in den Sirup tauchen. Auf
das mit Backpapier ausgelegte Blech setzen und mit gerööste-
ter Sesamsaat bestreuen.

Schwedische Gewürzplätzchen

Sirupsnipper

Ergibt etwa 25–30 Stück

3 EL Zuckermelasse, 50 g Butter
1 Ei, 125 g Zucker
200 g Mehl
¼ TL gemahlene Nelken
½ TL gemahlener Ingwer
½ TL gemahlener Zimt
1 TL Backpulver
abgeriebene Schale und Saft von ½ unbehandelten Zitrone
Zum Verzieren:
1 Eiweiß
100 g Puderzucker
1 El Zitronensaft
Außerdem:
Backpapier

Melasse und Butter in einem Topf 2–3 Minuten erhitzen,
schmelzen und auskühlen lassen. Ei und Zucker weißcremig
schlagen. Die Melasse-Buttermischung unterrühren.

Dänische Pfefferküchlein

Brune Kager

Ergibt etwa 75 Stück
Für den Teig:
250 g Butter, 200 g Zucker
125 g Zuckerrübensirup
75 g gehackte süße Mandeln
75 g Sukkade
½ TL Nelkenpulver
2 TL Zimt
½ TL Ingwerpulver
10 g Pottasche
500 g Weizenmehl
Zum Garnieren:
150 g weiße Kuvertüre
Außerdem:
Alufolie, Backpapier

Butter, Zucker und Sirup in einem kleinen Topf bei geringer Hitze erwärmen. Mandeln, Sukkade und Gewürze hinzufügen und verrühren. Sirupmasse etwas abkühlen lassen. Pottasche in etwas warmem Wasser auflösen und unter die erkaltete Sirupmasse rühren. Mehl hinzufügen und alles miteinander verkneten. Aus dem Teig 2 Rollen formen, in Alufolie wickeln, nachformen und über Nacht ruhen lassen. Teigrollen in ½ cm dicke Scheiben schneiden, auf ein mit Backpapier ausgelegtes Backblech legen und bei 180–200 °C (Umluft 160–170 °C, Gas Stufe 2–3) etwa 8–10 Minuten backen. Abkühlen lassen. Kuvertüre in einem Topf schmelzen und jeden Kuchen zur Hälfte in Kuvertüre tauchen und trocknen lassen.

Mehl, Gewürze und Backpulver mischen und unterziehen. Zitronenschale und -saft dazugeben und alles zu einem weichen Teig verkneten. Über Nacht im Kühlschrank ruhen lassen.

Dann den Teig verkneten und 1 cm dick ausrollen. Weihnachtliche Formen – Sterne, Glocken, Engel – ausstechen und auf ein mit Backpapier ausgelegtes Backblech setzen.

Im vorgeheizten Backofen, 2. Schiene von unten, bei 180 °C (Umluft 160 °C, Gas Stufe 2) 5 Minuten backen. In die noch warmen Plätzchen jeweils ein kleines Loch stechen, dann auf einem Kuchengitter auskühlen lassen.

Zum Garnieren: Eiweiß, Puderzucker und Zitronensaft verrühren und in eine aus Pergamentpapier gedrehte Tüte mit winziger Öffnung füllen. Plätzchen auf diese Weise mit der Eiweiß-Zitronensaft-Mischung beträufeln.

Farbige Bänder durch die Löcher in den Plätzchen ziehen und den Weihnachtsbaum damit behängen. Sirupsnipper werden zunächst als Weihnachtsschmuck verwendet und traditionsgemäß am 13. Januar, dem St. Knuds-Tag, gegessen. In einem luftdichten Behälter verschlossen, halten sie sich etwa 2–3 Wochen.

Weihnachtshähne

— Julhan —

Jul heißt im Schwedischen „Weihnachten", und eines der beliebtesten Gebäcke ist der *Julhan*, der Weihnachtshahn. Auch Männlein, Weiblein, Böcke und Pferde werden zu Weihnachten in Schweden aus Teig geformt. Sie alle sollen dem Haus und seinen Bewohnern im neuen Jahr Glück bringen. Das jedenfalls haben die heidnischen Vorfahren versprochen.

Für den Teig:
500 g Mehl, 30 g Hefe, 80 g Zucker
125 ml lauwarme Milch
1 Prise Salz
100 g Butter oder Margarine
2 kleine Eier
Mehl zum Ausrollen
Zum Bestreichen:
1 Eigelb
2 EL Kondensmilch
Zum Garnieren:
140 g abgezogene Mandeln
70 g Hagelzucker
Belegkirschen
7 große Rosinen
Außerdem:
Backpapier

Für den Teig: Mehl in eine Schüssel geben. In die Mitte eine Mulde drücken. Hefe hineinbröckeln, 1 Teelöffel Zucker und die Hälfte der lauwarmen Milch darübergießen. Mit etwas Mehl vom Rand zu einem Vorteig verrühren. Zugedeckt an einem warmen Ort etwa 15 Minuten gehen lassen und dann mit Salz, weicher Butter oder Margarine, den Eiern, dem restlichen Zucker, Milch und dem Mehl zu einem glatten Teig verarbeiten. Teig so lange schlagen, bis er Blasen wirft und sich vom Schüsselrand löst. Zugedeckt nochmals 30 Minuten gehen lassen.

Den Teig dann auf einer leicht bemehlten Fläche gut durchkneten und 1 cm dick ausrollen. Mit Hilfe einer selbstangefertigten Schablone 3 Hähne mit einem Kuchenrädchen ausschneiden, auf ein mit Backpapier ausgelegtes Backblech setzen. Aus restlichem Teig drei Flügel ausschneiden, auf die Hähne legen. Eigelb und Kondensmilch verrühren und den Teig damit bestreichen. Nach Belieben mit Mandeln, Hagelzucker, Belegkirschen und Rosinen belegen.

Im vorgeheizten Backofen, untere Schiene, bei 180 °C (Umluft 160 °C, Gas Stufe 2) etwa 20 Minuten backen. Die Hähne auf einem Kuchendraht auskühlen lassen.

Finnische Weihnachtstörtchen

— Joulupiparkakut —

Joulupukki, so heißt in Finnland der importierte gabenbringende Weihnachtsmann. In Anlehnung an die finnischen Heinzelmännchen, die als alte Hausgeister seine Helfer sein können, trägt er koboldartige Züge.

Joulupiparkakut ißt man in Finnland u. a. als Nachtisch zu einem Schweinebraten mit dem schönen Namen „gebackener Schwede".

Ergibt etwa 150 Stück
230 g Zuckerrübensirup
170 g weiche Butter
2 Eier
350 g Zucker
200 ml süße Sahne (kann auch saure Sahne sein)
je 2 TL gemahlener Zimt, Kardamom und Ingwer
1 TL gemahlene Nelken
600 g Mehl, 2 TL Backpulver
Mehl zum Ausrollen
Für den Guß:
1 kleines Eiweiß
200 g Puderzucker
Back- und Speisefarben
Außerdem:
Backpapier

Sirup und Butter in einem Topf erhitzen und wieder abkühlen lassen. Die Mischung in eine Schüssel geben. Eier, Zucker und die Sahne sowie Gewürze und das mit Mehl vermischte Backpulver dazugeben und alles mit dem Handrührgerät (Knethaken) zu einem geschmeidigen Teig verkneten. Den Teig 15 Minuten ruhen lassen.

Auf einer leicht bemehlten Fläche ½ cm dick ausrollen und weihnachtliche Figuren ausstechen.

Auf ein mit Backpapier ausgelegtes Backblech setzen und im vorgeheizten Backofen bei 200 °C (Umluft 170 °C, Gas Stufe 3) etwa 15 Minuten backen.

Für den Guß: Eiweiß und Puderzucker verrühren. Nach Belieben mit den vier Back- und Speisefarben einfärben und das Gebäck damit garnieren.

TIP Diese Törtchen können sowohl in ungebackenem als auch in gebackenem Zustand eingefroren werden; sie halten sich etwa 2–3 Monate. Zum Anrichten einfach die noch gefrorenen Törtchen 15 Minuten im vorgeheizten Backofen backen.

Basler Leckerli

Ergibt etwa 45 Stücke
225 g Honig
150 g Zucker
½ TL Zimt
¼ TL Muskatnuß, gerieben
100 g gehackte Mandeln
abgeriebene Schale von 1 unbehandelten Zitrone
je 50 g gewürfeltes Orangeat und Zitronat
3 EL Obstwasser
300 g Mehl, 1 TL Backpulver
Für die Glasur:
75 g Puderzucker
2 EL Wasser
Außerdem:
Backpapier

Honig und Zucker in einem Topf aufkochen lassen. Die Gewürze hinzufügen. Den Topf vom Herd nehmen und die Masse abkühlen lassen. Nacheinander die Mandeln, die Zitronenschale, Orangeat und Zitronat und das Obstwasser unter die warme Honigmasse rühren. Mehl und Backpulver mischen und mit der Honigmasse verkneten.

Den Teig auf einem mit Backpapier ausgelegten Backblech etwa 5 mm dick ausrollen, über Nacht ruhen lassen.

In den vorgeheizten Backofen, mittlere Schiene, schieben und bei 220 °C (Umluft 180 °C, Gas Stufe 4) etwa 15–20 Minuten backen.

Für die Glasur: Gesiebten Puderzucker und Wasser verrühren. Das noch warme Gebäck mit der Glasur bestreichen. Das Gebäck in Rechtecke oder Quadrate schneiden.

Cornflakes-Plätzchen

— Cornflake Crossies —

Ergibt etwa 50 Stück
500 g Schokolade
(je zur Hälfte Halbbitter- und
Vollmilch-Schokolade)
250 g Plattenfett
1 Päckchen Vanillezucker
230 g Cornflakes
Außerdem:
Backpapier

Schokolade in Stücke brechen und zusammen mit dem ebenfalls in Stücke geschnittenen Plattenfett in einem Topf im Wasserbad schmelzen. Den Vanillezucker unterrühren. Abkühlen lassen.

Die Cornflakes vorsichtig unter die abgekühlte Schokoladenmasse heben. Mit zwei Teelöffeln kleine Häufchen auf ein mit Backpapier ausgelegtes Backblech setzen. An einem kühlen Ort (z.B. auf einem mit Alufolie bezogenen Brett im Kühlschrank) erstarren lassen.

Dann vorsichtig von der Fläche lösen und bis zum Verzehr zwischen Pergamentpapier in einer Blechschachtel aufbewahren.

Erdnußhäufchen

———— Peanut Biscuits ————

Ergibt etwa 40 Stück
Für den Teig:
160 g Mehl
1 TL Backpulver
1 Prise Salz
je ½ TL Zimt und Ingwer
190 g brauner Zucker
70 g Haferflocken
150 g grob gehackte Erdnußkerne
1 Ei
2 EL Vollmilch
4 EL Pflanzenöl
Außerdem:
Backpapier

Für den Teig: Mehl, Backpulver, Salz, Gewürze, brauner Zucker, Haferflocken und die Erdnußkerne mischen. Ei, Milch und das Öl unterrühren.

Mit zwei Teelöffeln kleine Häufchen abstechen und auf ein mit Backpapier ausgelegtes Backblech setzen.

Im vorgeheizten Backofen, 2. Schiene von unten, bei 220 °C (Umluft 180 °C, Gas Stufe 4) etwa 8–10 Minuten backen.

Die Erdnußhäufchen sind dann leicht gebräunt und schmecken so am besten.

Ringli

Ergibt etwa 55 Stück
Für den Teig:
200 g Butter
300 g Zucker
1 Ei
1 Prise Salz
knapp ⅛ Liter kohlensäurehaltiges Mineralwasser
500 g Mehl
1 TL Backpulver
Zum Bestreichen:
1 Eigelb
Zum Bestreuen:
grober Zucker
Außerdem:
Backpapier
Gefrierfolie

Für den Teig: Butter, Zucker, Ei und Salz mit dem Handrührgerät (Schneebesen) schaumig rühren. ⅛ Liter kohlensäurehaltiges Mineralwasser hinzugeben. Mehl und Backpulver mischen und mit dem Handrührgerät (Knethaken) nach und nach unterrühren.

Den Teig zwischen Gefrierfolie etwa 3 mm dick ausrollen, Ringe mit einem Durchmesser von 6 cm ausstechen und auf ein mit Backpapier ausgelegtes Backblech setzen. Die Ringli mit Eigelb bestreichen und mit Zucker bestreuen.

Im vorgeheizten Backofen, mittlere Schiene, bei 180 °C (Umluft 160 °C, Gas Stufe 2) etwa 15 Minuten backen.

Schottische Kekse

— Scotch Cookies —

Ergibt etwa 55 Stück	
Für den Teig:	
175 g Haferflocken	
200 g Butter	
275 g brauner Zucker	
Mark von ½ Vanilleschote	
1 Prise Salz	
1 EL Sirup	
1 Ei	
3 EL Mehl	
Für den Guß:	
50 g Puderzucker	
½–1 EL Wasser	
Außerdem:	
Haselnüsse	
Backpapier	

Für den Teig: Haferflocken in eine Schüssel geben. Butter zerlassen, braunen Zucker hinzufügen, alles mit den Haferflocken mischen. Zugedeckt über Nacht ziehen lassen.

Das Vanillemark zusammen mit Salz, Sirup, verquirltem Ei und Mehl mit den Haferflocken vermischen. Alles gut verrühren. Jeweils einen Teelöffel der Mischung in Abständen von 4–5 cm auf ein mit Backpapier ausgelegtes Backblech setzen. Die Plätzchen zerfließen beim Backen.

Im vorgeheizten Backofen, 2. Schiene von unten, bei 200 °C (Umluft 170 °C, Gas Stufe 3) 5–6 Minuten backen.

Für den Guß: Puderzucker und Wasser verrühren, auf jeden Keks in die Mitte einen Klecks geben, darauf eine Haselnuß setzen. Trocknen lassen.

Winter in Glenn Garry, Schottland.

Ingwerherzen

—————— Gingerhearts ——————

Ergibt etwa 45 Stück
Für den Teig:
300 g Mehl
1 Messerspitze Backpulver
100 g Zucker
1 Päckchen Vanillezucker
1 Ei
200 g Butter
70 g feingehackter, kandierter Ingwer
Außerdem:
Mehl zum Ausrollen
Zum Bestreichen:
1 Eigelb
2 EL Wasser
Zum Garnieren:
100 g Vollmilch-Kuvertüre
100 g Puderzucker
1 EL Wasser
Außerdem:
Backpapier

Für den Teig: Alle Zutaten (jedoch nur 30 g feingehackten Ingwer) der Reihenfolge nach zu einem Teig verkneten. In Folie gewickelt, 30 Minuten kühl stellen.

Danach portionsweise auf leicht bemehlter Fläche etwa 3 mm dick ausrollen. Herzen ausstechen und auf ein mit Backpapier ausgelegtes Backblech setzen. Eigelb und Wasser verquirlen und die Plätzchen damit bestreichen. Die Plätzchen mit dem restlichen Ingwer bestreuen.

In den vorgeheizten Backofen, 2. Schiene von unten, setzen und bei 180 °C (Umluft 160 °C, Gas Stufe 2) etwa 15 Minuten backen. Auf einem Kuchengitter völlig abkühlen lassen.

Zum Garnieren die Kuvertüre im Wasserbad schmelzen. Gesiebten Puderzucker und Wasser verrühren. Beides in eine aus Pergamentpapier gedrehte, kleine Tüte füllen und die Mischung in Zickzacklinien auf dem Gebäck verteilen.

Russischer Honigkuchen

Prjaniki

Ergibt etwa 60 Stück

Für den Teig:

je 75 g Rosinen und Korinthen

4 EL Wodka

250 g Honig, 80 g Zucker

1 Päckchen Vanillezucker

125 g Butter, 100 g Schweineschmalz

2 Eier, Salz, 1 gestrichener TL Zimt

je 2 gestrichene TL gemahlene Nelken und Kardamom

6 Tropfen Bittermandelaroma

1 Fläschchen Rumaroma

375 g Mehl, 20 g Kakao

1 Päckchen Backpulver

⅛ Liter Milch

100 g gehackte Walnußkerne

je 50 g gehacktes Zitronat und Orangeat

Zum Tränken:

100 ml Wasser, 80 g Zucker

3 EL Wodka

Für den Guß:

100 g Puderzucker

2–3 EL Wodka

Zum Garnieren:

einige Walnußhälften

Außerdem:

Backpapier

Rosinen und Korinthen waschen, trockentupfen und in Wodka einweichen. Honig, Zucker, Vanillezucker, Butter und Schweineschmalz unter Rühren in einem Topf erwärmen und schmelzen. In eine Schüssel geben, kalt stellen.

Unter die fast erkaltete Masse die Eier und Gewürze rühren. Mehl, Kakao und Backpulver mischen und eßlöffelweise in die Milch rühren. Eingeweichte Rosinen und Korinthen und gehackte Walnußkerne, Zitronat und Orangeat in den Teig rühren. Den Teig auf ein mit Backpapier ausgelegtes Backblech (38 x 28 cm) geben und auf dem Blech glattstreichen.

Das Backblech in den vorgeheizten Backofen, mittlere Schiene, setzen und bei 180–200 °C (Umluft 160–180 °C, Gas Stufe 2–3) etwa 25–30 Minuten backen.

Inzwischen Wasser, Zucker und Wodka in einem Topf verrühren und einkochen.

Nach dem Backen den warmen Honigkuchen mit der Flüssigkeit beträufeln und abkühlen lassen. Mit einem scharfen Messer in Würfel von 4 x 4 cm schneiden.

Für den Guß: Puderzucker mit Wodka verrühren. Das Gebäck damit bestreichen und mit Walnußhälften garnieren.

Alexander-Plätzchen

Pechenje Alexander

Für den Teig:

250 g Mehl

1 Messerspitze Backpulver

200 g Zucker

1 Päckchen Bourbon-Vanille-Zucker

1 Ei

1 Prise Salz

½ TL gemahlener Zimt

1 Messerspitze gemahlene Nelken

250 g Butter

250 g gemahlene Mandeln

Für die Füllung:

5–6 EL Himbeer-Konfitüre

Für den Guß:

100 g Puderzucker

2 EL Zitronensaft

Zum Garnieren:

etwa 20 abgezogene Mandeln

Zum Bestäuben:

30 g Puderzucker

Außerdem:

Frischhaltefolie

Backpapier

Alle Teigzutaten in einer Schüssel zu einem geschmeidigen Teig verkneten, flachdrücken und, in Folie verpackt, 2 Stunden kühl stellen. Den Teig portionsweise dünn ausrollen und mit weihnachtlichen Formen Plätzchen ausstechen. Die Plätzchen auf ein mit Backpapier ausgelegtes Backblech setzen. Im vorgeheizten Backofen, 2. Schiene von unten, bei 180 °C (Umluft 160 °C, Gas Stufe 2) etwa 10 Minuten backen. Auf einem Kuchengitter abkühlen lassen. Himbeerkonfitüre glattstreichen. Die Hälfte der erkalteten Plätzchen mit 3 Eßlöffeln Konfitüre bestreichen und die übrigen Plätzchen daraufsetzen.

Für den Guß: Den Puderzucker mit restlicher Konfitüre und Zitronensaft verrühren. Die Plätzchen damit bestreichen, mit den abgezogenen halbierten Mandeln garnieren.

Polnisches Mandelgebäck

Ciastezka midgatowe

Ergibt etwa 25 Stück
2 Eier
200 g abgezogene gemahlene Mandeln
200 g Zucker
3 Tropfen Bittermandel-Aroma
Außerdem:
Puderzucker
Backpapier

Die Eier trennen. Das Eiweiß steif schlagen. Die restlichen Zutaten zusammen mit dem Eigelb verrühren und unter das Eiweiß heben. Die Masse auf ein mit Backpapier ausgelegtes Backblech streichen. Im Backofen bei 100 °C (Umluft 120 °C, Gas Stufe 1) etwa 2 Stunden backen. Leicht abgekühlt in 2,5 x 6 cm lange Rechtecke oder Rauten schneiden. Mit Puderzucker bestäuben.

Bethmännchen

Napoleon persönlich soll bei einem Besuch im Hause des Bankiers Bethmann den Namen *Bethmännchen* für marzipangefüllte Spezialitäten geprägt haben.

Ergibt etwa 20 Stück
Für den Teig:
150 g Marzipanrohmasse
1 kleines Ei
50 g Puderzucker
2 TL Mehl
50 g geriebene Mandeln
Zum Garnieren:
halbierte Mandeln
Zum Bestreichen:
etwas Eigelb

Marzipanrohmasse, Ei, Puderzucker, Mehl und geriebene Mandeln zu einem glatten Teig verkneten und daraus kleine Kugeln formen.
An jede Kugel seitlich 3 halbe Mandeln drücken. Rundherum mit Eigelb bestreichen. Im vorgeheizten Backofen bei 180 °C (Umluft 160 °C, Gas Stufe 2) ca. 30 Minuten backen.

Zedernbrot

Ergibt etwa 65 Stück

Für den Teig:

5 Eiweiß, 600 g Puderzucker

abgeriebene Schale und Saft von 1 unbehandelten Zitrone

500 g abgezogene geriebene Mandeln

Zum Ausrollen:

feinster Zucker

Außerdem:

Backpapier

Eiweiß sehr steif schlagen. Nach und nach den gesiebten Puderzucker sowie Zitronensaft und -schale dazugeben.

Von der Eiweißmasse 1 Tasse voll abnehmen. Die Mandeln in die übrige Menge geben. Diese Masse vorsichtig auf Zucker ausrollen und Halbmonde ausstechen. Auf ein mit Backpapier ausgelegtes Backblech setzen und 1 Stunde antrocknen lassen.

Die Halbmonde mit der restlichen Eiweißmasse bestreichen. Im vorgeheizten Backofen, mittlere Schiene, bei 140 °C (Umluft 120 °C, Gas Stufe ½) etwa 20 Minuten backen. Sie können die Zedernbrote vor zu intensiver Hitze schützen, indem Sie zwei Stufen darüber ein emailliertes Blech in den Backofen schieben. Dann bleibt die Oberfläche der Halbmonde weiß.

Buttergebäck

Janhagel

Für den Teig:

200 g Butter, 275 g Zucker, 1 Päckchen Vanillezucker

1 TL abgeriebene Schale von

½ unbehandelten Zitrone

2 Eier, 4 EL Wasser

300 g Mehl, 2 TL Backpulver

Zum Bestäuben:

Puderzucker, Backpapier

Für den Teig: Butter, Zucker, Vanillezucker und Zitronenschale mit dem Handrührgerät (Schneebesen) so lange schlagen, bis sich der Zucker gelöst hat. Nach und nach die Eier und das Wasser dazugeben und schaumig schlagen.

Mehl und Backpulver mischen, zum Butter-Zucker-Gemisch geben und unterrühren. Backblech mit Backpapier auslegen, den Teig darüber verteilen und glattstreichen.

Das Blech in den vorgeheizten Backofen, mittlere Schiene, setzen und bei 180 °C (Umluft 160 °C, Gas Stufe 2) etwa 12–15 Minuten backen.

Nach dem Backen sofort mit einem scharfen Messer in 5 cm große Quadrate schneiden und auskühlen lassen. Aus einem Bogen Pergamentpapier mehrere kleine Tannenbäume ausschneiden, auf den Kuchen legen und mit Puderzucker bestäuben oder ein Kuchengitter über den Kuchen legen. Den fertigen Kuchen mit gesiebtem Puderzucker bestäuben und das Kuchengitter wieder entfernen.

Statt Puderzucker können Sie auch Kakaopulver nehmen.

Kernige Knusperecken

Ergibt etwa 60 Stück

Für den Teig:
300 g dunkles Weizenmehl (Type 1050)
½ TL Weinstein-Backpulver
200 g Butter, 80 g Vollrohrzucker
1 Ei, 1 Prise Meersalz
Mark von 1 Vanilleschote
Für den Belag:
3 EL Wasser, 150 g Honig, 75 g Butter
je 100 g Sesamsaat und Leinsamen, Kürbis- und
Sonnenblumenkerne
Außerdem:
Klarsichtfolie, Butter zum Einfetten

Für den Teig: Mehl und Backpulver in einer Schüssel mischen. Butterflöckchen, Zucker, Ei, Salz und Vanillemark hinzufügen. Erst mit dem Handrührgerät (Knethaken), dann mit den Händen verkneten. Den Teig flach drücken, in Klarsichtfolie wickeln und 1 Stunde kühl stellen.

Für den Belag: Wasser, Honig und Butter in einem Topf aufkochen. Die Sesamsaat und den Leinsamen sowie die Kürbis- und Sonnenblumenkerne in einer Pfanne ohne Fett unter Rühren rösten, mit der Honig-Buttermasse verrühren und aufkochen. Den Mürbeteig auf einem leicht angefetteten Backblech ausrollen und mit dem abgekühlten Belag bestreichen. Im vorgeheizten Backofen, 2. Schiene von unten, bei 180 °C (Umluft 160 °C, Gas Stufe 2) etwa 15–18 Minuten backen. Nach 8–10 Minuten mit dem Elektromesser in Rhomben, Recht- und Dreiecke schneiden. Auf einem Kuchengitter völlig auskühlen lassen.

Dattelmakronen

Ergibt etwa 80 Stück

250 g getrocknete Datteln (aus dem Reformhaus)
125 g Butter
250 g kernige Haferflocken
2 Eier
100 g brauner Zucker
Mark von ½ Vanilleschote
½ Päckchen Weinstein-Backpulver
Außerdem:
Backpapier

Datteln entsteinen und in kleine Würfel schneiden.

Butter erhitzen, kernige Haferflocken unterrühren, dann abkühlen lassen. Zusammen mit den Eiern, dem Zucker, Vanillemark und Backpulver zu einer Masse vermischen. Mit Hilfe zweier Teelöffel kleine Häufchen davon auf ein mit Backpapier ausgelegtes Backblech setzen.

Im vorgeheizten Backofen, 2. Schiene von unten, bei 180 °C (Umluft 170 °C, Gas Stufe 3) 15–20 Minuten backen.

Pistazien-Plätzchen

Ergibt etwa 75 Stück
150 g Weizenvollkornmehl (Type 1050)
100 g Buchweizenmehl
125 g Butter, 1 Ei
70 g Honig
Zum Bestreichen:
Hagebutten- oder Sanddornmus
50 g gehackte Pistazien
Außerdem:
Frischhaltefolie, Backpapier

Die Mehlsorten, weiche Butter, Ei und Honig in einer Schüssel mit dem Handrührgerät (Knethaken) verrühren; dann mit den Händen verkneten. Den Teig flachdrücken und in Frischhaltefolie verpackt 1 Stunde kühlstellen.

Den Teig danach portionsweise zwischen Klarsichtfolie etwa 3 mm dick ausrollen. Sterne und Halbmonde, glatte und gewellte oder andere weihnachtliche Formen ausstechen. Auf ein mit Backpapier ausgelegtes Backblech setzen.

Im vorgeheizten Backofen, 2. Schiene von unten, bei 200 °C (Umluft 170 °C, Gas Stufe 3) 10–15 Minuten backen.

Hagebutten- oder Sanddornmus verrühren und die Plätzchen damit bestreichen. Mit gehackten Pistazien bestreuen.

TIP Wer mag, kann auch die Hälfte der Plätzchen mit Kokosflocken bestreuen.

Springerle

ergibt etwa 25 Stück (je nach Modelgröße)

Für den Teig:
2 Eier, 175 g feinster Zucker, 2 Päckchen Vanillezucker
abgeriebene Schale von ½ unbehandelten Zitrone
250 g Mehl, 1–2 TL zerstoßene Anissamen
Außerdem:
Backpapier

Eier vorsichtig trennen. Eiweiß mit dem Handmixer (Schneebesen) sehr steif schlagen. Dann langsam den Zucker und Vanillezucker einrieseln lassen, solange weiterschlagen, bis sich dieser vollständig gelöst hat.

Die Zitrone abspülen, trockentupfen, die Schale fein reiben. Zitronenschale und Eigelb unter den Eischaum schlagen, dann langsam das Mehl untermischen und, wenn die Masse fester wird, das Mehl und die Hälfte der Anissamen unterkneten. Den Teig mindestens 1 Stunde (besser 2–3) ruhen lassen. Den Teig ca. 1 cm dick ausrollen. Kleine Holzmodel mit Mehl ausstäuben. Fest auf den Teig drücken und mit einem Messer die entstandenen Formen ausschneiden.

Ein Backblech mit Backpapier auslegen und mit den restlichen Anissamen bestreuen. Die Springerle darauf legen und ca. 24 Stunden trocknen lassen. Im vorgeheizten Backofen bei 180 °C (Umluft 160 °C, Gas Stufe 2) backen, bis die Unterseite, das „Füßchen", goldgelb ist. Die Oberseite der Springerle soll hell bleiben.

Springerle sind ein hartes Gebäck, sollten deshalb in luftdurchlässigem Behälter aufbewahrt werden, um etwas mürbe zu werden. Am besten in einem kühlen, nicht zu trockenem Raum.

Anisbrötchen

Ergibt etwa 25 Stück

Für den Teig:
100 g Zucker
3 kleine Eier
2 TL gemahlener Sternanis
225 g Weizenmehl
1 Prise Hirschhornsalz
Außerdem:
Backpapier
Zum Garnieren:
100 g Puderzucker
1 EL Wasser
50 g weiße Schokoladen-Kuvertüre

Den Zucker mit den Eiern schaumig rühren. Dann den Anis dazugeben. Mehl und Hirschhornsalz verrühren und nach und nach unter die Eimasse rühren. Mit einem Teelöffel kleine Teighäufchen auf ein mit Backpapier ausgelegtes Backblech setzen und über Nacht trocknen lassen.

Am nächsten Tag 20 Minuten im vorgeheizten Backofen bei 180 °C (Umluft 160 °C, Gas Stufe 2) hellgelb backen. In einer Blechdose aufbewahren.

Zum Garnieren: Puderzucker mit Wasser verrühren und einen Teil des Gebäcks damit bestreichen. Restliche Plätzchen mit aufgelöster weißer Schokoladen-Kuvertüre beträufeln.

Kardamomhäufchen

Ergibt etwa 30 Stück

Für den Teig:
5 Eiweiß, 200 g Zucker
80 g Mandelblättchen
2 g Kardamom
3 EL Rosenwasser, 100 g Kartoffelmehl
Für den Guß:
200 g Puderzucker, Saft von 1 Zitrone
5 EL Rum, 1 Glas Hagebuttenmus
Zum Garnieren:
30 Walnußhälften
Außerdem:
Backpapier

Für den Teig: Eiweiß steif schlagen, Zucker einstreuen und das Eiweiß schnittfest schlagen. Mandelblättchen, Kardamom, Rosenwasser und Kartoffelmehl mit dem Rührlöffel vorsichtig unterheben.

Im Abstand von 8 cm walnußgroße Häufchen auf ein mit Backpapier ausgelegtes Backblech setzen. Im vorgeheizten Backofen, 2. Schiebeleiste von unten, bei 200 °C (Umluft 170 °C, Gas Stufe 3) 20 Minuten backen.

Für den Guß: Puderzucker, Zitronensaft und Rum verrühren. Die Makronen damit bestreichen. Die Plätzchen mit einem kleinen Teelöffel Hagebuttenmus betupfen und mit Walnußhälften garnieren.

Mandelkekse

Ergibt etwa 50 Stück
Für den Teig:
4 Eier, 250 g Zucker
400 g Mehl, 400 g geriebene Mandeln
je 50 g gehacktes Orangeat und Zitronat
1 TL Zimt, 1 kräftige Messerspitze gemahlene Nelken
je einen Hauch Muskatnuß und Piment
½ TL Backpulver
Zum Bestreichen:
1 Eigelb
Für den Puderzuckerguß:
200 g Puderzucker, 2 EL Wasser
Für den Schokoladenguß:
1 Packung Schokoladenguß
Zum Garnieren:
halbierte Mandeln, 2 EL bunte Zuckerstreusel

Für den Teig: Eier mit Zucker schaumig rühren. Mehl, Mandeln, Orangeat und Zitronat sowie Gewürze und Backpulver unterkneten. Teig 2 Stunden ruhen lassen und dann zwischen Gefrierfolie 1 cm dick ausrollen. Mit Hilfe eines umgedrehten Backofenrostes in Rechtecke schneiden oder weihnachtliche Formen ausstechen und auf ein mit Backpapier ausgelegtes Backblech legen. Rechtecke mit verquirltem Eigelb bestreichen. Im vorgeheizten Backofen bei 180 °C (Umluft 160 °C, Gas Stufe 2) etwa 20 Minuten hellbraun backen. Nach dem Backen auskühlen lassen. Für den Puderzuckerguß: Alle Zutaten verrühren. Einen Teil mit Puderzuckerguß und Zuckerstreuseln, den anderen Teil mit aufgelöstem Schokoladenguß bestreichen. Mit halbierten Mandeln garnieren.

Kardamom

Bevor Kardamom zum Pfefferkuchengewürz wurde, diente es reichen Griechen und Römern als Heilmittel, vor allem auch als Aphrodisiakum. Diese Verwendung wird auch in den Geschichten von 1001 Nacht beschrieben, und heute ist es Bestandteil vieler wunderbarer Parfüms. Der leichte, aromatische Geschmack macht den Kardamom zu einem wichtigen Gewürz in Reisgerichten Nordindiens und Pakistans. In der arabischen Küche würzt man süße wie salzige Gerichte und auch Kaffee damit (wenn Sie es ausprobieren mögen, geben Sie einen halben Teelöffel Kardamomsamen in einen Topf starken Kaffee). In Skandinavien sind mit Kardamom gewürzte Aufläufe und Gebäck sehr beliebt. Die zu den Ingwergewächsen gehörende Pflanze wird 2–5 Meter hoch und wächst wild und kultiviert in über 1000 m Höhe in den tropischen Wäldern des Ostens und in Zentralamerika. Die getrockneten Fruchtschoten werden entweder in der Schale gemahlen oder ganz, als Kardamomsaat, in den Handel gebracht. Mit Kardamom würzt man Lebkuchen, Gewürzplätzchen und Kuchen.

Sri Lanka: Junges Mädchen legt Kardamom-Kerne zum Trocknen aus.

Safran-Kränzchen

Ergibt etwa 90 Stück

Für den Teig:
250 g Mehl
125 g Zucker, 4 Eigelb
4 EL saure Sahne, 1 Prise Salz
abgeriebene Schale von 2 unbehandelten Zitronen
2 Messerspitzen Safranfäden
125 g geriebene Mandeln
125 g Butter oder Margarine
Für die Garnierung:
1 Eigelb, 2 EL Milch, 4 EL gehackte Mandeln

Für den Teig: Mehl auf ein Backbrett geben. In die Mitte eine Mulde drücken und diese mit Zucker, Eigelb, Sahne, Salz, der abgeriebenen Zitronenschale sowie mit 3 Tropfen von in Wasser aufgelösten Safranfäden und geriebenen Mandeln auffüllen. Butter oder Margarine in Flöckchen auf den Rand setzen. Von außen nach innen einen glatten Teig kneten. Im Kühlschrank 60 Minuten ruhen lassen. Aus dem Teig kleinfingerdicke Rollen formen. Etwa 12 cm lange Stücke abschneiden und zu Kränzchen zusammensetzen. Eigelb mit Milch verquirlen. Kränzchen damit bestreichen. Mit gehackten Mandeln bestreuen. Die Kränze auf ein mit Backpapier ausgelegtes Backblech geben und im vorgeheizten Backofen, mittlere Schiene, bei 180 °C (Umluft 160 °C, Gas Stufe 2) ca. 15 Minuten backen.

Muskatnocken

Ergibt etwa 45 Stück

Für den Teig:
3 Eier, 130 g brauner Zucker
½ TL geriebene Muskatnuß
¼ TL Zimt, 2–3 EL Mehl
je 150 g gemahlene Mandeln und Haselnüsse
Zum Garnieren:
6 EL Schokoladenglasur (dunkel)
3 EL Puderzucker

Eier und braunen Zucker in einer Schüssel schaumig rühren. Gewürze, Mehl, Mandeln und Nüsse dazugeben und alles gut zu einer Art Teig vermischen. Mit Hilfe von 2 Teelöffeln kleine Nocken von dem Teiggemisch abstechen und auf ein mit Backpapier ausgelegtes Backblech setzen. Etwa 1 Stunde trocknen lassen. Dann im vorgeheizten Backofen bei 220 °C (Umluft 180 °C, Gas Stufe 4) etwa 5 Minuten backen. Zum Garnieren die Schokoladenglasur auflösen und das Gebäck damit bestreichen.

Nußschnitten

Ergibt etwa 50 Stück

Für den Teig:
350 g Mehl, 250 g Zucker
250 g gemahlene Nüsse (Wal- oder Haselnüsse)
1 TL Koriander
200 g Butter, 5 Eigelb
Zum Bestreichen:
1 Eigelb
Zum Bestreuen:
Hagelzucker
Für die Glasur:
100 g Puderzucker, 1–2 EL Wasser
Zum Bestreuen:
2 EL gehackte Pistazien, 2 EL Hagelzucker
2 EL Haselnüsse

Mehl, Zucker, Nüsse, Koriander, Butter und Eigelb mit dem Handrührgerät (Knethaken) mischen und zu einem glatten Teig verkneten. 1–2 Stunden kalt stellen. Dann den Teig 3 mm dick ausrollen, mit Eigelb bestreichen und mit Hagelzucker bestreuen. Mit einem Teigrädchen in 2 cm breite, dann schräg in 6 cm lange Streifen schneiden. Auf ein mit Backpapier ausgelegtes Backblech setzen und im vorgeheizten Backofen bei 180–200 °C (Umluft 160–170 °C, Gas Stufe 2–3) 12–15 Minuten backen. Für die Glasur: Puderzucker und Wasser verrühren. Die Plätzchen damit sehr dünn bestreichen und mit Pistazien, Hagelzucker und blättrig geschnittenen Haselnüssen bestreuen. Trocknen lassen.

Ingwermakronen

Ergibt etwa 45 Stück

Für den Teig:
3 große oder 4 kleine Eier
100 g kandierter Ingwer
250 g Puderzucker, 250 g geriebene Mandeln
abgeriebene Schale von ½ unbehandelten Zitrone

Die Eier trennen. Vom Ingwer einige dünne Streifen für die Dekoration abschneiden. Restlichen Ingwer sehr fein hacken. Eiweiß schnittfest schlagen, gesiebten Puderzucker vorsichtig einstreuen. Die übrigen Zutaten nach und nach unterheben. Mit Hilfe von 2 Teelöffeln kleine Häufchen auf ein mit Backpapier ausgelegtes Backblech setzen. Im vorgeheizten Backofen bei 140 °C (Umluft 140 °C, Gas Stufe ½) 20–25 Minuten backen.

Das Fest der Feste

D enken wir an die verschiedenen festlichen Tage und Feiern des Jahres, so fallen uns natürlich Neujahr, Ostern, Pfingsten und auch der eigene Geburtstag ein. Doch – Hand aufs Herz – an welches Fest sind so viele Erwartungen und Hoffnungen geknüpft wie an Weihnachten – das „Fest der Liebe und des Friedens"? Mit Weihnachten verbinden wir Wärme, Geborgenheit und Freude, und selbst diejenigen unter uns, denen die christlichen Inhalte längst suspekt oder auch nur gleichgültig geworden sind, können sich dem Zauber dieses Festes kaum entziehen.

Wenn wir das Wort „Weihnachten" hören – woran denken wir da? Ganz sicher an das Christkind, auf das wir in jungen Jahren so sehnsüchtig gewartet haben, an den Weihnachtsmann in seiner roten Tracht und mit dem langen, weißen Bart, an läutende Glocken, an den geschmückten, mit Kerzen besetzten Weihnachtsbaum, an ein festliches Essen, an die leckeren Weihnachtsbrötchen und selbstverständlich an die Geschenke, die liebevoll verpackt unter dem Baum bereitliegen. Diese Gedanken und Erinnerungen begleiten uns von der Kindheit bis ins Alter. Für die Menschen in den

Der Weihnachtsbaum in der Wohnung weckt romantische Gefühle.
Links: Weihnachtliche Abendstimmung in Rothenburg ob der Tauber.

christlichen Ländern ist Weihnachten ein wiederkehrender, fester Bezugspunkt jeden Jahres – und sicherlich ein nicht wegzudenkender Teil ihres Lebens.

Schwer also, sich vorzustellen, daß es nach der Entstehung des Christentums noch einige hundert Jahre gedauert hat, bis auch das Weihnachtsfest zu seinem Recht kam. Das Fest von der Geburt Christi gehört zu den jüngsten Feiertagen der Kirche, denn die Urchristenheit legte der Geburt des Heilands nur untergeordnete Bedeutung bei. Sie gedachte vor allem des Sterbetags, Karfreitag, und der Auferstehung als der zentralen Aspekte des christlichen Glaubens.

Den Geburtstag Christi feierlich zu begehen wäre zunächst auch unmöglich gewesen, da man ihn einfach nicht kannte. Und genau so, wie man im frühen Christentum ohne Ende darüber debattieren konnte, ob nun die Engel einen Bauchnabel besitzen oder nicht, so erhitzten sich die theologischen Köpfe jahrhundertelang bei der Frage, wann denn nun der Geburtstag Jesu Christi anzusetzen sei. Die Details dieser Diskussion seien hier vernachlässigt. Nur soviel: Von Johannes dem Täufer nahm man an, er sei am 24. Juni geboren, von Jesus wiederum, daß er ein halbes Jahr jünger sei als Johannes. Damit kam man auf den 25. Dezember. Eine andere Theorie wiederum orientiert sich am 25. März, der als ungefährer Frühlingsanfang lange Zeit auch als Tag der Welterschaffung gegolten hatte. Betrachtet man diesen im Analogschluß auch als Datum von Marias Empfängnis, so ergibt sich – rechnet man die für Menschen üblichen neun Monate hinzu – ebenfalls der 25. Dezember als Geburtstag Christi.

Tatsächlich ist freilich nicht nur der Geburtstag, sondern auch das Geburtsjahr Christi bis heute unbekannt. So fand zum Beispiel die im Matthäus-Evangelium bei den Heiligen Drei Königen erwähnte Sternenkonjunktion nach den Berechnungen von Johannes Kepler im Jahr 7 „vor Christi Geburt" statt. Dies wird im übrigen eindeutig bestätigt durch den Fund einer Keilschrifttafel der Astrologen von Sippar, die über dieselbe Konstellation berichteten, dabei jedoch die Christusgeburt mit keinem Wort erwähnten. Die Volkszählung des Landpflegers Quirinius aber, von der das Lukasevangelium berichtet, fand im Jahre 6 „nach Christi Geburt" statt, wodurch ein zeitlicher Spielraum von rund 13 Jahren entsteht. Das zwischen 80 und 90 n. Chr. verfaßte Lukasevangelium ist übrigens die einzige Quelle, die von der Geburt Christi im Stall zu Bethlehem berichtet.

Das erste Weihnachtsfest an diesem 25. Dezember hat man angeblich im Jahr 353 gefeiert. Jedenfalls findet sich in einem Kalender des Jahres 354 erstmals der Vermerk: „25. Dezember – Christus zu Bethlehem in Judäa geboren."

Daß man den Geburtstag Christi auf das Ende des Jahres legte, hatte sich freilich auch aus ganz anderen Gründen angeboten. In etlichen heidnischen Religionen und Kulturen

konzentrierten sich hier die Feste zur Wintersonnenwende. Man feierte die Vertreibung des Dunkels und die Wiederkehr des Lichts. So galt den Römern der 25. Dezember als Geburtstag des Sonnengottes, und die aus Persien stammende *Mithrasreligion*, die sich in den ersten nachchristlichen Jahrhunderten zum wichtigsten Kult im Römischen Reich entwickelt hatte und dem Christentum als Staatsreligion beinahe zuvorgekommen wäre, feierte eben diesen Tag als Geburtstag des Licht- und Erlösergottes Mithras. Als irdische Erscheinung des Sonnengottes *Sol* verehrt, soll auch Mithras, wie Jesus und wie vor ihm *Adonis* und der sumerisch-babylonische Fruchtbarkeitsgott *Tammuz*, von einer Jungfrau geboren worden sein.

Diese Feste machte sich das Christentum zunutze und verwandelte sie allmählich in christliche Feiertage. Von Papst Gregor dem Großen (590–604) stammt die ausdrückliche Anweisung, daß man „die Feste der Heiden allmählich in christliche umwandeln solle und in manchen Stücken nachahmen müsse". Dieses Prinzip hat die katholische Kirche auch später immer wieder mit großem Erfolg angewandt.

Auf gleiche Weise wollte man es sich erleichtern, die wilden Völker im Norden zu missionieren. Unsere Vorfahren, die Germanen, wollten zunächst nur wenig von dieser neuen Religion wissen. Die zwölf Nächte zwischen der Wintersonnenwende und dem heutigen Dreikönigstag, auch *Zwölf-* oder *Rauhnächte* genannt, waren für die Germanen eine ernste und feierliche Zeit. Sie gedachten der Toten und huldigten voller Ehrfurcht der Sonne, die nun die langen Winternächte wieder zurückdrängte.

An diese Zeit erinnert noch der Name für das skandinavische Weihnachtsfest, *Jul*. Manche meinen, Jul bedeute *Hjul*, das Wort für Rad – das Sonnenrad, welches bewirkt, daß die Sonne umwendet und zurückkehrt. Im Julfest – so meinen sie – habe man die Sonnenwende und die Wiederkehr des Lichts gefeiert. Andere Wissenschaftler sehen dahinter jedoch ein uraltes Fest für das Dunkel, für die Toten und die Finsternis, die sie alle verbirgt und die uns alle bedroht. Solche Totenfeste sind seit alten Zeiten über die ganze Erde verbreitet, und auch der katholische Allerseelentag ist nur eine moderne Variante davon. Viele Indizien sprechen für diese Theorie. In der *Julnacht*, in der die Toten umgingen, so weiß man, sollten alle Lebenden sich innerhalb ihrer vier Wände aufhalten. Wer unter freiem Himmel blieb, der lief Gefahr, auf die *Asgårdreise* mitgenommen zu werden, im sausenden Zug der Toten, der unter der Führung des Todesgottes selbst, *Odin* oder *Wotan*, über das Land hinwegbrauste.

Diese Kulte waren tief im germanischen Volk verwurzelt,

und die Missionare taten gut daran, sie nicht abzuschaffen, sondern in ihrem Sinne umzudeuten. Die Nacht, die der Wintersonnenwende vorangeht, war unseren Vorfahren eine geweihte Nacht, eine *Wihenaht* – aus ihr entstand unsere Weihnacht.

Das bewußte Anknüpfen an heidnische Feste sorgte dafür, daß sich das Weihnachtsfest rasch in Deutschland etablierte, und im Jahr 813 erhob die Mainzer Synode den Geburtstag Christi zum allgemeinen Feiertag. Weihnachten dauerte ursprünglich vier Tage, seit dem siebzehnten Jahrhundert beschränkt man sich auf die noch heute üblichen zwei Festtage.

„Oh Tannenbaum...“

Wie ließe sich Weihnachten anders denken als mit einem festlich hergerichteten Baum, dessen Kerzen erst für die rechte Beleuchtung und Stimmung sorgen? Ohne Zweifel ist der geschmückte Nadelbaum, um den sich die Familie an Heiligabend und den Feiertagen versammelt, das Symbol und der eigentliche Mittelpunkt des Weihnachtsfests. Doch war das schon immer so? Nein, der Brauch, einen Baum zu dekorieren, ist gar nicht so alt, wie die meisten Menschen denken. Erst seit etwa zweihundert Jahren steht der Weihnachtsbaum, so wie wir ihn heute kennen, in unseren Wohnzimmern. Zweige und Blätter wurden allerdings schon viel früher dazu benutzt, um zur Weihnachts- und Neujahrszeit die Wohnungen zu schmücken. Damit glaubte man böse Mächte abzuwehren, und man erhoffte sich Glück und Gesundheit für das kommende Jahr.

Daß diese Bräuche heidnischen Ursprungs waren, läßt sich eindeutig daran erkennen, daß die Kirche die Dekoration mit Ästen und Zweigen alles andere als unterstützte. Man weiß beispielsweise, daß um das Jahr 1000 ein päpstlicher Erlaß existierte, der untersagte, die Häuser zum Jahreswechsel mit Zweigen und Blättern zu schmücken. Auch war der Baum, vor allem die immergrüne Konifere, neben der Fackel das zentrale Symbol des Lichtgottes Mithras, das auf den wenigen erhaltenen Kultbildern der Mithrasreligion immer wieder auftaucht und als Lichterbaum den Gott selbst zu repräsentieren scheint.

Eine der ersten urkundlichen Erwähnungen eines Weihnachtsbaumes stammt aus dem Schwarzwald. Im Jahr 1419 schmückte die Freiburger Bruderschaft der Bäckerknechte im Heiligen-Geist-Spital einen Baum mit Äpfeln, Birnen, gefärbten Nüssen, Oblaten, Lebkuchen, Flittergold und gefärbtem Papier. Das geht aus noch erhaltenen Rechnungen hervor. Das an Neujahr abgeschüttelte Obst und Backwerk durften die Armen auflesen. Ein unbekannter Chronist berichtet im Jahr 1604: „Auff Weihnachten richtett man

Dannenbäume in den Stuben auff, daran henket man Rosen aus vielfarbigem Papier geschnitten, Aepffel, Oblatten, Zischgold und Zucker." Doch ein Lichterfest zur Zeit der Sommersonnenwende, das sich bis auf den heutigen Tag erhalten hat, ist bereits im 12. Jahrhundert aus dem Städtchen Thann im Vogesental bei Mühlheim nachgewiesen. Dort werden nach Einbruch der Dunkelheit drei große Tannenbäume auf dem Münsterturm angezündet und dann brennend vor die unten feiernde Menschenmenge geworfen. Die ersten zu Weihnachten geschmückten Tannenbäume waren meistens sogenannte *Gemeinschaftsbäume*. Sie wurden in Zünften, Spitälern und Patrizierhäusern aufgestellt. Dort wurden sie später von Kindern „geplündert". Als Mittelpunkt familiärer Weihnachtsfeiern tauchte der geschmückte Baum zuerst an den europäischen Fürstenhöfen auf. In einem Brief von 1708 berichtet Liselotte von der Pfalz von den Christkindfeiern aus ihrer Kindheit: „Da richtet man Tische wie Altäre her und stattet sie für jedes Kind mit allerlei Dingen aus, wie neue Kleider, Silberzeug, Puppen, Zuckerwerk und alles mögliche. Auf diese Tische stellt man Buchsbäume und befestigt an jedem Zweig ein Kerzchen. Das sieht allerliebst aus…" In den folgenden Jahrzehnten wurden die Buchsbäume und sonstige Laubgewächse immer mehr von den Nadelbäumen verdrängt. Berühmt geworden ist das Weihnachtsfest mit geschmücktem Baum, von dem Goethe 1774 in *Die Leiden des jungen Werther* berichtet. Die Bezeichnung für den Weihnachtsbaum war damals noch von Region zu Region verschieden. Auch hierfür sind die Schriften deutscher Dichter eine gute Quelle: Vom „aufgeputzten Baum" spricht Goethe 1774 in Leipzig, vom „grünen Baum" Schiller 1789 in Weimar, vom „Weihnachtschindlibaum" schreibt J.P. Hebel 1760 in Schwaben, und als „Tannenbaum" oder „Märchenzweig" benennt ihn der Norddeutsche Theodor Storm 1817.

Die Flämmchen der Kerzen, die dort hinten zwischen den dunkelrot verhängten Fenstern den gewaltigen Tannenbaum bedeckten, welcher, geschmückt mit Silberflittern und großen, weißen Lilien, einen schimmernden Engel an seiner Spitze und ein plastisches Krippenarrangement zu seinen Füßen, fast bis zur Decke emporragte, flimmerten in der allgemeinen Lichtflut wie ferne Sterne. Denn auf der weißgedeckten Tafel, die sich lang und breit, mit den Geschenken beladen, von den Fenstern fast bis zur Türe zog, setzte sich eine Reihe kleinerer, mit Konfekt behängter Bäume fort, die ebenfalls von brennenden Wachslichtchen erstrahlten.

(Thomas Mann: Buddenbrooks, 1901)

1830 beging auch das preußische Königshaus das Weihnachtsfest als Familienfeier mit Weihnachtsbaum. Nach ihrem Vorbild setzte sich der geschmückte Nadelbaum in der ganzen Bevölkerung durch. Zunächst waren dies noch ausschließlich Kiefern. Erst nach dem Bau der Eisenbahn 1851 kamen Fichten und Tannen aus Thüringen und dem Harz nach Berlin.

Bedingt durch die verwandtschaftlichen Verhältnisse hielt der Weihnachtsbaum bald Einzug in Wien, Moskau, Paris und London, Kopenhagen und Oslo. Der Tannenbaum war damit endgültig zum Symbol für Weihnachten geworden und verbreitete sich über die ganze Welt.

Kein Baum ohne Schmuck

Der Baum, von dem 1604 im Elsaß die Rede ist, hatte noch keine Kerzen. Seit dem Beginn des 18. Jahrhunderts wurden die Weihnachtsbäume auch beleuchtet. Dies ging zunächst von den Fürstenhöfen aus, denn die Wachskerzen, die man dazu brauchte, waren sehr teuer. Erst nach der Erfindung des Stearins (1818) und des Paraffins (1830) konnte sich auch die übrige Bevölkerung eine Beleuchtung des Weihnachtsbaums mit Kerzen leisten.

Originalität ist gefragt, wenn es ans Schmücken des Weihnachtsbaumes geht. Warum sollte man zu diesem Zweck nicht auch einmal die Nationalflagge zweckentfremden – wie hier in Dänemark?

Doch was hing nun überhaupt an den Bäumen von einst? Vergoldete oder mit Mehl weißgefärbte Nüsse, Äpfel, Tannenzapfen, Blumen und Sterne aus Papier, mit rotem Wollfaden umwickelte Kienspäne, gefärbte Zuckerstückchen, Lebkuchen und Zuckerherzen. Was sich vom Baumschmuck essen ließ, durfte von Kindern erst am Dreikönigstag abgenascht werden.

> *Der große Tannenbaum in der Mitte trug viele goldene und silberne Äpfel, und wie Knospen und Blüten keimten Zuckermandeln und bunte Bonbons und was es sonst noch für schönes Naschwerk gibt, aus allen Ästen.*
> *Als das Schönste an dem Wunderbaum mußte aber wohl gerühmt werden, daß in seinen dunklen Zweigen hundert kleine Lichter wie Sternlein funkelten…*
>
> *(E.T.A. Hoffmann: Nußknacker und Mäusekönig, 1816)*

Gegen Ende des 19. Jahrhunderts gab es den ersten Glasschmuck, vor allem Glaskugeln, die aus Böhmen stammten.

Diese wurden ein solcher Erfolg, daß die böhmischen Glasbläser ihre kleinen Werkstätten schon bald zu großen Fertigungsbetrieben ausbauten. Um diese Zeit gab es bereits die Wunderkerzen und sogar elektrische Baumbeleuchtung – die natürlich nur dann funktionierte, wenn man zu den Glücklichen gehörte, die bereits ans Stromnetz angeschlossen waren. Um 1910 produzierte man das erste Lametta, damals noch aus reiner Zinnfolie geschnitten, und der künstliche Schnee, mit dem man die Tannennadeln heute gerne bedeckt, ist seit den zwanziger Jahren bekannt. Das silberne Lametta, wie auch das *Zischgold* aus dünn vergoldeten, vibrierenden Metallplättchen, stand übrigens symbolisch für die Geschenke, die die Heiligen Drei Könige dem Jesuskind mitgebracht haben sollen. Die Beleuchtung hingegen ist noch heidnischen Ursprungs – man ehrte damit den Lichtgott und beschwor die Wiederkehr von Licht und Wärme.

Nicht nur die elektrischen Kerzen unterscheiden den modernen Weihnachtsbaum von seinen Vorgängern. Von Plastikschmuck bis zu Dinosauriern findet man heutzutage so ziemlich alles an den Zweigen. Gleichzeitig besinnt man sich in vielen Familien wieder auf die althergebrachte Dekoration, und Kunstschnee und Lametta sind nicht nur aus ökologischen Gründen aus der Mode gekommen. Ob man nun der Familientradition folgt oder jedes Jahr neue Möglichkeiten und Farben entdeckt, ist Ansichts- und Geschmackssache. Die Hauptsache ist, daß die Familie „ihren" Weihnachtsbaum schön findet und für eine Weile genießen kann.

„Morgen, Kinder, wird's was geben…"

Zu Weihnachten gehört das Schenken. Doch wieso eigentlich? Ließe sich die Geburt Christi nicht auch feiern ohne dieses großangelegte Geben und Nehmen? Die Ursprünge liegen auch hier weit in der Vergangenheit. Es ist bekannt, daß man sich im alten Rom zum Neujahrsfest reichlich beschenkte, und die christlichen Missionare, die einige hundert Jahre später über die Alpen nach Norden zogen, waren erstaunt, daß sich auch die Germanen bei ihren Festen zur Wintersonnenwende gegenseitig mit Gaben bedachten. Die Feier zur Wintersonnenwende wurde zum Weihnachtsfest, und das Schenken behielt man bei. Was früher vielleicht die Götter gnädig stimmen sollte, galt nun als Zeichen von freundlichem Mitgefühl und christlicher Nächstenliebe.

Seit dem 16. Jahrhundert gibt es Belege dafür, daß die Gaben nicht mehr einfach zwischen Freunden und Verwandten ausgetauscht wurden, sondern daß vor allem die Kinder von der weihnachtlichen Lust am Schenken profitierten. In den folgenden zweihundert Jahren kam es dann dazu, daß die Mädchen und Buben ihre Geschenke nicht mehr von den Eltern und Paten erhielten, sondern – so wurde ihnen bedeutungsvoll zugeflüstert – vom Christkind oder Weihnachtsmann. Damit waren die Kinder auch nicht mehr verpflichtet, als Gegenleistung selbst etwas zu schenken: Schließlich erhielten sie ihre Gaben, die stets unbekannt und überraschend zu sein hatten, von einer überlebensgroßen, mythisch-religiösen Gestalt, die irgendwo aus dem Himmel oder zumindest vom Nordpol kam. Die Kinder konnten allenfalls dadurch Dankbarkeit bekunden, daß sie sich bemühten, artig zu sein.

Nicht vergessen sollte man, daß der Konsumrausch zur Weihnachtszeit ein Phänomen unseres Jahrhunderts ist und ein großzügiges Schenken in früheren Zeiten nur beim reichen Bürgertum möglich war. Die übrige Bevölkerung beschränkte sich auf einige Leckereien wie Gebäck und Äpfel, und der Vater schnitzte seinem Nachwuchs das meiste Spielzeug selbst. Somit bedeutete Weihnachten für den wohlhabenderen Teil der Bevölkerung eine prächtige Feier und oft genug Repräsentationsgehabe – der andere Teil der Menschen feierte das Fest so gut es eben ging, und man verfiel gar in Trübsal, wenn einem just zu dieser Zeit die eigenen beschränkten und ärmlichen Möglichkeiten voll ins Bewußtsein traten.

Weihnachtslied, chemisch gereinigt

Morgen, Kinder, wird's nichts geben!
Nur wer hat, kriegt noch geschenkt.
Mutter schenkte euch das Leben:
Das genügt, wenn man's bedenkt.
Einmal kommt auch eure Zeit.
Morgen ist's noch nicht soweit.

Doch ihr dürft nicht traurig werden.
Reiche haben Armut gern.
Gänsebraten macht Beschwerden.
Puppen sind nicht mehr modern.
Morgen kommt der Weihnachtsmann.
Allerdings nur nebenan.

Lauft ein bißchen durch die Straßen!
Dort gibt's Weihnachtsfest genug.
Christentum, vom Turm geblasen,
macht die kleinsten Kinder klug.
Kopf gut schütteln vor Gebrauch!
Ohne Christbaum geht es auch.

Tannengrün mit Osrambirnen –
lernt drauf pfeifen! Werdet stolz!

Reißt die Bretter von den Stirnen,
denn im Ofen fehlt's an Holz!
Stille Nacht und heil'ge Nacht –
weint, wenn's geht, nicht! Sondern lacht!

Morgen, Kinder, wird's nichts geben!
Wer nichts kriegt, der kriegt Geduld!
Morgen, Kinder, lernt fürs Leben!
Gott ist nicht allein dran schuld.
Gottes Güte reicht so weit…
Ach, du liebe Weihnachtszeit!

(Erich Kästner)

Heutzutage werden die Geschenke in den meisten Gegenden an Heilig Abend übergeben oder am Morgen des ersten Weihnachtsfeiertags. Das war früher nicht so. Die Kinder erhielten die Geschenke oft schon am Martinstag oder zu Nikolaus, die Erwachsenen zu Neujahr. Auch galt einmal die Regel, mit der Bescherung an Heilig Abend erst zu beginnen, wenn der erste Stern am Himmel zu sehen war. Damit wollte man an den Stern zu Bethlehem erinnern, der damals laut Lukas über der Krippe erstrahlte.

Viel älter als der Weihnachtsbaum ist die Weihnachtskrippe. Die im Volk weit verbreitete Krippenverehrung wurde allerdings von der Kirche nicht gern gesehen, die diesen „lächerlichen und kindischen" Brauch lange Zeit verbieten ließ.

Die erste Weihnachtskrippe stand in Ägypten

Sie gehören zum Weihnachtsfest wie der Tannenbaum und die Geschenke: die Weihnachtskrippen. Die erste, so berichtet die Legende, stand im Jahre 1223 in der Kirche des heiligen Franziskus von Assisi: In eine Hütte bei Greccio stellte er eine echte Futterkrippe, in die er eine lebensgroße Wachsfigur des Christuskindes legte. Ein reicher Gutsbesitzer stellte Ochs und Esel, Bauersleute warfen Stroh auf den kahlen Boden, und nachts war die Szene mit Fackeln und Kerzen beleuchtet.

Die Wissenschaft weiß heute, daß Franziskus damit nur einen Brauch wiederbelebte, der bereits eine lange Tradition hatte. Schon im zweiten Jahrhundert wird über die Verehrung einer Krippe in Bethlehem berichtet, in der das Jesuskind gelegen haben soll. Die Christen in anderen Ländern behalfen sich mit Nachbildungen der „echten" Krippe. Auch fanden in dieser frühen Zeit bereits die ersten Krippenspiele

statt, also Darstellungen der Geburt in einer kleinen Aufführung mit Schauspielern. Historisch belegt ist die Legende von der Geburt im Stall zu Bethlehem freilich nicht. Es scheint eher, als habe das Christentum auch hier auf vorchristliche, insbesondere altägyptische Vorstellungen zurückgegriffen. Vorbilder könnten die ägyptischen Muttergottheiten *Isis* und *Hathor* gewesen sein. Isis mit dem Gotteskind, dem kleinen *Horus*, auf dem Arm war in der Spätantike auch außerhalb Ägyptens ein sehr populäres Kultbild. Die Christen übernahmen es wohl nur deshalb, weil es ihnen damals nicht gelang, es aus der Vorstellung der Menschen zu verbannen. Auch der Stall, in dem Jesus laut den Evangelien zur Welt gekommen ist, hat seine ägyptischen Vorbilder. Die Gottesmutter Hathor, die ihren Sohn von Horus, dem falkenköpfigen Gott des Geistes, empfangen hatte, wurde zunächst als Kuh dargestellt, weshalb die Geburtshäuser des Gotteskindes im Volksmund auch *Hathorställe* genannt wurden. Und selbst der Esel, der in den Evangelien erwähnt wird, findet im Glauben der alten Ägypter seine Entsprechung. Er war eine Erscheinungsform des Gottes *Seth*, Bruder der Isis und Mörder des *Osiris*.

Zu einer richtigen Kunst hat sich das Krippenbauen entwickelt. Oben: Weihnachtskrippe aus Peru.
Rechts unten: Polnische Weihnachtskrippe.

Durch die Liebe seiner Gemahlin Isis wiedergeboren, schenkte ihr Osiris noch nach seinem Tode einen Sohn, eben den kleinen Horus.

Die in der Bibel beschriebene Weihnachtsszenerie wurde besonders in Italien oft nachgebaut. Noch heute gilt Neapel als „Krippenstadt". Ganz anders in Österreich: Dort verbot Kaiser Joseph II. im Jahre 1782 das Aufstellen von Krippen in Kirchen. Auch in Franken und Schwaben wurde ein Krippenverbot ausgesprochen. Dieser Brauch sei „lächerlich und kindisch", urteilte die süddeutsche Obrigkeit. Die Verbote zeigten wenig Wirkung. Die Krippen verschwanden zwar aus den Kirchen, die Bevölkerung, die größtenteils weder lesen noch schreiben konnte, wollte jedoch nicht auf die anschauliche, symbolhafte Darstellung der weihnachtlichen Szenen verzichten.

Krippen für die gute Stube wurden in Heimarbeit und von professionellen Krippenschnitzern hergestellt. Nachdem 1825 die Krippenverbote wieder aufgehoben waren, stand der Verbreitung dieses Brauchs nichts mehr im Weg, und das Krippenschnitzen entwickelte sich zur gern gesehenen Kunstfertigkeit. Bald wurden in Museen die ersten Krippen als Beispiel typischer Volkskunst ausgestellt.

So wie kein Weihnachtsschmuck dem anderen gleicht, wird auch die Szene um Christi Geburt immer wieder anders präsentiert. Zu manchen Darstellungen pilgern Krippenfreunde wie vor zweitausend Jahren die Hirten zum Stall von Bethlehem. Den Reichtum dieser Kunst führt der *Krippenweg* in Bamberg und der *Krippelweg* vom Ebensee bis Gemünden (Traunstein) dem Besucher vor Augen. In Losheim findet alljährlich im Dezember die größte Krippen-Ausstellung Europas, die *Krippana*, statt. Über hundert Modelle, beispielsweise aus Italien, Spanien oder dem Erzgebirge können hier bewundert werden. Auch das Bayerische Nationalmuseum in München und das Puppen- und Spielzeug-Museum in Rothenburg ob der Tauber beherbergen wahre Krippen-Schätze. Im Museum in Brixen/Tirol steht die größte Krippe der Welt: In den fünfziger Jahren schnitzte der in Meran geborene Krippenbauer Ferdinand Pöttmesser die sechzig Quadratmeter große Krippe mit 778 Figuren. Kunsthistoriker sehen die Weihnachtsszenen, egal aus welchem Land, als ein Kaleidoskop, in dem sich Zeitgeist, Kultur und Landschaft spiegeln. Davon abgesehen, ist eine Krippe für jung und alt ein Gegenstand des Staunens, der Freude und der Besinnung.

Leckereien zur Weihnachtszeit

Zu einem deutschen Weihnachtsfest gehören auch ausgesuchte Köstlichkeiten auf der Festtafel. Besonders in früheren Jahrhunderten mußten dabei die Speisen so reichhaltig aufgetragen werden, daß man mehr als genug essen konnte. Im Zeitalter vor den modernen Schlankheitsidealen dachte man, der kräftige Esser bliebe gesund, und ein dicker Bauch galt als Zeichen von Wohlstand und Zufriedenheit. In manchen Gegenden hieß der Heilige Abend wegen dieser Schlemmerei auch *Dickbauchabend*. Der 24. Dezember war in den katholischen Gegenden früher Fastentag, so daß das gute Essen nach der Rückkehr von der Mitternachtsmesse besonders gut schmeckte. Auch sollte möglichst viel von dem Festmahl übrigbleiben, denn dann – so glaubte man – würde auch im nächsten Jahr kein Mangel an Nahrung bestehen. Speisereste wurden auf dem Acker zu einem Vaterunser eingegraben oder unter die Obstbäume geworfen, und man hoffte dadurch auf eine gute Ernte.

Auch in den ärmsten Familien war das Weihnachtsessen reichlicher und besser als im übrigen Jahr. Und die Aller-

Zürcher Tirggel. Ein altes Weihnachtsgebäck. Schon die Germanen hatten zur Wintersonnenwende den Göttern gebackene Gaben dargebracht. Die lebendig gebliebene altheidnische Sitte, zu Neujahr Gebildbrote zu backen, wurde von der Kirche lange Zeit scharf bekämpft.

ärmsten – die Bettler, Kranken und Behinderten – erhielten an diesen Tagen von den Wohlhabenden kostenlos Speise und Trank. Auf dem Land bekamen selbst die Tiere eine Extra-Ration Futter, und den Vögeln streute man besonders viele Körner in den Schnee. In Österreich und Bayern sagte man sich früher, daß man die Tiere an Weihnachten deshalb gut füttern müsse, damit sie sich erhoben und die Geburtsstunde des Herrn ehrten. Und wenn man die Ohren spitze – so wurde den Kindern erzählt – dann könne man die Haustiere um die Mitternachtsstunde sogar sprechen hören. Überhaupt spielten damals beim Weihnachtsessen alte, heidnische Vorstellungen noch eine große Rolle, und die Leute glaubten, dem Festmahl komme magische Kraft zu: Man hielt es für eine „Zauberspeise". An Heiligabend gab es Salate mit sieben oder neun verschiedenen Zutaten, und keimende und quellende Speisen wie Bohnen und Linsen wurden bevorzugt, um ähnlich aufquellenden Reichtum zu beschwören. Der rogenreiche Hering und der körnerreiche Mohnkuchen sollten so viel Geld und Glück bringen, wie sie Körner enthalten. Die Weihnachtsäpfel waren ein Symbol für Gesundheit, und aus Nußkernen versuchte man die Zukunft zu lesen.

Wenn wir an ein typisches Weihnachtsmahl denken, fällt uns wohl zuerst die Weihnachtsgans ein, die sonderbarerweise aus England stammt. Es wird erzählt, daß am Heilig Abend des Jahres 1588 Königin Elisabeth eine Gans verzehrte und

daß genau zu dieser Stunde die Nachricht von der Zerstörung der spanischen Armada durch die englische Flotte eintraf. Seither gehörte der Gänsebraten zum weihnachtlichen Festmahl – wenn er auch in den englischsprachigen Ländern vom Truthahn abgelöst wurde.

Die Gänsemast begann früher am 24. August, dem Tag des Märtyrers Bartholomäus. Er gilt als der Schutzheilige der Metzger und der Fischer, so daß es nicht verwundert, daß an diesem Tag auch die besondere Fütterung der späteren Weihnachtskarpfen ihren Anfang nahm. Der Karpfen war bereits bei den Griechen und Römern eine beliebte Festtagsspeise, und wegen seiner Fruchtbarkeit war er der Venus heilig. Im 15. und 16. Jahrhundert erreichte die Karpfenzucht die größte Verbreitung und Bedeutung. Es waren vor allem die Klöster, die sich darauf spezialisiert hatten, war der Karpfen doch ursprünglich eine kirchlich verordnete Fastenspeise, um den unmäßigen Völlereien vor allem am Vorabend der großen Wendetage entgegenzutreten. Auch heute noch ist der Karpfen auf den Weihnachts- und Neujahrstafeln vieler Familien anzutreffen.

Nicht nur Gänse und Karpfen werden vor Weihnachten gemästet, sondern natürlich auch Schweine. Das Weihnachtsschwein stand bei vielen, vor allem ländlichen Familien, ganz oben auf dem winterlichen Speisezettel, und es war eben Glück, zum Schlachten ein „Schwein zu haben". Es mag scheinen, daß diese Traditionen in unserem Jahrhundert aufgeweicht wurden zu einem oft beliebigen Speiseplan. Doch auch damals enthielt das Festtagsmahl häufig Eier, Hirse, Erbsen, Klöße und Kraut. Das Tagebuch eines Apothekers aus Hof gegen Ende des 17. Jahrhunderts verrät, daß bei vielen Familien damals Schweinebraten, Blut- und Leberwürste, Kartoffelklöße und Sauerkraut auf der Weihnachtstafel standen. Damals wie heute scheint vor allem zu gelten: Lecker und reichlich muß es sein.

Noch typischer für Weihnachten als das, was den Kochtopf verläßt, sind die Köstlichkeiten, die verlockend duftend aus dem Backofen kommen. Diese weihnachtlichen Backerzeugnisse sind, so nimmt man an, ein Überbleibsel der gebackenen Gaben, welche die Germanen zur Wintersonnenwende

Erst im 19. Jahrhundert nahm das Weihnachtsfest seine heute weit verbreitete Form an. Unter dem Einfluß der bürgerlichen Oberschicht wurde aus dem religiösen Kirchenfest ein Fest für die bürgerliche Familie – mit Bescherung, Tannenbaum und Artigkeitspflicht.
Links: „Der erste Christbaum in Ried" (Weihnachtsfest, zugleich Geburtstag des Handelsherrn und Bürgermeisters Josef Anton Rapolter in Ried). Gemälde, 1848, von Franz Ignaz Pollinger; Ried, Volkskundehaus.
Rechts oben: Deckel einer Keksdose mit Weihnachtsdekor „Kinder mit Tannenbäumchen", Blech, England um 1900.

den Göttern darbrachten. Der heilige Eligius hatte im siebten Jahrhundert erfolglos die abergläubischen „Teigbilder" verdammt, und ein norwegisches Gesetz aus dem 13. Jahrhundert erklärte alle, die Teigopfer in Menschengestalt herstellten oder besaßen, für vogelfrei. Doch auch in diesem Fall machte sich das Christentum den alten Aberglauben zunutze und übertrug ihn auf das weihnachtliche Brauchtum. Heutzutage werden viele der weihnachtlichen Brötchen und Gebäckstücke nach altergebrachten Rezepten zubereitet, welche die Familien von Generation zu Generation weitervererben.

Die beliebteste der weihnachtlichen Süßigkeiten dürfte der Lebkuchen sein, der seinen Namen möglicherweise vom lateinischen *Libum* (Fladen) erhielt. Andere wiederum meinen, der Name gehe auf das altdeutsche *Leb* (Heilmittel) zurück.

Jedenfalls ist der Lebkuchen nicht, wie bis heute immer noch häufig behauptet wird, in Klöstern des Mittelalters erfunden worden. Grabungsfunde belegen, daß man mit Honig gesüßtes Brot vermutlich bereits in der Jungsteinzeit kannte.

Den ältesten bis heute bekannten Honigkuchen fand man 1913 im Grab des Pharao Pepionkh des Mittleren aus der 6. Dynastie (2423–2263 v. Chr.). Die 20 dort gefundenen Kuchen bestanden aus Getreide, Mehl und Honig und waren in zwei Halbschalen aus Kupfer eingebettet, die so genau aufeinander paßten, daß jegliche Luftzufuhr verhindert wurde: die erste Vakuumverpackung der Welt.

Honigkuchen wurden außerdem von mehreren berühmten griechischen Epikern und Dramatikern erwähnt, so von Aristophanes (geb. 444 v. Chr.) in den *Wolken* als Sühneopfer für die Götter der Unterwelt und in der *Lystrata* als Besänftigungsmittel für den Höllenhund *Kerberos*. Und

Mitternachtsmesse in der Kirche St. Vincent in Les Baux de Provence (Frankreich).
Rechts unten: 24.12.1995. Erste Weihnachtsfeier in Bethlehem nach dem Abzug der Israelis. Prominentester Gast:
der Präsident der palästinensischen Autonomiebehörde Jassir Arafat. Rechts oben: Weihnachten in Madagaskar.

über die Römer mit ihrer reichhaltigen Eßkultur gelangte die Kunst der Honigkuchenzubereitung schließlich auch zu den Germanen, genauer: zu den Alamannen, wobei bis heute nicht mit eindeutiger Sicherheit geklärt werden kann, ob diese die Rezeptur nicht sogar unabhängig von den Römern erfunden haben. Bis heute jedenfalls wird ein echter Lebkuchen ausschließlich mit geklärtem Honig gesüßt. Dieser wird in dunklen Teig eingeknetet, mehrere Wochen gelagert und dadurch zur Gärung gebracht. Die endgültige Form erhält der Lebkuchen entweder durch die bloße Hand oder durch Holzmodel. Zur Verschönerung erhalten die kleinen Brote einen Zuckerguß, oder es werden ihnen Bilder aufgeklebt. In den Klöstern des Mittelalters erhielt der Lebkuchen dann immerhin seinen zweiten Namen: *Panis piperatus:* Pfefferkuchen. Doch auch in den Städten versuchte man die beliebte Leckerei zu backen. In Nürnberg wird das Wort *Lebkuchen* bereits 1409 in einer Handschrift erwähnt, und bis heute ist die Stadt in ganz Europa für diese Köstlichkeit bekannt. Doch ist Nürnberg tatsächlich Deutschlands älteste Lebkuchenstadt? Diese Ehre hat in neuester Zeit die Stadt Ulm für sich beansprucht. Dort wird bereits im Jahr 1293 eine Familie Lebzelter urkundlich

erwähnt, und *Lebzelter* bedeutet nichts anderes als „Lebkuchenbäcker“. Nürnberg oder Ulm? Dem Genießer, der eines dieser süßen, fein gewürzten Gebäckstücke zu Weihnachten verzehrt, dürfte diese Frage wohl gleichgültig sein. Das Marzipan ist schon lange eine Gaumenfreude für jung und alt. In Deutschland ist es seit dem 15. Jahrhundert bekannt. Süße und bittere Mandeln werden mit Honig oder Zucker vermischt und wurden früher mit Myrrhe und Rosenöl verfeinert. Ursprünglich kam das Marzipan aus dem Orient, und sein Name ist eine Abwandlung von *Mauthaban* („sitzender Mann“), dem Namen einer byzantinischen Münze mit dem Bild des thronenden Christus. Von diesem Namen ausgehend, nannten die Italiener, die mit dem östlichen Mittelmeerraum regen Handel trieben, die Schachteln für orientalische Süßigkeiten *mataban*, und wieder später übertrug man den Namen der Verpackung auf den Inhalt: Marzipan. Diese Leckerei wurde in Deutschland anfangs nur in Apotheken verkauft, später erhielten die Zuckerbäcker die Erlaubnis, diese Süßigkeit herzustellen. Was Nürnberg für die Lebkuchen ist, das ist Lübeck für das Marzipan. 1407 wird Lübecker Marzipan erstmals erwähnt, und es geht die Geschichte, daß einst eine schlimme Hungersnot herrschte, bei der man nichts zu essen hatte als Zucker und Mandeln. Da erfand man das Marzipan und bewahrte die Bevölkerung vor dem Tod.

Andere Länder, andere Sitten – das gilt natürlich auch für das typische Festessen an den Weihnachtstagen. So gibt es am kalten isländischen Weihnachtsabend gebratenen Schweinerücken oder delikat zubereitete Schneehühner, am Tag danach geräucherten Lammschinken, der lauwarm mit Kartoffeln und Erbsen in einer weißen Sauce serviert wird.

Das Weihnachtsfestessen in Dänemark beginnt traditionell mit einem Reisbrei, in dem eine Mandel versteckt ist. Wer diese Mandel findet, erhält das *Mandelgeschenk*, zum Beispiel ein Marzipanschweinchen. Danach serviert man Schweinebraten oder eine gebratene und reichhaltig gefüllte Ente, Gans oder einen Truthahn.

Die Schweden verzehren vor dem Schweinebraten ihr traditionelles *Smörgåsbord*, ein Buffet aus eingelegtem Hering, Leberpastete und geräucherter Wurst. Dazu serviert die schwedische Hausfrau ihr Meisterstück: den im Ganzen gekochten oder gebratenen, mit Salz und Zucker panierten Schinken. Als Beilagen gibt es meist Kohl und Gewürzbrot *(Vörtbröd)*.

Bevor die französische Familie am 24. Dezember gemeinsam zu Abend ißt, steht meist die *Bûche de Noël* auf dem Tisch, eine Biskuitrolle, die man mit Schokoladencreme verziert und die aussieht wie ein Aststück für den Kamin. Dieser „Baumkuchen" erinnert an den früher – noch vor der Übernahme des deutschen Weihnachtsbaumes – in Frankreich wie übrigens auch auf dem Balkan, in England und in der französischen Schweiz verbreiteten Weihnachtsklotz gleichen Namens.

Noch heute ist es in manchen Teilen Osteuropas Brauch, das Stammstück einer dreijährigen Eiche feierlich mit Öl, Weihrauch und Kräutern „für Christus" zu salben. Am Weihnachtsabend wird es beräuchert und ins Feuer gelegt, wo es die ganze Nacht über brennen muß, damit dem Haus

und seinen Bewohnern im nächsten Jahr das Glück hold sein möge.

Weihnachten in Serbien ist undenkbar ohne *Cesniha*, dem traditionellen Strudel mit Nüssen und Rosinen, der in Honig getränkt oder mit Fett bestrichen ist. Wer die darin eingebackene Gold- oder Silbermünze findet, darf auf ein glückliches Jahr hoffen.

In Bulgarien stehen am Heilig Abend fleischlose Gerichte auf dem Tisch. Und da der Zahl Sieben eine besondere Bedeutung zukommt, ist es Tradition, an Weihnachten sieben verschiedene vegetarische Speisen zu essen. Dazu zählen Weintrauben- oder Sauerkrautblätter mit Reis, Eintopf mit weißen Bohnen, Blätterteigkuchen mit Kürbisfüllung und in jedem Fall frisch gebackenes Brot.

Die Weihnachtsbräuche in den übrigen christlichen Teilen der Welt wurden oft von den früheren Kolonialherren übernommen. So ist in Australien das Weihnachtsessen ganz im britischen Stil gehalten – mit gefülltem Truthahn, *Mince pies* (Fleischpasteten) und verschiedenen Puddings.

Wer zu Weihnachten gerne Neues und Exotisches kosten möchte, dem sei ein Weihnachtsurlaub auf den Philippinen empfohlen. Vor den Kirchen bieten Verkaufsstände Weihnachtsgebäck an: Reiskuchen wie *Bibingka* und *Puto Bumbong*. Für Bibingka werden süßes Reismehl, Butter, Eier, Zucker und Kokosmilch verrührt und in eine mit Bananenblättern ausgelegte Tonform gefüllt. Darauf legt man Käse von Wasserbüffeln *(Carabao)* und gesalzene Enteneier. Die Reiskuchen werden auf Holzkohlenfeuer gebacken und mit frisch geriebener Kokosnuß und heißer Schokolade serviert.

Marzipan, Lebkuchen und Co.

H and aufs Herz: Wer könnte sich Weihnachten ohne all das leckere Naschwerk vorstellen, das uns diese Zeit mit seinem unnachahmlichen Geschmack und Duft versüßt: allen voran Lebkuchen und Marzipan. Zwar sind diese Leckereien heutzutage das ganze Jahr über in den Geschäften erhältlich, doch – seltsam – ausgerechnet in der Weihnachtszeit verlangt uns ganz besonders nach ihnen. Erst dann, so scheint es, offenbaren sie ihren vollen Geschmack.

Nicht nur daß er köstlich schmeckt, auch seine schier unbegrenzte Formbarkeit macht den Lebkuchen zu einem idealen Weihnachtsgebäck. Englein und Weihnachtsmänner, Krippefiguren, ja selbst ganze Winterlandschaften lassen sich aus Lebkuchenteig gestalten. Mit etwas Puderzucker bestäubt, ist die weihnachtliche Illusion perfekt.

Entgegen einer weit verbreiteten Meinung ist Lebkuchen nicht im Mittelalter von Mönchen erfunden worden. Dieser Irrtum läßt sich vielleicht daraus erklären, daß manche Urkunden über Honigkuchen aus Klöstern stammen. Bereits zur Zeit Karls des Großen und Karls des Kahlen wurden im Frankenreich Honigkuchen gebacken. Die zu dieser Zeit niedergeschriebenen Dokumente waren entweder lange Zeit nicht bekannt oder wurden nicht beachtet. Schon im Römischen Reich war in der Zeit der alljährlichen *Saturnalien* (vom 17. Dezember bis zum 6. Januar) die Darstellung von gebackenen Honigkuchenbildern üblich. Und daß auch schon die alten Ägypter diese Delikatesse zu schätzen wußten, das geht aus viereinhalbtausend Jahre alten Grabungsfunden hervor. Die zwanzig „seltenen Gegenstände", die Anfang dieses Jahrhunderts im Grab des Pharao Pepionkh in runden Bronzeschalen entdeckt wurden, enthielten Getreide, Mehl und Honig, die Grundbestandteile des Honigkuchens. Nicht ganz so alt ist der Marzipan, dessen Name nicht von *Marci panis* (Markusbrot) kommt, wie man früher annahm, sondern sich von einer alten byzantinischen Münze ableitet. Schon zu Perikles Zeiten sollen griechische Könige Torten aus Mandeln und Honig gebacken haben, Vorläufer unseres Marzipans. Übernommen hatten sie diese Kunst von den Persern, die neben Dichtkunst und Musik auch über eine sprichwörtliche Tafelkultur verfügten.

Ist es nicht ein erhebendes Gefühl, im Wissen um die große Tradition dieses Naschwerks genußvoll in eine Aachener Printe oder in ein Stück Lübecker Marzipan zu beißen?

Lebkuchen mit Nüssen

Ergibt etwa 40 Stück

375 g Honig, 100 g Butter, 500 g Mehl

75 g gehackte Walnußkerne

je 125 g Orangeat und Zitronat

125 g gehackte Mandeln, 3 EL Lebkuchengewürz

½ EL gemahlener Zimt, ½ EL Hirschhornsalz

2 EL Rosenwasser

Zum Garnieren:

200 g halbbittere Schokoladenkuvertüre

einige Walnußhälften, Haselnußkerne

und gehackte Pistazien

Honig und Butter unter Rühren in einem Topf erwärmen. Mehl und Walnüsse, Orangeat, Zitronat, Mandeln, Lebkuchengewürz und Zimt in einer Schüssel mischen. Die Honig-Butter-Mischung hinzufügen. Das Hirschhornsalz mit Rosenwasser verrühren, ebenfalls dazugeben und alles zu einem glatten Teig verkneten. Zugedeckt über Nacht ruhen lassen. Den Teig knapp 1 cm dick ausrollen und Kreise von 6 bis 8 cm Durchmesser ausstechen. Die Lebkuchen auf ein mit Backpapier ausgelegtes Backblech setzen und im vorgeheizten Backofen bei 200 °C (Umluft 170 °C, Gas Stufe 3) etwa 12 Minuten backen. Auf einem Kuchengitter auskühlen lassen. Kuvertüre im heißen Wasserbad erwärmen, etwas abkühlen lassen, erneut erwärmen und die Lebkuchen damit überziehen. Mit den Wal- und Haselnüssen und den Pistazien garnieren.

Schokoladenprinten

Ergibt etwa 30 Stück

225 g ungeschälte, gemahlene Mandeln

1½ EL Kakao, 1½ EL Öl (15 g)

5 EL Wasser, 1 EL Arrak, 225 g Zucker

Zum Garnieren:

150 g bittere Schokoladenkuvertüre

Mandeln, Kakao, Öl, Wasser, Arrak und Zucker in einer Schüssel mischen und zu einem lockeren Teig verkneten. Den Teig auf einer mit Zucker bestreuten Arbeitsfläche knapp 5 mm dick ausrollen. Rechteckige Printen (3 x 6 cm) ausschneiden oder ausstechen. Printen vorsichtig auf ein mit Backpapier ausgelegtes Backblech setzen. Im vorgeheizten Backofen, mittlere Schiene, bei 180 °C (Umluft 160 °C, Gas Stufe 2) 12 Minuten backen. Die Printen auf einem Kuchengitter abkühlen lassen. Kuvertüre in einem Gefäß im heißen Wasserbad schmelzen. Die noch warmen Printen damit bestreichen und auskühlen lassen.

Aachener Printen

Ergibt etwa 65–70 Stück

250 g Honig, 65 g Butter oder Margarine

65 g brauner Zucker, 375 g Mehl

je ½ TL Nelken-, Koriander- und Kardamompulver

1 TL Zimt, 50 g gehacktes Zitronat, 7 g Pottasche

Wasser, Grümmel (zerstoßener brauner Kandis)

Honig, Fett und Zucker in einem Topf erwärmen, auflösen und etwas abkühlen lassen. Das Mehl und die Gewürze in eine Schüssel geben, Zitronat hinzufügen und mit dem Honig-Fettgemisch verrühren. Die Pottasche in wenig Wasser auflösen und gut unter den Teig kneten. Anschließend den Teig 2 Stunden kalt stellen. Dann den Teig auf der mit Grümmel ausgestreuten Arbeitsfläche ausrollen und in Streifen von 8 cm Länge und 3 cm Breite schneiden; diese auf ein mit Backpapier ausgelegtes Backblech setzen.
Die Teigstücke dünn mit kaltem Wasser bestreichen. Im vorgeheizten Backofen, 2. Schiene von unten, bei 180 °C (Umluft 160 °C, Gas Stufe 2) etwa 15–18 Minuten backen.

Nußprinten

Ergibt etwa 65–70 Stück

125 g Sirup oder Honig, 60 g brauner Zucker

50 g Butter oder Margarine, 1 Ei

abgeriebene Schale von 1 unbehandelten Zitrone

je ½ TL Zimt-, Kardamom- und Nelkenpulver

50 g Grümmel (gestoßener brauner Kandis)

250 g Mehl, ½ Päckchen Backpulver

Zum Belegen:

etwa 200 g Haselnußkerne

Für die Glasur:

200 g geriebene halbbittere Schokoladenkuvertüre

Honig, Zucker und Fett in einem Topf erwärmen, auflösen und wieder abkühlen lassen. Unter die fast erkaltete Masse das Ei, die abgeriebene Zitronenschale, die Gewürze, den Grümmel und einen Teil des Mehls rühren. Das restliche Mehl mit dem Backpulver vermischen und ebenfalls unterkneten. Teig 1 Stunde ruhen lassen. Den Teig dann etwa ½ cm dick ausrollen und in fingerlange, etwa 3 cm breite Streifen schneiden. Die Streifen auf ein mit Backpapier ausgelegtes Backblech setzen und dicht mit halbierten Haselnußkernen belegen. Im vorgeheizten Backofen, 2. Schiene von unten, bei 180 °C (Umluft 160 °C, Gas Stufe 2) etwa 15–18 Minuten backen.
Für den Guß: Die Kuvertüre in einer Schüssel im heißen Wasserbad schmelzen lassen.

Spitzkuchen

Ergibt etwa 50 Stück

250 g Honig
50 g brauner Zucker
50 g Butter
450 g Mehl
1 Päckchen Honigkuchengewürz
abgeriebene Schale von ½ unbehandelten Orange
1 TL Pottasche, 1 EL Rosenwasser
Für die Glasur:
250 g Puderzucker
30 g Kakao
3–4 EL heißes Wasser
25 g zerlassenes Kokosfett
Außerdem:
Backpapier

Honig, braunen Zucker und Butter in einem Topf erwärmen, auflösen und wieder abkühlen lassen. Mehl in eine Schüssel geben, Gewürze hinzufügen und von der Mitte aus mit dem Honig verrühren. Zuletzt die in Rosenwasser aufgelöste Pottasche gut unterrühren. Den Teig mindestens einen Tag ruhen lassen, dann zu 2–3 cm dicken Rollen formen und auf ein mit Backpapier ausgelegtes Backblech setzen. Im vorgeheizten Backofen, 2. Schiene von unten, bei 180 °C (Umluft 160 °C, Gas Stufe 2) etwa 15–20 Minuten backen. Sofort nach dem Backen aus den noch warmen Rollen Dreiecke schneiden.

Für den Guß: Gesiebten Puderzucker, Kakao und Wasser verrühren und das zerlasssene und wieder abgekühlte Kokosfett dazugeben. Alles gut verrühren. Die Gebäckstücke damit überziehen.

Braune Pfeffernüsse

Ergibt etwa 65 Stück

125 g Rübenkraut, 250 g brauner Zucker
250 g Butter oder Margarine
500 g Mehl
Saft und Schale von 1 unbehandelten Zitrone
1 Messerspitze Nelkenpfeffer
75 g Grümmel (zerstoßener brauner Kandis)
75 g Korinthen, 50 g gehacktes Zitronat
50 g geriebene Mandeln, 3 Tropfen Bittermandelaroma
2 TL Hirschhornsalz und ½ TL Pottasche

Rübenkraut, braunen Zucker und Butter (oder Margarine) in einem Topf verrühren, erwärmen und wieder abkühlen lassen. Mehl, Zitronensaft und -schale, Nelkenpfeffer, Grümmel, Korinthen, Zitronat, Mandeln und Bittermandelaroma in eine Schüssel geben. Von der Mitte her mit dem Sirupgemisch verrühren und gut verkneten. Hirschhornsalz und Pottasche in etwas Wasser auflösen und unterkneten.

Aus dem Teig 2–3 cm dicke Rollen formen und einen Tag auf einem mit Backpapier ausgelegten Backblech liegen lassen.

Anschließend die Rollen in dünne Scheiben schneiden und auf ein mit Backpapier ausgelegtes Backblech setzen. Im vorgeheizten Backofen, 2. Schiene von unten, bei 180 °C (Umluft 160 °C, Gas Stufe 2) 15–20 Minuten backen.

Elisenlebkuchen

Ergibt 30 Stück
Für den Teig:
4 Eier, 200 g Puderzucker
je 2 Messerspitzen gemahlene Muskatblüten und Nelken
je 2 gestrichene TL Zimt und Salz
abgeriebene Schale von 1 unbehandelten Zitrone
je 200 g geriebene Mandeln und Haselnüsse
150 g feingewürfeltes Zitronat
100 g feingewürfeltes Orangeat
etwa 30 runde Oblaten (100 mm Durchmesser)
Für den Zuckerguß:
200 g Puderzucker
2 EL Wasser
Für die Schokoladenglasur:
125 g halbbittere Schokoladenkuvertüre
15 g Kokosfett
Außerdem:
Backpapier

Für den Teig: Eier und 200 g Puderzucker mit dem Handrührgerät (Schneebesen) dickschaumig schlagen. Nach und nach die Gewürze, Mandeln, Nüsse, Zitronat und Orangeat unterrühren. Den Teig auf Oblaten streichen und auf ein mit Backpapier ausgelegtes Blech setzen. Bei 160 °C (Umluft 140 °C, Gas Stufe 2) etwa 25 bis 30 Minuten backen. Auf einem Kuchengitter auskühlen lassen.

Für die Zuckerglasur Puderzucker und Wasser verrühren. Für die Schokoladenglasur die Kuvertüre schmelzen lassen und das ausgelöste Kokosfett einrühren. Jeweils die Hälfte der Elisenlebkuchen mit Zuckerguß bzw. mit Schokoladenglasur überziehen.

Weiße Pfeffernüsse

Ergibt etwa 55 Stück
3 Eier, 375 g Zucker
125 g gemahlene Mandeln
abgeriebene Schale von 1 unbehandelten Zitrone
375 g Mehl
5 g Hirschhornsalz, 1½ EL Wasser
Außerdem:
Mehl zum Wenden
Zum Bestreichen:
1–2 Eigelb

Eier und Zucker weißcremig schlagen. Mandeln, Zitronenschale, Mehl und das in Wasser aufgelöste Hirschhornsalz unterrühren und davon einen geschmeidigen Teig kneten. Von dem Teig mit einem Teelöffel kleine Stücke abstechen, zu Kugeln formen (Durchmesser etwa 2 cm), leicht in Mehl wenden und die Kugeln auf ein mit Backpapier ausgelegtes Blech setzen. Dann mit dem verrührten Eigelb bestreichen und im vorgeheizten Backofen, mittlere Schiene, bei 200 °C (Umluft 170 °C, Gas Stufe 3) etwa 15–20 Minuten backen.

TIP Die *Witt Pepernöt*, wie man sie in Mecklenburg-Vorpommern auch nennt, enthalten bisweilen auch gehacktes Zitronat (für die im Rezept angegebene Menge benötigen Sie etwa 75 g). Das Zitronat kann man mit dem Schneidstab oder im Mixer zerkleinern.

Fruchtkonfekt

Ergibt etwa 20 Stück
200 g getrocknete Aprikosen
200 g getrocknete Pflaumen ohne Stein
3 Beutel „Rum-back"
50 g Marzipanrohmasse
25 g Puderzucker
Außerdem:
1 Eiweiß
100 g Zucker
Dekorschnee

Die Aprikosen und Pflaumen mit 2 Beuteln „Rum-back" beträufeln und über Nacht zugedeckt ruhen lassen. Marzipanrohmasse mit Puderzucker und restlichem „Rumback" verkneten und zu kleinen ovalen „Kugeln" formen. Mit etwas Eiweiß bestreichen, zwischen zwei Aprikosen legen und in die Pflaumen hüllen. In Zucker wälzen und mit Dekorschnee bestäuben.

Ingwerpralinen

Ergibt etwa 35 Stück
100 g Früchtemischung
(Sukkade, Orangeat, kandierte Kirschen und Melonen)
25 g eingelegter oder kandierter Ingwer
200 g Marzipanrohmasse
100 g Puderzucker
2 EL Kirschwasser
100 g weiße Kuvertüre
Zum Garnieren:
einige Zuckerblümchen

Früchtemischung und den Ingwer im Mixer sehr fein hacken. Mit Marzipanrohmasse, Puderzucker und Kirschwasser in einer Schüssel mischen und zu einem geschmeidigen Teig kneten. Dann auf einer mit Puderzucker bestäubten Fläche 1½ cm dick ausrollen und in etwa 2–3 cm große Quadrate schneiden. Über Nacht trocknen lassen.
Die weiße Kuvertüre im Wasserbad schmelzen und die kleinen Quadrate damit überziehen. Mit Zuckerblümchen garnieren. Erstarren lassen.

Krokant-Pralinen

Ergibt etwa 35 Stück
200 g Marzipanrohmasse
100 g Puderzucker
1 Packung Nußnougat
50 g Haselnußkrokant
1 Eiweiß
25 g gehackte Pistazien

Marzipanrohmasse mit Puderzucker verkneten. Auf Puderzucker zu einer Platte von 30 x 20 cm ausrollen. Nußnougat im Wasserbad auflösen, Haselnußkrokant untermischen und auf die Platte streichen.
Diese dann quer halbieren und beide Teile jeweils von der breiteren Seite her ausrollen. Beide Rollen mit geschlagenem Eiweiß bestreichen und in den gehackten Pistazien wälzen. In Alufolie einrollen und im Gefrierfach etwa ½ Stunde anfrieren lassen. Nun in 1½ cm breite Streifen schneiden.

Hausfreundchen

Ergibt etwa 36 Stück		
Für den Teig:		
125 g Weizenmehl, 60 g Butter, 50 g Zucker		
50 g gemahlene Mandeln, 1 kleines Ei		
1 Prise Salz, 1 Beutel „Rum-back"		
Für die Füllung:		
200 g Marzipanrohmasse, 100 g Puderzucker		
4 EL Preiselbeer-Konfitüre		
100 g halbbittere Schokoladenkuvertüre		
Zum Garnieren:		
Dekor-Herzen, bunter Zucker, etwa 18 Mokkabohnen		

Für den Teig: Alle Zutaten mischen und mit den Händen zu einem geschmeidigen Teig verkneten. Eine Stunde in Folie gewickelt im Kühlschrank ruhen lassen. Den Teig 3–4 mm dick ausrollen und Kreise von 4 cm Durchmesser ausstechen. Auf ein mit Backpapier ausgelegtes Backblech setzen und im vorgeheizten Backofen, mittlere Schiene, bei 180 °C (Umluft 160 °C, Gas Stufe 2) etwa 10 Minuten hellbraun backen.
Für die Füllung: Marzipanrohmasse und Puderzucker verkneten, auf Puderzucker ausrollen und Kreise von 4 cm Durchmesser ausstechen. Auf jedes Plätzchen etwas Preiselbeer-Konfitüre geben, ein Marzipanplätzchen darauflegen und sorgfältig festdrücken. Kuvertüre schmelzen und die Plätzchen darin eintauchen. Auf einem Kuchengitter abtropfen lassen. Die noch feuchte Glasur mit Mokkabohnen und/oder Dekor-Herzen garnieren.

Schokoladen-Pistazien-Wurst

Ergibt 2 Würste
1 Ei
200 g Puderzucker
je 1 TL Zimt- und Ingwerpulver
100 g gehackte Mandeln
70 g gehackte Pistazien
abgeriebene Schale von 1 unbehandelten Orange
120 g geriebene Schokolade
200 g Marzipanrohmasse

Das Ei und 100 g gesiebten Puderzucker cremig schlagen.
Zimt und Ingwerpulver, Mandeln, Pistazien , Orangenschale
und Schokolade unterrühren. Mehrere Stunden kühlen.
Dann zu einer etwa 30 cm lange Rolle formen, in Pergamentpapier wickeln, wieder kühl stellen.
Inzwischen das Marzipan hacken und mit 70 g gesiebtem
Puderzucker gut verkneten. Restlichen Puderzucker auf die
Arbeitsfläche sieben. Marzipan darauf zu einer Platte von
etwa 20 x 30 cm ausrollen. Die Schokoladenrolle darin
einschlagen und zu einem Ring formen. Die Wurstenden
mit Bindfaden zusammenbinden. Bis zum Verzehr kühl
stellen.

TIP Die Wurst sollte nach Möglichkeit spätestens zwei
Tage nach der Zubereitung verzehrt werden.

Marzipanpralinen

Ergibt 48 Stück

400 g Marzipanrohmasse
120 g Puderzucker
100 g Früchtemischung
(Sukkade, Orangeat, kandierte Kirschen und Melonen)
2 Beutel „Kirschwasser-back"
200 g Vollmilch-Schokoladenkuvertüre
50 g Puderzucker
Zum Garnieren:
100 g weiße Kuvertüre
Außerdem:
1 oder 2 Gefrierbeutel

Für die Pralinenmasse: 300 g Marzipanrohmasse mit Puderzucker verkneten, halbieren und jedes Stück zwischen zwei Seiten eines aufgeschnittenen Gefrierbeutels zu einer Platte von 16 x 12 cm ausrollen.

Früchtemischung zusammen mit 1 Beutel „Kirschwasser-back" mit dem Pürierstab fein zerkleinern und auf den beiden Marzipanplatten gleichmäßig verstreichen.

Für die mittlere Schicht die restliche Marzipanrohmasse zerkleinern. 50 g Vollmilch-Schokoladenkuvertüre und die Restmenge „Kirschwasser-back" hinzufügen. Alles zu einer geschmeidigen Masse verkneten. Ebenfalls zwischen zwei Folienblättern zu einer Platte von 16 x 12 cm ausrollen.

Die beiden Platten deckungsgleich aufeinanderlegen, etwas andrücken und in 2 x 2 cm große Würfel schneiden. Restliche Vollmilch-Schokoladenkuvertüre im warmen Wasserbad auflösen und die Würfel damit überziehen.

Zum Garnieren die weiße Kuvertüre auflösen, in eine kleine aus Pergamentpapier gedrehte Tüte füllen und in Zickzacklinien garnieren. Auf einem Pralinen- oder Kuchengitter erstarren lassen.

Pecan-Torte

— Pecan Cake —

Für den Teig:

200 g Mehl

100 g Butter

1 Eigelb

30 g Zucker

1 Messerspitze Salz

2 EL Wasser

Für den Belag:

250 g Pecannußhälften

100 g Zucker

80 g Butter

½ TL Vanille-Extrakt

2 Eier

2 EL Ahornsirup

Außerdem:

Mehl zum Ausrollen

Pergamentpapier

getrocknete Hülsenfrüchte (weiße Bohnen oder Erbsen)

Alle Zutaten für den Teig miteinander verkneten, flach-drücken und den Teig 2 Stunden zugedeckt im Kühlschrank ruhen lassen.

Anschließend den Teig auf leicht bemehlter Fläche ausrollen und eine Pie-Form (24–26 cm Durchmesser) damit ausklei-den. Einen Bogen Pergamentpapier vom Durchmesser des Tortenbodens ausschneiden, auf die Teigfläche setzen und die getrockneten Hülsenfrüchte darauf verteilen.

Im vorgeheizten Backofen, mittlere Schiene, bei 200 °C (Umluft 170 °C, Gas Stufe 3) etwa 15 Minuten vorbacken. Die Form herausnehmen, das Pergamentpapier mit den Hülsenfrüchten entfernen.

Für den Belag: Die Pecannußhälften in Schachbrettmuster auf dem Tortenboden verteilen. Zucker und Butter schaumig schlagen und nacheinander die Eier dazu geben. Vanille-Extrakt, Ahornsirup und Eier hinzufügen, schaumig rühren und auf den Nüssen verteilen.

Im vorgeheizten Backofen bei gleicher Temperatur noch weitere 15 Minuten backen. Herausnehmen, abkühlen lassen und in der Form servieren.

Weihnachtsschnecke

— Julekage —

Für den Hefeteig:
250 g Mehl, 15 g Hefe, ⅛ Liter Milch
25 g Butter, 1 kleines Ei, Salz
Für den Butterteig:
100 g Butter, 25 g Mehl
Für die Füllung:
75 g Rosinen, 25 g sehr fein geschnittenes Zitronat
1 Eigelb zum Bestreichen
Zum Bestreuen:
Hagelzucker

Für den Hefeteig: Mehl in eine Schüssel geben. Hefe in der Milch auflösen. Butter zerlassen (jedoch nicht weiter erhitzen) und mit dem Ei und dem Salz verrühren. Diese Mischung zusammen mit der aufgelösten Hefe und mit dem Mehl zu einem Teig verkneten. Den Teig flachformen und 15 Minuten ruhen lassen.

Für den Butterteig: Die 100 g Butter mit 25 g Mehl schnell verkneten, flachdrücken und, in Frischhaltefolie gewickelt, 15 Minuten im Kühlschrank ruhen lassen.

Den Hefeteig auf einer wenig bemehlten Fläche zu einer Platte (20 x 25 cm) ausrollen.

Den Butterteig zwischen Gefrierfolie zu einer ebenso großen Platte (20 x 25 cm) ausrollen und auf die Hefeteigplatte legen. Einmal in der Hälfte – mit der „Butterteigseite" nach innen – zusammenklappen, die Ränder mit wenig Wasser bestreichen und gut zusammendrücken. Den Teig mit einem Rollholz in Falzrichtung zu einer Größe von 30 x 40 cm ausrollen und von der schmalen Seite her mit einem Drittel einschlagen und dann das verbleibende freie Drittel darüberklappen (einfache Tour). Den Teig in Folie wickeln und 15–20 Minuten kühl stellen. Nach der Ruhezeit den Teig ausrollen und nochmals wie eben beschrieben übereinanderschlagen. Diesen Vorgang noch zweimal wiederholen.

Dann den Teig auf einer leicht bemehlten Fläche von 25 x 40 cm ausrollen. Rosinen und Zitronat mischen und auf dem Teig verteilen. Den Teig von der breiten Seite her zu einer Schnecke aufrollen und in eine gefettete Springform (26–28 cm Durchmesser) setzen.

Im vorgeheizten Backofen, untere Schiene, bei 180 °C (Umluft 160 °C, Gas Stufe 2) etwa 30 Minuten backen. 10 Minuten vor Ende der Backzeit die Schnecke mit verquirltem Eigelb bestreichen und dick mit Hagelzucker bestreuen.

Italienischer Weihnachtskuchen

——— Panettone ———

In Oberitalien und in der südlichen Schweiz ist Panettone der Festtagskuchen schlechthin. Panettone kann man in Napfkuchenformen oder feuerfesten Formen backen. Typisch italienisch aber wird er, wenn man ihn in einer zylindrischen Pastetenform bäckt.

Für den Teig:
450 g Mehl, 40 g Hefe, 120 g Zucker
⅛ Liter lauwarme Milch, 1 Päckchen Vanillezucker
½ Fläschen Butter-Vanille-Aroma
1 Fläschchen Zitronenaroma
6 Eier (Gew. Kl. 3)
1 kräftige Prise Salz, 250 g Butter
je 60 g feingehacktes Orangeat und Zitronat
je 60 g gewürfelte kandierte Kirschen
60 g gehackte Mandeln, 200 g Rosinen
Außerdem:
etwas Mehl
Butter zum Einfetten

Mehl in eine Schüssel geben; in die Mitte eine Mulde drücken. Hefe hineinbröckeln, 1 Teelöffel Zucker hinzufügen. Mit etwas Milch und etwas Mehl vom Rand zu einem Vorteig verrühren. Zugedeckt an einem warmen Ort 15 Minuten gehen lassen.

Den restlichen Zucker, Vanillezucker, Gewürze, die restliche Milch, Eier und Salz in die Schüssel geben. 200 g Butter in Flöckchen darauf verteilen. Von außen nach innen einen Teig kneten. Auf einer bemehlten Fläche mit den Händen noch etwas weiterkneten. Den Teig in eine Schüssel setzen und nochmals 20 Minuten gehen lassen.

Orangeat und Zitronat, gewürfelte Kirschen, Mandeln und Rosinen mit dem Mehl mischen und unter den Teig kneten, flach formen und nochmals gehen lassen.

Eine am Boden mit Butter eingefettete Springform (16–18 cm Durchmesser) mit einem doppelt gelegten Streifen Backpapier (etwa 60 x 12 cm) – als Verlängerung des Randes – auslegen und die Enden mit Büroklammern befestigen. Den Teig einfüllen. Die Form vorsichtig auf einem Tuch aufklopfen, um Hohlräume im Teig zu beseitigen.

In den vorgeheizten Backofen, untere Schiene, stellen und bei 160 °C (Umluft 150 °C, Gas Stufe 1) etwa 70 Minuten backen. Nach 30 Minuten die Oberfläche mit 50 g zerlassener Butter bestreichen. Eventuell 20 Minuten vor Ende der Backzeit mit Backpapier abdecken.

Weihnachtstorte

——— Christmas Cake ———

Ergibt 12 Stücke
Für den Teig:
200 g Korinthen, 1 Beutel Rum-Rosinen
200 g Früchtemischung
100 g gehobelte Haselnüsse
1 Packung kandierte, gehackte Walnuß-Stücke (ca.100 g)
100 g gehackte Mandeln, 50 g Mehl
250 g Butter, 200 g brauner Zucker, 4 Eier (Gew. Kl. 3)
250 g Mehl, 1 Päckchen Backpulver
je 1 TL Ingwer und Zimt, gemahlen
¼ TL Kardamom, gemahlen
¼ TL Salz, ½ Tasse Whisky
Zum Aprikotieren:
4 EL Aprikosenkonfitüre
Für Marzipandecke und -rand:
200 g Marzipanrohmasse, 100 g Puderzucker
Für den Guß:
300 g Puderzucker, 1 Eiweiß, Back- und Speisefarbe
einige rosa und silberne Zuckerperlen

Für den Teig: Früchte und Nüsse in eine große Schüssel geben, mit dem Mehl bestäuben und verrühren. Fett, Zucker und Eier schaumig rühren und zusammen mit dem mit Backpulver vermischten Mehl, den Gewürzen und dem Salz zu einem glatten Teig verrühren. Die Früchte-Nüsse-Masse darunterheben, Whisky darüber träufeln, alles nochmals vermischen. Die Masse in eine mit Backpapier ausgelegte Springform (Durchmesser 26 cm) füllen und glattstreichen. Die Springform in den vorgeheizten Backofen, untere Schiene, setzen und bei 180 °C (Umluft 160 °C, Gas Stufe 2) etwa 100–120 Minuten backen. Mit einem Holzstäbchen die Garprobe machen. Springform auf ein Kuchengitter stellen. Mit einem spitzen Messer den Rand der Springform lösen, den Kuchen aus der Form nehmen. Zum Aprikotieren die Aprikosenkonfitüre durch ein Sieb streichen, den Kuchen sofort nach dem Backen damit überziehen. Marzipanrohmasse und Puderzucker verkneten und dünn zwischen Gefrierfolie ausrollen. Eine Platte von 26 cm Durchmesser ausschneiden, auf den Kuchen legen. Aus dem restlichen Marzipan einen Streifen von der Breite der Tortenhöhe schneiden und um die Torte legen. Die Ränder an der Tortenkante vorsichtig zusammendrücken. Für die Glasur: Puderzucker und Eiweiß verrühren und mit etwas roter Speisefarbe rosa färben. Den Kuchen damit überziehen; etwas Guß für die Garnierung beiseite stellen. Mit diesem am Tortenrand dicht nebeneinander kleine Kügelchen spritzen. Darauf jeweils kleine rosa und silberne Zuckerperlen setzen.

Schokoladen-Biskuit-Rolle

—————— Bûche de Noël ——————

Ergibt etwa 12–16 Scheiben
Für den Biskuitteig:
3 Eier, 3 Eigelb
1 EL heißes Wasser
75 g Zucker, 1 Päckchen Vanillezucker
60 g Mehl, 15 g Speisestärke
1 Messerspitze Backpulver
Für die Füllung:
300 g Zucker
⅛ Liter Wasser, 7 Eigelb
400 g Butter
70 g Kakaopulver
Für die Garnierung:
50 g Marzipanrohmasse
25 g Puderzucker

Eier, Eigelb und heißes Wasser in einer Schüssel weißcremig schlagen; Zucker und Vanillezucker dazugeben und rühren, bis der Zucker gelöst ist. Das mit Backpulver und Speisestärke vermischte Mehl unterheben.

Den Teig auf ein mit Backpapier ausgelegtes Backblech legen und glattstreichen. Das Papier vor dem Teig knicken, so daß ein Rand entsteht. Im vorgeheizten Backofen, mittlere Schiene, bei 200 °C (Umluft 170 °C, Gas Stufe 3) etwa 10 Minuten backen. Die Teigplatte auf ein angefeuchtetes Geschirrhandtuch stürzen, das Papier schnell mit kaltem Wasser bestreichen und vorsichtig abziehen. Mit einem feuchten Tuch bedecken.

Für die Füllung: Zucker und Wasser 5 Minuten dick köcheln (Läuterzucker). Eigelb schaumig schlagen. Den Läuterzucker etwas abkühlen lassen und in feinem Strahl unterschlagen. Kurz weiter schlagen. Die zimmerwarme Butter mit dem Kakaopulver cremig rühren. Die Eigelbmasse einlaufen lassen und 5 Minuten kräftig aufschlagen. Die Biskuitplatte mit zwei Dritteln der Creme bestreichen, die Platte dann mit Hilfe des Handtuchs aufrollen. Die restliche Creme in einen Spritzbeutel (Zackentülle) füllen und Längsstreifen nebeneinander auf die Rolle spritzen. Von der Roulade eine Scheibe abschneiden und seitlich als „abgesägten Ast" anfügen. Mit Hilfe einer glatten Tülle des Spritzbeutels die Roulade mit der zurückbehaltenen weißen Buttercreme garnieren. Die Marzipanrohmasse mit Puderzucker verkneten. Daraus Blätter und Pilze formen und den Baumstamm damit garnieren.

Nougattorte mit Clementinencreme

200 g Nußnougat
4 Eier, 80 g Zucker, 1 Prise Salz
100 g gehackte Mandeln
50 g Raspelschokolade (Vollmilch)
50 g Mehl, 25 g Speisestärke, 2 TL Backpulver
Für die Creme:
6 Blatt weiße Gelatine
8 Clementinen (ca. 280 ml Saft)
1 Zitrone, 1 Beutel „Orange-back", 50–70 g Zucker
2 Päckchen Vanillezucker, 400 ml Schlagsahne
Zum Garnieren:
450 g Vollmilch-Schokoladenkuvertüre
150 g halbbittere Schokoladenkuvertüre
1 Dose Dekorschnee, 1 Beutel gehackte Pistazien
6 Kumquats (Zwergorangen), 40 g Zucker

Nußnougat schmelzen. Eier trennen. Eiweiß steif schlagen. Zucker und Salz hinzufügen. Weiterschlagen, bis der Zucker aufgelöst ist. Eigelb unterrühren. Restliche Zutaten mischen und zusammen mit dem leicht abgekühlten Nußnougat unterheben. Teig in eine leicht gefettete Springform (26 cm Durchmesser) füllen und im vorgeheizten Backofen bei 180 °C (Umluft 160 °C, Gas Stufe 2) etwa 45 bis 50 Minuten backen. Den gebackenen Tortenboden noch 10 Minuten in der Form ruhen lassen. Dann den Rand der Springform lösen und den Boden auf einem Kuchengitter abkühlen lassen.

Für die Creme: Gelatine in kaltem Wasser einweichen. Die Clementinen und die Zitrone auspressen. Den Saft mit „Orange-back", Zucker und Vanillezucker verrühren. Gelatine auflösen und zum Saft geben. Kühl stellen. Sobald die Creme zu gelieren beginnt, die steifgeschlagene Sahne unterheben. Den Tortenboden zweimal waagerecht durchschneiden. Um den unteren Boden einen Tortenring legen. Darauf die Hälfte der Creme streichen. Mit dem zweiten Teil bedecken, restliche Creme darauf verteilen. Den dritten Boden darauf setzen. Die Torte 2 Stunden zugedeckt im Kühlschrank ruhen lassen. Den Tortenring lösen. Die Kuvertüren schmelzen. Die Torte mit Vollmilch-Kuvertüre überziehen. Halbbittere Schokoladenkuvertüre auf ein Marmorbrett geben, mit einer Palette glattstreichen. Sobald die Kuvertüre beginnt fest zu werden, mit dem Spachtel kleine Rollen abraspeln. Die Torte damit und mit den Pistazien garnieren und mit Dekorschnee bestäuben. Kumquats in Scheiben schneiden, in Zucker wälzen. Die Torte damit garnieren.

Feuerzangenbowle & Co

Winterliche Getränke müssen heiß sein, wenn sie Magen, Nase, Ohren und Seele erwärmen sollen. Glühwein, Grog, Punsch, heiße Tee- und Kaffee- sowie Schokoladengetränke – allein bei dem Gedanken daran wird einem schon ganz warm. Ein Muß bei allen heißen Getränken sind die Gewürze, welche die exotische oder auch weihnachtlich-würzige Duft- und Geschmacksnote liefern. Es ist sicher kein Zufall, daß das meist die gleichen Gewürze sind, die auch bei der Weihnachtsbäckerei Verwendung finden: Zimt, Nelken, Kardamom und Sternanis, aber auch Rum oder Mandellikör für den aromatischen „Schuß".

Nach einem ausgedehnten Winterspaziergang lassen heiße Getränke die Kälte draußen schnell vergessen. Die Wangen fangen bald an zu glühen, und wohlige Wärme stellt sich ein. Aber heiße Getränke munden nicht nur nach einem Winterspaziergang, auch einer Einladung zu einem gemütlichen Winterabend verleihen sie die richtige Atmosphäre.

Der Schriftsteller Heinrich Seidel lud im Winter gern Gäste zum Weihnachtspunsch ein. In seiner Erzählung *Leberecht Hühnchen* zollt er diesem edlen Getränk Tribut:

„Das Rezept zu diesem Weihnachtspunsch habe ich von meinem Freund Bornemann", sagte das Hühnchen. „Dieser gab in jedem Winter seinen guten Bekannten drei Punschabende, weil er selber dieses Getränk so außerordentlich liebte. Ich war gewöhnlich der erste, der kam, und fand ihn dann regelmäßig an dem gedeckten, mit allerlei guten Sachen besetzten Tisch, und vor ihm stand eine ungeheure Punschbowle. Er sah ernst und nachdenklich aus und hatte schon einen ziemlich roten Kopf. ‚Lieber Freund', sagte er dann, ‚es freut mich, daß du kommst, denn ich bedarf deines Urteils. Ich sitze nun schon seit einer Stunde und probiere ein Glas nach dem anderen, ohne zu einem Resultat zu kommen, als daß der Punsch gut ist.'"

Feuerzangenbowle

Die Feuerzangenbowle ist ein echter Klassiker – nicht nur wegen des gleichnamigen deutschen Spielfilms mit Heinz Rühmann. Ihre Zubereitung gleicht einem Ritual aus vergangenen Zeiten, als in vertrauter Runde noch Geschichten erzählt und aus dem vollen geschöpft wurde. Aber vielleicht entdecken Sie die Feuerzangenbowle ja selbst als Quelle literarischer oder anderweitiger geistiger Inspiration.

Für 4–6 Portionen
3 Flaschen Bordeauxwein
je 1 Stück unbehandelte Orangen- und Zitronenschale
5 Gewürznelken
1 kleiner Zuckerhut (250 g)
1 Flasche Rum (54 % Vol.)

Den Wein in einen Kupferkessel geben. Orangen- und Zitronenschale und Nelken in ein Leinensäckchen binden und in den Wein hängen. Die Feuerzange über den Kessel legen, den Zuckerhut darauf legen, mit Rum beträufeln und anzünden. Ständig etwas Rum nachgießen, bis er aufgebraucht ist und der schmelzende Zucker in den Wein tropft. Dann die Feuerzange und den Gewürzbeutel entfernen. Bowle in feuerfeste Gläser füllen und sofort servieren.

Dänischer Winterpunsch

— Jensens Glögg —

Glögg ist eine alte dänische Spezialität. Nur wenige Kilometer entfernt, in Schleswig-Holstein, wird Rum oft durch Arrak oder Korn ersetzt. Wer mag, der kann's auch mit Wodka probieren. Aber Vorsicht! Der Glögg hat's in sich – so oder so.

Für 4 Portionen
1 Liter Rotwein
1 kleine Flasche Rum (32 % Vol.)
½ Zimtstange
5 Stück kandierter Ingwer, 4 Nelken
200 g Zucker, 75 g Rosinen
75 g getrocknete Feigen (nach Geschmack)
20 g Mandelstifte

Rum und Rotwein, die Gewürze, Rosinen, kleingeschnittenen Ingwer, gehackte Feigen und die Mandeln erhitzen. Zudecken und über Nacht ziehen lassen.
Alles kurz vor dem Servieren noch einmal erhitzen, abschmecken und sehr heiß auftischen.

Teepunsch

Das Mischgetränk Punsch erhielt seinen Namen von dem Sanskrit-Wort *Pantscha*, was soviel heißt wie „fünf", weil ein Punsch immer fünf Zutaten haben sollte: Wein oder Tee, Zitronensaft, Zucker, Wasser und eine Spirituose wie Rum, Arrak, Weinbrand etc. Fünf Zutaten hat auch dieses Getränk. Einziger Unterschied zum klassischen Punsch: Wasser wird hier durch eine weitere Spirituose ersetzt.

Für 6–8 Personen
2 Liter starker, schwarzer Tee
½ Liter brauner Rum
½ Liter Weinbrand
Zucker nach Geschmack
6–8 unbehandelte Zitronenscheiben

Tee, Rum und Weinbrand in einem Topf bis kurz vor dem Siedepunkt erhitzen. Das Punschglas sollte mit heißem Wasser vorgewärmt werden, damit es beim Eingießen des Punsches nicht springt. Zusätzlich kann man noch einen Silberlöffel ins Glas stellen. Nach Geschmack süßen und in feuerfeste Gläser gießen. Zitronenscheiben dazugeben.

Rotweinpunsch

Für 4 Portionen
¾ Liter Rotwein
¼ Liter 40%iger Rum
1 unbehandelte Zitrone
Saft von 2 Orangen
8 Nelken
1 Stück Zimtstange (etwa 4 cm)
4 EL Zucker

Rotwein und Rum in einem Topf mischen. Zitrone in heißem Wasser abspülen, dann trockentupfen. Die Schale dünn abschälen. Dann den Zitronensaft auspressen.
Zitronensaft zusammen mit dem Saft der ausgepressten Orangen, den Nelken, der Zimtstange und dem Zucker in den Topf geben. Punsch bis kurz vor dem Kochen erhitzen (auf keinen Fall kochen lassen). Punsch durch ein Sieb in eine Kanne gießen. Auf einem Rechaud warm stellen und heiß servieren.

Eiergrog

In Norddeutschland gehört der Eiergrog nicht nur zu den beliebtesten Stimmungsmachern. Mit ihm wird auch so mancher Schnupfen und Husten wirkungsvoll bekämpft. Dennoch: Ohne Erkältung schmeckt der Eiergrog noch viel besser.

Für 1 Person
2 Glas (4 cl) Rum (40 % Vol.)
1 Eigelb
2 gestrichene TL Zucker
heißes Wasser

Den Rum vorsichtig erhitzen. In der Zwischenzeit Eigelb mit Zucker schaumig rühren, bis sich der Zucker aufgelöst hat.

In ein Grogglas füllen. Dann den Rum dazu gießen, umrühren und mit heißem Wasser aufgießen, bis der Eierschaum fast den Rand erreicht hat.

November-Kaffee

Für 1 Portion
1 EL Rum
1 EL Rosinen
2 TL löslicher Kaffee
heißes Wasser
⅛ Liter Schlagsahne
Zum Garnieren:
1 Limonenscheibe

Rosinen mit Rum begießen und zugedeckt 20 Minuten ruhen lassen.

Dann den Pulverkaffee in eine große Tasse geben und mit heißem Wasser übergießen.

Die Rosinen hinzufügen. Sahne steif schlagen und auf den Kaffee setzen. Mit Limonenscheibe am Rand garnieren.

Italien

Wenn Sie einen Italiener nach *der* italienischen Küche fragen, dann wird er nur verständnislos den Kopf schütteln oder aber die Küche seiner jeweiligen Heimat rühmen – die des Piemont, der Emilia Romagna, der Toskana oder Siziliens. So unterschiedlich sind diese regionalen Küchen, daß es kaum statthaft erscheint, sie unter dem Oberbegriff „italienische Küche" zusammenzufassen. Lange nämlich vor der politischen Einigung Italiens im Jahr 1861 hatten sich die Regionen mit ihren spezifischen Eigenheiten herausgebildet. Bis dahin waren sie lediglich Teile souveräner und meist verfeindeter Staaten, ganz ohne gemeinsame Tradition und Sprache. Das Italienisch, wie wir es heute kennen, wurde erst nach dem 2. Weltkrieg zur Umgangssprache eines großen Teils der Bevölkerung, und noch heute können sich etwa ein Venezianer und ein Neapolitaner in ihren jeweiligen Landesdialekten nicht miteinander verständigen. Kein Wunder also, daß in den verschiedenen Regionen auch ganz unterschiedlich gekocht wird, doch macht gerade diese Vielfalt den Reiz der italienischen Küche aus. Ein paar Gemeinsamkeiten gibt es aber doch. So fehlt italienischen Mahlzeiten – von wenigen Ausnahmen abgesehen – ein alles beherrschender Hauptgang. Ein italienisches Menü zeichnet sich im Gegenteil durch eine sorgfältig ausgewogene Abfolge kleinerer Gänge aus, die niemals gemeinsam serviert werden. Wie bei einer Komposition wird ein Thema allmählich entwickelt und dann immer mehr verfeinert und variiert. Ein Herzstück unseres Menüs ist *Bollito misto*. Da es einigen Aufwand erfordert, bereitet man es meistens dann zu, wenn viele Menschen beisammen sind. So eignet es sich auch vorzüglich für ein Weihnachtsmenü mit Freunden und Verwandten.

Brühe mit Ei und Käse
Brodo pieno

Für 4 Portionen
1½ Liter Fleischbrühe
2 Eier
2 EL Semmelmehl
2 EL Pecorino- oder Parmesankäse
1 EL gehackte Kräuter (Petersilie, Basilikum)

Die Fleischbrühe aufkochen. Eier, Semmelmehl und Käse in einer Schüssel verquirlen und nach und nach mit kochender Brühe aufgießen und etwas quellen lassen.

In einen Topf geben, erneut kurz aufkochen lassen und sofort servieren. Die Kräuter unterrühren.

TIP Die italienische *Brodo* ist kein Fond, wie man ihn aus der französischen Küche kennt, sondern leicht und mild. Die beste Brühe entsteht bei einem *Bollito misto* (siehe Seite 138). Wenn Sie die dabei anfallende Brühe für die Brodo pieno verwenden wollen, dann nehmen Sie einfach etwas mehr Wasser und Gemüse als in dem Rezept angegeben.

Spaghetti mit Gorgonzola
Spaghetti alla gorgonzola

Für 6 Portionen
4 Liter Wasser, 30 g Salz
400 g Spaghetti (oder auch penne)
200 g frischer, weicher Gorgonzola
30 g Butter
200 ml süße Sahne
frisch gemahlener schwarzer Pfeffer

Das gesalzene Wasser aufkochen, die Nudeln darin *al dente* kochen.

Inzwischen den Gorgonzola würfeln und mit der Butter in einer großen Pfanne unter Rühren schmelzen lassen. Von der Sahne etwa 3 Eßlöffel abnehmen, in die Pfanne geben und ständig rühren. Die Sauce mit wenig Salz, aber reichlich Pfeffer abschmecken.

Die Nudeln abgießen, abtropfen lassen und sofort mit Hilfe zweier Gabeln mit der Gorgonzolasauce vermischen. Restliche Sahne unterrühren. In einer gut vorgewärmten Schüssel anrichten.

TIP Der Gorgonzola muß von guter Qualität sein. Er muß saftig sein, d. h. nicht zu alt und auch nicht zu fett. Das Fett könnte sich eventuell in der Sauce absetzen, die dadurch außerdem leicht zu salzig werden könnte.

Brotscheiben mit Hühnerlebermousse

— Crostini di fegatini di pollo —

Für 4 Portionen
40 g magerer roher Schinken
160 g Hühnerleber
1 Sardellenfilet
1 kleine Zwiebel, 4 frische Salbeiblätter
1 EL Olivenöl, 2 TL Zitronensaft
1 EL frisch geriebener Parmesankäse
schwarzer Pfeffer aus der Mühle, Salz
8 dünne Weißbrotscheiben

Den Schinken würfeln. Die Hühnerleber putzen, häuten und sehr fein schneiden. Das Sardellenfilet hacken. Die Zwiebel schälen und fein schneiden. Die Salbeiblätter abspülen, trockentupfen und in feine Streifchen schneiden.

Öl in einer Pfanne erhitzen und die Schinkenwürfel darin anbraten. Dann die Zwiebelwürfel hinzufügen und glasig werden lassen. Die Sardellenstückchen, die Salbeiblättchen und nach 2 Minuten die Leberwürfel hinzugeben. Unter Wenden 10 Minuten dünsten, bis die Flüssigkeit verdampft ist. Zitronensaft und Parmesankäse unterrühren. Mit Pfeffer würzen, mit wenig Salz pikant abschmecken. Alles mit dem Pürierstab zerkleinern.

Die Brotscheiben kurz toasten, in einer feuerfesten Form in den vorgeheizten Backofen, mittlere Schiene setzen, mit der Lebermousse bestreichen und bei 240 °C (Umluft 190 °C, Gas Stufe 5) 3 Minuten überbacken. Aus dem Backofen nehmen und sofort heiß servieren.

Winterlandschaft in den Dolomiten (Italien).

Siedfleischtopf

— Bollito misto —

Für 6–8 Portionen

4 Liter Wasser
Salz
4 Lorbeerblätter
2 TL weiße Pfefferkörner
1 kg Rinderbrust
2 Zwiebeln
1 Bund Suppengrün
1 Kalbszunge (etwa 500 g)
1 Hähnchen (etwa 1 kg)
750 g Kartoffeln
500 g kleine Möhren
1 Sellerieknolle
2 mittelgroße Stangen Porree
400 g Broccoli

Wasser, Salz und die Gewürze in einem Topf aufkochen lassen. Die Rinderbrust hinzufügen und 15 Minuten ohne Deckel sieden lassen. Die Zwiebeln schälen, vierteln, das Suppengrün putzen, waschen und grob schneiden. Die Kalbszunge, die Zwiebeln und das Suppengrün in den Topf geben. 75 Minuten garen. Das Fleisch zwischendurch wenden. Das Hähnchen hinzugeben und weitere 30 Minuten sieden lassen. Die Brühe zwischendurch abschäumen.

In der Zwischenzeit die Kartoffeln schälen. Möhren, Sellerie, Porree und Broccoli putzen und waschen. Die Möhren eventuell halbieren oder vierteln, Sellerie in Scheiben schneiden, vom Porree die dunkelgrünen Teile abschneiden, den anderen Teil in Ringe bzw. in fingerlange Stücke schneiden. Den Broccoli in Röschen teilen. Das Fleisch aus der Brühe nehmen. Die Zunge kalt abschrecken und häuten. Die Brühe durchseihen und wieder aufkochen. Möhren und Sellerie 8 Minuten, Porree und Broccoli etwa 10 Minuten garen. Die Kartoffeln in gesalzenem Wasser separat garen, abgießen, trockendämpfen und mit dem mit der Brühe bedeckten Gemüse im Backofen warm stellen. Hähnchenkeulen und -brust abtrennen. Brustfleisch von den Knochen lösen und in Scheiben schneiden. Keulen im Gelenk trennen. Zunge und Rindfleisch in Scheiben schneiden. Die Fleischteile, das Gemüse und die Kartoffeln auf einer vorgewärmten Platte anrichten; etwas Brühe darüber geben. Die restliche Brühe für die *Brodo pieno* verwenden.

Grüne Sauce

— Salsa verde —

Für 6–8 Portionen

6 Eier, 2 TL scharfer Senf
2 EL Weißweinessig, 1 Eigelb
200 ml Öl (Oliven- und Pflanzenöl)
3 Bund glatte Petersilie, 4 Stiele Majoran
5 Stiele Basilikum, ½ Bund Schnittlauch, 20 g Kerbel
1 Knoblauchzehe, Salz, weißer Pfeffer

Die Eier hart kochen, abschrecken und halbieren. Das Eigelb herausnehmen, verrühren. Eiweiß würfeln.

Senf, Eigelb und Essig mit dem Handrührgerät (Schneebesen) verrühren und das Öl erst tropfenweise, dann in einem dünnen Strahl einschlagen und eine cremige Sauce bereiten. Alle Kräuter abbrausen und trockentupfen. Das Schnittlauch in feine Röllchen schneiden, die anderen Kräuter fein hacken. Den Knoblauch schälen und in die Sauce pressen. Kräuter und Eiweißwürfel unterrühren. Abschmecken.

Mandelgebäck

— Cantuccini di Prato —

Ergibt etwa 50 Stück

500 g Mehl, ½ Päckchen Backpulver
250 g Zucker
3 Eier, 1 Eigelb, 1 Messerspitze Salz
250 g ganze, ungeschälte Mandeln
1 Eigelb, 1 EL Wasser

Mehl mit Backpulver mischen. Zucker, Salz, Eier und Eigelb dazugeben. Alles mit dem Handrührgerät (Knethaken) verrühren. Die Mandeln abspülen, einzeln trockentupfen und in den Teig kneten. Von dem Teig 4 etwa 20–25 cm lange Rollen formen und auf 1½ cm flach drücken. In Folie wickeln und etwa 30 Minuten kalt stellen. Ein Backblech mit Backpapier auslegen oder gut einfetten. Die Rollen ohne Folie auf das Backblech setzen. Eigelb und Wasser verquirlen und die Rollen damit bestreichen. Im vorgeheizten Backofen, 2. Schiene von unten, bei 180 °C (Umluft 160 °C, Gas Stufe 2) 15–20 Minuten backen. Die Stangen etwas abkühlen lassen und in etwa 1 cm breite Scheiben schneiden. Die Mandelkekse wieder auf das Backblech legen und nochmals bei 175 °C (Umluft 150–160 °C, Gas Stufe 1–2) 15–20 Minuten backen. Die Kekse sind richtig, wenn sie ganz hart sind. Cantuccini in ein Glas *Vinsanto del Chianti Classico* dippen – und genießen.

Polen

Die polnische Küche verfügt zwar über eine Reihe klassischer Gerichte – vom National-eintopf *Bigos* über die traditionelle Rote-Bete-Suppe *Barsczc* bis hin zum weltberühmten polnischen Karpfen – aber sie liebt auch die Variationen. So kann man jedes Gericht immer auch anders kochen, ohne daß es deshalb weniger echt oder gar falsch wäre.

Das gilt auch für den *Karpfen auf polnische Art*, der in Polen traditionell an Weihnachten gegessen wird. In Polen selbst wird dieses Gericht auch als *Karpfen auf jüdische Art* bezeichnet. Das Besondere an diesem Rezept ist die Verwendung von Karpfenblut und Lebkuchen für die Sauce, in welcher der Fisch ganz oder zerteilt gedünstet wird. Diese weihnachtliche Festspeise spielte einst auch in Schlesien eine große Rolle, das vor dem 2. Weltkrieg über 50 % des deutschen Bedarfs an Karpfen deckte. Zur Verfeinerung der Sauce können je nach Geschmack auch Rosinen und Mandeln, Karpfenmilch und -rogen, Honig oder Sirup verwendet werden. Da Karpfenblut vielleicht bei manchen Menschen auf Widerwillen stößt, haben wir auf Seite 144 ein alternatives Karpfenrezept abgedruckt, das ebenfalls aus Polen stammt. Wen das Blut nicht schreckt, der kann diese traditionelle Delikatesse freilich auch im Original ausprobieren:

Zutaten: 1 ganzer Karpfen (vom Fischhändler ausnehmen und Blut separat auffangen lassen).

Für die Sauce: Essig, 6 Perlzwiebeln, Salz, Pfeffer, 1 Lorbeerblatt, 5 schwarze Pfefferkörner, Saft von 1 Zitrone, 1 TL Zucker, 30 g Butter, ½ Liter Bier, 75 g Lebkuchenbrösel.

Karpfen gründlich waschen und in handbreite Stücke zerteilen.

Für die Sauce: Alle Zutaten (außer den Lebkuchenbröseln) zusammen mit 1½ Liter Wasser in einem Topf 20 Minuten kochen, durch ein Sieb geben, das Karpfenblut hineinrühren und mit dem Schneebesen durchschlagen, Lebkuchenbrösel hinzufügen, die Sauce aufkochen.

Karpfenstücke in die Sauce geben, zum Kochen bringen und Fisch etwa 30 Minuten darin garen. Die Fischstücke auf einer vorgewärmten Platte anrichten, Sauce nochmals durchseihen und über den Fisch geben oder separat in einer Saucière reichen.

Guten Appetit!

Rote-Bete-Eintopf

Barszcz

Für 6 Portionen

Zum Säuern der roten Rüben:

1,5 kg rote Rüben, Wasser

1 Scheibe Schwarzbrot

Für die Pilze:

30 g getrocknete Steinpilze

0,4 Liter Wasser

Für die Gemüsebrühe:

1 Stück Sellerieknolle

1 kleine Petersilienwurzel

1 Möhre

1 kleines Stück Porree

1 Zwiebel, 4 rote Rüben

10 schwarze Pfefferkörner

2 Pimentkörner

1 Lorbeerblatt

Salz, 1½ Liter Wasser

Außerdem:

Salz, Zucker

1 Glas Rotwein (0,2 Liter)

etwas Zitronensaft

1 geriebene Knoblauchzehe

Die roten Rüben waschen, schälen und in dünne Scheiben schneiden. In ein Glasgefäß legen, mit Wasser bedecken. Darauf eine Scheibe Schwarzbrot legen. Das Gefäß mit Gaze abdecken und an einen warmen Ort stellen. 4–5 Tage ruhen lassen. Nach dieser Zeit den Schaum an der Oberfläche abheben. Den klaren gesäuerten Rübensaft in eine Flasche füllen und verschlossen an einem kühlen Ort aufbewahren.

Die Pilze abbrausen, 30 Minuten einweichen und mit dem Wasser in einem Topf etwa 5 Minuten zugedeckt kochen lassen.

Das Gemüse putzen, waschen und klein schneiden. Die Zwiebel schälen und in Ringe, die gewaschenen roten Rüben schälen und in dünne Scheiben schneiden. Zusammen mit den Gewürzen in einem Topf mit Wasser aufsetzen und zugedeckt 20 Minuten kochen lassen.

Die Pilzflüssigkeit in einen Topf gießen. Mit den Pilzen beiseite stellen.

Dann die Gemüsebrühe abgießen. Das Gemüse entfernen.

Die Gemüsebrühe mit der Pilzflüssigkeit in einem Topf vermischen und ½ Liter gesäuerte Rote-Rüben-Flüssigkeit zugießen. Mit Rotwein, Zitronensaft, Salz und Zucker abschmecken. Eine geschälte und geriebene Knoblauchzehe hinzufügen, noch einmal kurz aufkochen lassen und durch ein feines Sieb seihen.

Teigöhrchen

Uszka

Ergibt etwa 35 Stück

Für den Teig:

50 g Mehl

1 Prise Salz

½ Ei oder 1 kleines Ei (Gew. Kl. 6)

1 TL Wasser

Mehl zum Ausrollen

Für die Füllung:

30 g eingeweichte, getrocknete Pilze

1 kleine Schalotte

20 g Butter

1 EL Semmelmehl

Salz

weißer Pfeffer

Zum Bestreichen:

1 Eigelb

etwas Milch

1 EL Öl

Außerdem:

Frischhaltefolie

Alle Teigzutaten zuerst mit dem Handrührgerät (Knethaken), dann 10 Minuten mit den Händen kräftig kneten, bis der Teig geschmeidig und glänzend ist. In Frischhaltefolie packen und 30 Minuten bei Raumtemperatur ruhen lassen.

Inzwischen für die Füllung die Pilze gut ausdrücken und klein hacken. Schalotte schälen, sehr fein schneiden. Butter in einem Topf erhitzen, die Zwiebeln darin unter Wenden andünsten, die Pilze dazu geben und so lange dünsten, bis die Flüssigkeit verdampft ist. Semmelmehl unterrühren. Mit Salz und Pfeffer pikant abschmecken und abkühlen lassen.

Den Teig nochmals durchkneten, auf einer mit wenig Mehl bestäubten Fläche dünn mit dem Rollholz (oder mit einer Nudelmaschine) ausrollen und kleine Quadrate von 4 x 4 cm mit einem Kuchenrädchen ausradeln.

Jedes Quadrat mit etwas Füllung belegen, Eigelb mit wenig Milch verrühren, die Ränder damit bestreichen. Den Teig diagonal überklappen und rund um die Füllung fest andrücken.

Wasser und Salz mit 1 Eßlöffel Öl in einem großen Topf aufkochen und die Nudeltäschchen bei mittlerer Hitze etwa 8 Minuten darin garen. Gut abtropfen lassen

Zum Servieren die Öhrchen in den heißen *Barszcz* geben.

Gebratener Karpfen

Karp smaony

Für 6 Portionen
1 küchenfertiger Karpfen von 1,5 kg
Saft von einer ½ Zitrone
Salz
weißer Pfeffer
3 EL Mehl zum Wenden
2 Eier
4 EL Paniermehl
Butterschmalz zum Braten

Den ausgenommenen Karpfen abspülen, trockentupfen und quer in Portionsstücke schneiden. Die Stücke mit Zitronensaft beträufeln, dann mit Salz und Pfeffer bestreuen und zugedeckt ruhen lassen.

Danach trockentupfen, zuerst in Mehl, dann in verquirltem Ei und zuletzt in Paniermehl wenden. Butterschmalz in einer Pfanne bei mäßiger Hitze nicht zu heiß werden lassen und darin die Karpfenstücke von beiden Seiten braten.

Kathedrale auf dem Wawelhügel, Warschau (Polen).

Sauerkraut mit Pilzen

Kapusta kiszona zu grzybami

Für 6 Portionen
50 g getrocknete Steinpilze
¼ Liter Wasser
500 g Sauerkraut
1 Lorbeerblatt, 1 Prise Salz
frisch gemahlener weißer Pfeffer
2 kleine Zwiebeln
30 g Butterschmalz
20 g Mehl

Am Vortag die Pilze in etwa ¼ Liter Wasser einweichen. Am nächsten Tag aus dem Einweichwasser nehmen, die Pilze in kleine Stücke schneiden. Das Einweichwasser beiseite stellen. Das Sauerkraut mit zwei Gabeln zerpflücken. Sauerkraut in dem Pilzwasser zusammen mit dem Lorbeerblatt, Salz und Pfeffer aufsetzen und zugedeckt etwa 30 Minuten garen. Pilze nach 10 Minuten der Kochzeit unter das Sauerkraut heben.

Zwiebeln würfeln, Butterschmalz in einer Pfanne erhitzen. Zwiebelwürfel darin glasig werden lassen. Mehl einrühren, dann zunächst einen Teil des Sauerkrauts in die Pfanne geben, umrühren und anschließend das übrige Sauerkraut unterheben. Bei kleiner Hitze unter Rühren noch 5 Minuten kochen lassen.

Kompott aus getrockneten Früchten

Kompot zu suszonych owoców

Für 6 Portionen
250 g getrocknete Pflaumen ohne Stein
250 g getrocknete Feigen
Wasser
2 EL Zucker
1 kleines Stück Zimtstange
Saft und 1 Stück Schale von 1 kleinen
unbehandelten Zitrone

Pflaumen und Feigen abspülen und in getrennten Schüsseln etwa 2 Stunden in Wasser einweichen. Soviel Wasser verwenden, daß die Früchte gerade damit bedeckt sind.

Die eingeweichten Pflaumen mit Zucker bestreuen. Die Zimtstange hinzufügen und in dem Einweichwasser 3 Minuten aufwallen lassen. Die Feigen etwa 5 Minuten kochen lassen, dann erst den restlichen Zucker, Zitronensaft und ein Stück Zitronenschale dazugeben. Zitronenschale und Zimtstange entfernen. Die beiden Kompotte mischen.

Nußkroketten

Krokiety orzechowe

Für 6 Portionen
300 g Kartoffeln
2 EL fein gehackte Blattpetersilie
100 g geriebene Walnüsse
1 Ei
1 gehäufter EL Paniermehl
Salz
Außerdem:
etwas Mehl
1 Ei
Paniermehl
Butterschmalz

Die Kartoffeln schälen, kochen. Inzwischen die Petersilie abbrausen, gut trockenschwenken, fein hacken und in einem Tuch ausdrücken.

Die Kartoffeln abgießen, trockendämpfen und sofort zerstampfen. Dann die gehackte Petersilie zusammen mit den Walnüssen, dem Ei und dem Paniermehl unter die Kartoffeln rühren und mit Salz abschmecken.

Aus dem Teig etwa 6 cm lange Kroketten formen. Erst in Mehl, dann in verrührtem Ei und schließlich in Paniermehl wenden. In heißem Butterschmalz goldbraun braten.

Frankreich

Da in Frankreich der 26. Dezember ein ganz normaler Arbeitstag ist und nicht, wie bei uns, gefeiert wird, nutzen die Franzosen die ihnen zum Feiern zur Verfügung stehende Zeit viel intensiver. So findet das französische Weihnachtsfestessen in aller Regel erst nach dem gemeinsamen Besuch der Mitternachtsmesse statt. Gefeiert wird im großen Familienkreis mit Onkeln, Tanten, Cousinen und Cousins, wobei auch gern entferntere Verwandte eingeladen werden. Die reich gedeckte Tafel enthält so ungefähr alles, was das Herz begehrt: von Austern, Fisch und Meeresschnecken über *Foie grass*, die berühmt-berüchtigte Gänsestopfleber, bis hin zur obligatorischen *Bûche de Noël*: eine zarte Biskuitrolle, gefüllt mit Schokoladenbuttercreme, geformt wie ein Ast und verziert mit Cremestreifen, die wie Baumrinde aussehen müssen.

Dieses wunderbare Festtagsgebäck erinnert noch an den traditionellen Weihnachtsklotz gleichen Namens, der früher in weiten Teilen Frankreichs, auf dem Balkan, in England und in der französischen Schweiz eine ähnliche Rolle spielte wie unser „deutscher" Weihnachtsbaum. Aufgrund der deutsch-französischen Spannungen bis zur Mitte dieses Jahrhunderts wurde dieser begreiflicherweise erst recht spät in Frankreich heimisch.

Die Bûche de Noël (das Rezept finden Sie auf Seite 128) empfehlen wir als zweiten Nachtisch zu unserem kleinen Grundmenü. Es schmeckt aber auch zu jeder anderen Gelegenheit. Als weitere Vorspeise eignen sich Austern oder Muscheln ganz vorzüglich.

Winterliche Flußpromenade in Straßburg.

Ländliche Pastete

— Pâté de campagne —

Für 5–6 Personen
200 g Schweinefleisch (Nacken), 100 g fetter Speck
1 EL Kräuter (Thymian, Salbei, Rosmarin, Majoran)
Meersalz, weißer Pfeffer, 5 EL Calvados
1 kleine Knoblauchzehe, 1 Zwiebel, 1 kleiner Apfel
50 g Champignons, 150 g Schweineleber
1 TL Olivenöl, ½ Tasse Weißwein
100 g süße Sahne, 1 kleines Ei
Außerdem:
200 g durchwachsener Speck, in lange dünne Scheiben geschnitten
1 Zweig Rosmarin, 2 Wacholderbeeren

Fleisch und Speck grob würfeln. Mit den Kräutern, Salz, Pfeffer und Calvados vermischen und über Nacht ziehen lassen. Knoblauch und Zwiebel fein hacken. Apfel, Champignons und Schweineleber würfeln. Knoblauch- und Zwiebelwürfel in Olivenöl glasig dünsten. Leber-, Apfel- und Champignonstücke hinzufügen. Kurz dünsten. Mit Weißwein ablöschen. Abkühlen lassen. Die marinierten Fleisch- und Speckwürfel mit der Lebermischung verrühren. Alles in der Küchenmaschine mit dem Cutter pürieren. Sahne und Ei untermischen. Eine Terrinenform (1-Liter-Inhalt) so mit Speckscheiben auslegen, daß ein Teil davon über den Rand hängt. Die Farce in die Form füllen und die Speckscheiben darüberklappen. Den Rosmarinzweig und die Wacholderbeeren darauf legen. Zugedeckt im Wasserbad in den vorgeheizten Backofen stellen und bei 140 °C (140 °C Umluft, Gas Stufe ½) etwa 50 Minuten garen.

Rindfleisch auf Burgunder Art

— Bœuf bourguignon —

Für 4 Portionen
1,5 kg sehr gut abgehangene Rinderschulter
150 g durchwachsener Speck
Salz, weißer Pfeffer aus der Mühle
400 g Möhren, 1 Bund Lauchzwiebeln
60 g Butter, 2 EL Mehl, 1 Glas Cognac
gut 1 Liter roter Burgunder Rotwein
2 Knoblauchzehen
1 Bouquet garni
(1 Lorbeerblatt, 1 Thymianzweig und 3–4 Petersilienstengel)

Fleisch und Speck grob würfeln, salzen und pfeffern. Gemüse putzen, waschen und in grobe Stücke schneiden. Butter in einem Topf erhitzen, Speck und Fleischstücke darin anbraten. Gemüse hinzufügen und ebenfalls anbraten. Mehl über die Zutaten stäuben, mit Cognac ablöschen und

Orangencrêpes

Crêpes à l'orange

Für 4 Portionen	
125 g Mehl	
1 EL Zucker	
1 Prise Salz	
¼ Liter Milch	
2 Eier	
125 g Butter	
Außerdem:	
bittere Orangenkonfitüre	
Puderzucker	

Mehl, Zucker und Salz mischen und mit der Milch glatt-rühren. Anschließend zunächst die Eier und dann die flüssige, aber nicht heiße Butter unterrühren. 20 Minuten quellen lassen.

Jeweils einen Eßlöffel Teig in eine beschichtete Pfanne geben, leicht verlaufen lassen und so lange backen, bis die Ränder goldgelb sind. Mit Hilfe eines Deckels wenden und von der anderen Seite ebenfalls goldgelb backen.

Eine Seite der Crêpes dünn mit Orangenkonfitüre bestrei-chen und zusammenrollen. Mit Puderzucker bestäuben.

mit Rotwein nach und nach auffüllen. Geschälten, zer-kleinerten Knoblauch und das Bouquet garni dazugeben. Zugedeckt bei mittlerer Hitze 2 Stunden köcheln lassen.

Als Beilage empfehlen wir knuspriges Baguette und einen guten Burgunder Rotwein.

Blick auf Chatel, Savoie Haute (Frankreich).

Dänemark

Die dänische Weihnacht ähnelt einem Musikstück, dessen Melodie nach Lust und Laune auf nur einem Instrument gespielt oder mit allen möglichen Varianten zu voller Orchesterkraft ausgebaut werden kann. Das Grundthema bleibt sich gleich, doch die Nuancen geben auch hier den Ton an. Traditionsbewußte Dänen werden an den Weihnachtsfeiertagen auf Mutters besondere Leberpastete oder auf Vaters in Sherry eingelegten Hering kaum verzichten wollen. Das Festessen am Heiligabend beginnt in Dänemark traditionsgemäß mit einem Reisbrei, in dem eine Mandel versteckt ist. Wer sie in seiner Portion findet, der wird im nächsten Jahr ein großes Glück erleben, so heißt es. Und außerdem erhält er das *Mandelgeschenk*, eine kleine Gabe, die auf dem Tisch aufgebaut ist, zumeist ein Marzipanschweinchen oder einen anderen kleinen Glücksbringer aus Marzipan. Anschließend kommt dann ein Schweinebraten oder eine gebratene Ente, Gans oder Truthahn auf den Tisch. Diese werden bevorzugt mit Äpfeln und Dörrpflaumen gefüllt, dazu werden meist glacierte Kartöffelchen, Rotkohl und Konfitüre gereicht. In vielen Familien gibt es heutzutage anstelle der warmen Reisbreivorspeise einen kalten Sahnereisnachtisch, der ja auch die eine Mandel verbergen kann. Nach dem Essen werden die Kerzen am Baum entzündet, alle fassen einander an den Händen, tanzen um den Baum und singen alte Weihnachtslieder. Dann werden die Geschenke ausgepackt, die Kinder spielen, und die Erwachsenen laben sich derweil an Kaffee und Süßigkeiten.

Winter auf Schloß Frederiksborg (Dänemark).

Klare Brühe mit Fleisch-
und Mehlklößchen

— Bouillon med kød og melboller —

1 kg Rindfleisch
2 Markknochen
1 Bund Suppengrün
1 Zwiebel
3 Liter Wasser
Salz
weißer Pfeffer
1 Packung tiefgefrorene Fleischklößchen
1 Packung tiefgefrorene Mehlklößchen
1 Bund glatte Petersilie

Rindfleisch, Knochen und Suppengrün abspülen. Das Suppengrün grob zerkleinern. Zwiebel schälen.

Alle Zutaten in einen Topf geben, das Wasser zugießen, aufkochen und 2 Stunden ohne Deckel köcheln lassen.

Die Brühe abschäumen. Das Fleisch herausnehmen und anderweitig verwenden.

Die Brühe durch ein feines Sieb seihen, mit Salz und Pfeffer abschmecken. Fleisch- und Mehlklößchen in kochendem Wasser 5 Minuten erwärmen. Dann herausnehmen, in vorgewärmte Tassen geben, mit Brühe auffüllen und, mit gehackter Petersilie bestreut, anrichten.

Schweinebraten,
gefüllt mit Backpflaumen

— Flæskesteg fyldt med svesker —

Für 4 Portionen:
200 g Backpflaumen ohne Stein, 1 großer Apfel
Saft von 1 Zitrone
1,2 kg ausgelöster Schweinerücken ohne Knochen
Salz, weißer Pfeffer, 60 g Butterschmalz
¼ Liter heißer Kalbsfond (aus dem Glas)
1 EL Johannisbeergelee, 3 EL Zitronensaft
4 EL Schlagsahne, 40 g eiskalte Butter
Außerdem:
Alufolie

Backpflaumen in schmale Streifen schneiden. Den Apfel schälen, entkernen und das Fruchtfleisch würfeln. Mit Zitronensaft beträufeln und mit den Backpflaumen mischen.

Schweinerücken abspülen, trockentupfen. Mit einem scharfen Messer waagerecht eine Tasche einschneiden, innen salzen und pfeffern, mit dem Obst füllen und zunähen.

Das Fleisch außen ebenfalls mit Salz und Pfeffer würzen. Butterschmalz in einem Bräter erhitzen. Den Schweinebraten darin rundherum 10 Minuten anbraten, Brühe auffüllen. Zugedeckt im vorgeheizten Backofen, untere Schiene, bei 180 °C (Umluft 160 °C, Gas Stufe 2) etwa 30 Minuten bra-

ten. Aus dem Ofen nehmen und 10 Minuten ruhen lassen. Dann die Fäden entfernen, in fingerdicke Scheiben schneiden. In Alufolie wickeln und warm halten.

Für die Sauce: Den Bratenfond entfetten und 5 Minuten einkochen lassen. Johannisbeergelee und Zitronensaft zusammen mit der Sahne einrühren. Die Butter flöckchenweise einschlagen, damit die Sauce sämig wird. Nicht mehr aufkochen lassen. Abschmecken.

Glacierte Kartöffelchen

— Glaserede lille kartoffler —

Für 4–6 Portionen
1,2 kg kleine Kartoffeln
½ Tasse Zucker
125 g Butterschmalz

Kartoffeln waschen, kochen, schälen und einzeln abtupfen. Den Zucker in einer Eisenpfanne bei schwacher Hitze schmelzen und etwa 5 Minuten unter ständigem Rühren karamelisieren lassen.

Das zerlassene Butterschmalz unterrühren. Die Kartoffeln portionsweise darin braten. Dabei die Pfanne rütteln, damit die Kartoffeln sich bewegen und von dem Karamel überzogen werden. Die heißen, süßen Kartoffeln in eine vorgewärmte Schüssel geben.

Rotkohl auf dänische Art

— Rødkål —

Für 4–6 Portionen
1 Rotkohl (etwa 1 kg)
4 EL Butterschmalz
1 EL Zucker
1 TL Salz
je 4 EL Wasser und Weißwein-Essig
1 kleiner Apfel
3 EL Johannisbeergelee
etwas Zitronensaft

Rotkohl waschen und feinhobeln. Butterschmalz, Zucker, Salz, Wasser und Essig in einem Eisentopf erhitzen, den Kohl hineingeben, umrühren und aufkochen.

Den Topf (ohne Plastikgriffe!) in den vorgeheizten Backofen, untere Schiene, setzen und bei 160 °C (Umluft 140 °C, Gas Stufe 1) und den Kohl darin 90 Minuten schmoren lassen. Zwischendurch umrühren und eventuell etwas Wasser zugießen. Inzwischen den Apfel schälen und feinreiben.

Zehn Minuten vor Ende der Schmorzeit Johannisbeergelee und den Apfel dazugeben. Mit etwas Zitronensaft abschmecken.

Reisspeise

— Risengrød —

Für 4–6 Portionen
100 g Milchreis, ¾ Liter Milch, 60 g Zucker
1 Prise Salz, 1 Vanillestange, ⅜ Liter süße Sahne
150 g gehackte Mandeln
1 ganze, abgezogene Mandel
4 EL trockener Sherry

Reis gründlich in einem Sieb waschen, abtropfen lassen. Mit der Milch, Zucker, Salz und ausgekratztem Vanillemark sowie der Vanillestange etwa 30 Minuten quellen lassen.

Danach die Vanilleschote herausnehmen. Den Reis abkühlen lassen. Vor dem Servieren die süße Sahne steif schlagen und mit den Mandeln (einschließlich der einen ganzen) unter den Reis heben. Mit Sherry abschmecken.

Deutschland

Das große Weihnachtsfestessen findet in Deutschland üblicherweise erst am 1. Weihnachtsfeiertag im kleineren oder größeren Verwandtenkreis statt. An Heiligabend begnügt man sich traditionsgemäß mit einfachen Gerichten, die die Hausfrau nicht belasten, wie Knack- oder Saitenwürsten mit Kartoffelsalat, Kassler Rippchen mit Kraut, Königinnenpastetchen oder Nudelsalaten etc. Die Bescherung, der insbesondere die Kleinen schon ungeduldig entgegenfiebern, schließt sich in vielen Familien unmittelbar an das gemeinsame Essen an.

Im ländlichen Raum ist der darauffolgende Gang zur Messe nach wie vor ein vielgeübter Brauch. Zu später Stunde gibt es in vielen Familien Bowle oder ein anderes festliches Getränk zum Ausklang des Abends. Die Weihnachtsfeiertage sind dann ausgiebigem Schlemmen vorbehalten, wobei inmitten der reichgedeckten Tafel meist ein üppiger Gänsebraten steht. Oft wird die Gans mit Äpfeln oder Dörrpflaumen gefüllt, oder die Füllung wird aus den Gänseinnereien zubereitet.

Anstelle der Gans greift man heutzutage aber auch häufig zu Ente oder Puter, und mancherorts muß auch ein Truthahn sein Leben für einen Weihnachtsschmaus lassen. Traditionsbewußte Schlemmer ziehen freilich nach wie vor den früher von der Kirche als Fastenspeise verordneten Weihnachtskarpfen vor.

Weihnachtliche Kapelle mit Christbaum bei Mittenwald (Bayern).

Rote-Bete-Suppe mit Gemüseeinlage

Für 6 Portionen
600 g Rote Bete, 1 Staude Chicorée, 1 Möhre
1 kleiner Fenchel mit Grün
30 g Butterschmalz, ⅜ Liter Gemüsebrühe
Salz, frisch gemahlener weißer Pfeffer
1 Prise Kümmel, 4 EL Balsam-Essig
Zum Garnieren:
2 Stiele Dill

Rote-Bete-Knollen waschen und einzeln in Alufolie wickeln. Im vorgeheizten Backofen, 2. Schiene von unten, bei 200 °C (Umluft 170 °C, Gas Stufe 3) 60 Minuten garen.

Gemüse waschen. Chicorée putzen, unten knapp ½ cm entfernen, den weißen Kern keilförmig herausschneiden. Die Staude in Scheiben bzw. in Ringe, die Möhre in Streifen schneiden. Den Fenchel achteln, das Grün entfernen und beiseite legen. Den Fenchelstrunk keilförmig herausschneiden. Fenchelstücke ebenfalls in dünne Streifen schneiden.

Butterschmalz in einem Topf erhitzen, Möhren- und Fenchelstreifen darin unter Wenden andünsten und zugedeckt weitere 5 Minuten dünsten lassen. Chicoréestreifen unterheben. Nochmals 2 Minuten dünsten. Die Rote Bete etwas abkühlen lassen, aus der Folie wickeln, schälen, grob zerkleinern und mit dem Schneidstab des Handrührers fein pürieren. Gemüsebrühe zugießen und aufkochen lassen. Mit Salz, Pfeffer, im Mörser zerdrücktem Kümmel und mit Balsam-Essig würzen. Das Gemüse in vorgewärmten Tellern anrichten. Die heiße Suppe darübergeben. Mit Fenchelgrün und Dill garnieren.

Gänsebraten

In einigen Gegenden Deutschlands wurde die Gans früher mit einem sogenannten *Weihnachtsbrei* aus Grütze und getrockneten Erbsen gefüllt. *Weihnachtserbsen* bedeuteten Glück und Geld und sollten an das Jesuskind erinnern, von dem man annahm, daß es in der Krippe auf Erbsenstroh gelegen habe.

Für 4 bis 6 Personen
1 frische, küchenfertige Gans von ca. 5 kg
Salz
frisch gemahlener weißer Pfeffer aus der Mühle
1 Bund getrocknetes Beifuß
6 kleine Äpfel (Boskop, Reinetten)
2 große Zwiebeln
1 TL Speisestärke oder Mehl

Das Gänsefett auslösen. Die Gans innen und außen abspülen, trockentupfen und mit Salz und Pfeffer einreiben. Innen mit Beifuß ausstreuen. Mit den abgespülten und trockengetupften Äpfeln füllen. Die Gans zunähen. Die Keulen zusammenbinden und mit dem Rücken nach unten in einen Bräter setzen, 1 Tasse Wasser zugießen.

Im vorgeheizten Backofen, untere Schiene, bei 175 °C (Umluft 170 °C, Gas Stufe 3), 2½ bis 2¾ Stunden braten. Nach 30 Minuten die restlichen Kiele herauszupfen. Die Zwiebel schälen, grob schneiden und zum Braten geben. Nach 1½ Stunden mit einer Nadel seitlich, unterhalb der

Zitrus-Salat mit Portweinschaum

Für 4 Portionen
Für den Salat:
je 2 rosa und helle Grapefruits
2 Orangen
Für den Portweinschaum:
⅛ Liter Portwein (Tawny)
4 Eigelb (Gew. Kl. 2)
1 Prise Salz
Außerdem:
3 Stiele Zitronenmelisse oder frische Minze
2 TL gehackte Pistazien

Die Früchte schälen, dabei die weiße Haut völlig entfernen. Die Früchte waagerecht in etwa ½ cm dicke Scheiben schneiden. Den Saft dabei auffangen. Die Fruchtscheiben auf einer Platte anordnen.

Für den Portweinschaum den aufgefangenen Fruchtsaft, Portwein, Eigelb und Salz in einer Schüssel im heißen Wasserbad mit dem Handrührgerät (Schneebesen) in 6 bis 8 Minuten cremig schlagen.

Die Zitronenmelisse (oder Minzblättchen) grob schneiden und über die Fruchtscheiben verteilen. Nach Geschmack mit gehackten Pistazien bestreuen. Die Sauce dazu servieren.

Keulen in die Haut stechen, damit das Fett austreten kann. ½ Liter Wasser zugießen. Den Braten hin und wieder mit Bratensaft begießen.

Dann die Temperatur auf 225 °C (Umluft 180 °C, Gas Stufe 4) erhöhen und weitere 20 Minuten bräunen. Im ausgeschalteten Backofen noch 10 Minuten ruhen lassen, damit sich der Fleischsaft setzt.

Die Gans aus dem Ofen nehmen und warm stellen. Den Bratensatz am Rand und auf dem Boden des Bräters mit ½ Liter heißem Wasser loskratzen. Den Fond in einen Topf seihen, entfetten und etwas einkochen lassen, eventuell mit in wenig Wasser angerührter Speisestärke oder Mehl binden. Aufkochen und abschmecken.

Die Gans aus dem Backofen nehmen, die Verschnürung entfernen und die Gans der Länge nach halbieren. Die Füllung herausnehmen und auf der Platte anrichten. Von den Gänsehälften nun die Keulen abtrennen und die Flügel lösen, den Rest halbieren. Alles zusammen auf einer Platte anrichten.

TIP Als Beilage hierzu eignen sich Rosen-, Grün- oder Rotkohl, Apfelkompott mit Preiselbeeren, mehlige Salzkartoffeln oder Kartoffelklöße.

Und es beginnt ein neues Jahr

Der fröhlichste Augenblick des Jahres ist die Stunde seines Übergangs ins neue. Zu Böllerschüssen und Leuchtraketen wird mit Sekt angestoßen, das alte Jahr wird aus-, das neue Jahr eingeläutet. Daß diese besondere Nacht jedoch mit dem Beginn des Monats Januar zusammenfällt, dafür gibt es weder astronomische noch sonstige natürliche Gründe. Eigentlich könnte das Jahr auch mit dem 1. August beginnen – welch ein schönes Fest wäre das in einer lauen Sommernacht! – oder mit einem beliebigen anderen Datum. Die alten Griechen beispielsweise legten dem Jahresanfang keine große Bedeutung bei. Das Jahr begann in unterschiedlichen Gegenden Griechenlands zu verschiedenen Zeiten – meist zum Beginn einer Jahreszeit. Manche griechischen Städte ließen das Jahr am ersten Tag der Olympischen Spiele beginnen, also immer im Sommer. Im alten Rom galt ursprünglich der März als erster Monat, was wir noch heute an den Monatsnamen September (der siebte), Oktober (der achte), November (der neunte) und Dezember (der zehnte) erkennen. Die Römer folgten damit dem Beispiel der meisten Ackerbau treibenden Völker: Nach dem kalten, unwirtlichen Winter markierte für sie der Frühling mit der wieder erwachenden Natur den eigentlichen Beginn des Jahres.

Da die Länge des Jahres nur ungenau bestimmt war, wuchs die Differenz zwischen Kalenderjahr und Sonnenjahr immer mehr an, so daß sie im ersten vorchristlichen Jahrhundert schließlich 90 Tage betrug. Julius Cäsar war darüber verärgert, denn Rom brauchte eine klare zeitliche Ordnung, um sein Weltreich regieren zu können. Als Cäsar dann im Jahr 46 v. Chr. eine Kalenderreform anordnete, bei der er zu den 365 Jahrestagen alle vier Jahre einen Schalttag einführte, sollte das Jahr ursprünglich mit dem kürzesten Tag jenes Jahres, dem 24. Dezember, beginnen. Doch Cäsar entschied sich anders. Statt des 24. Dezember erwählte der Imperator den 1. Januar zum allgemeinen Jahresbeginn, also jenen Tag, an dem seit 153 v. Chr. auch das Amtsjahr der Konsuln begann. Was aber vielleicht noch wichtiger war: mit dieser Entscheidung fiel der Beginn des ersten reformierten Jahres genau auf den Tag des Neumondes!

Fünfzehn Jahrhunderte nach der Julianischen Kalender-

Silvesterfeuerwerk in Pattenstein im Pütlachtal (Fränkische Schweiz).

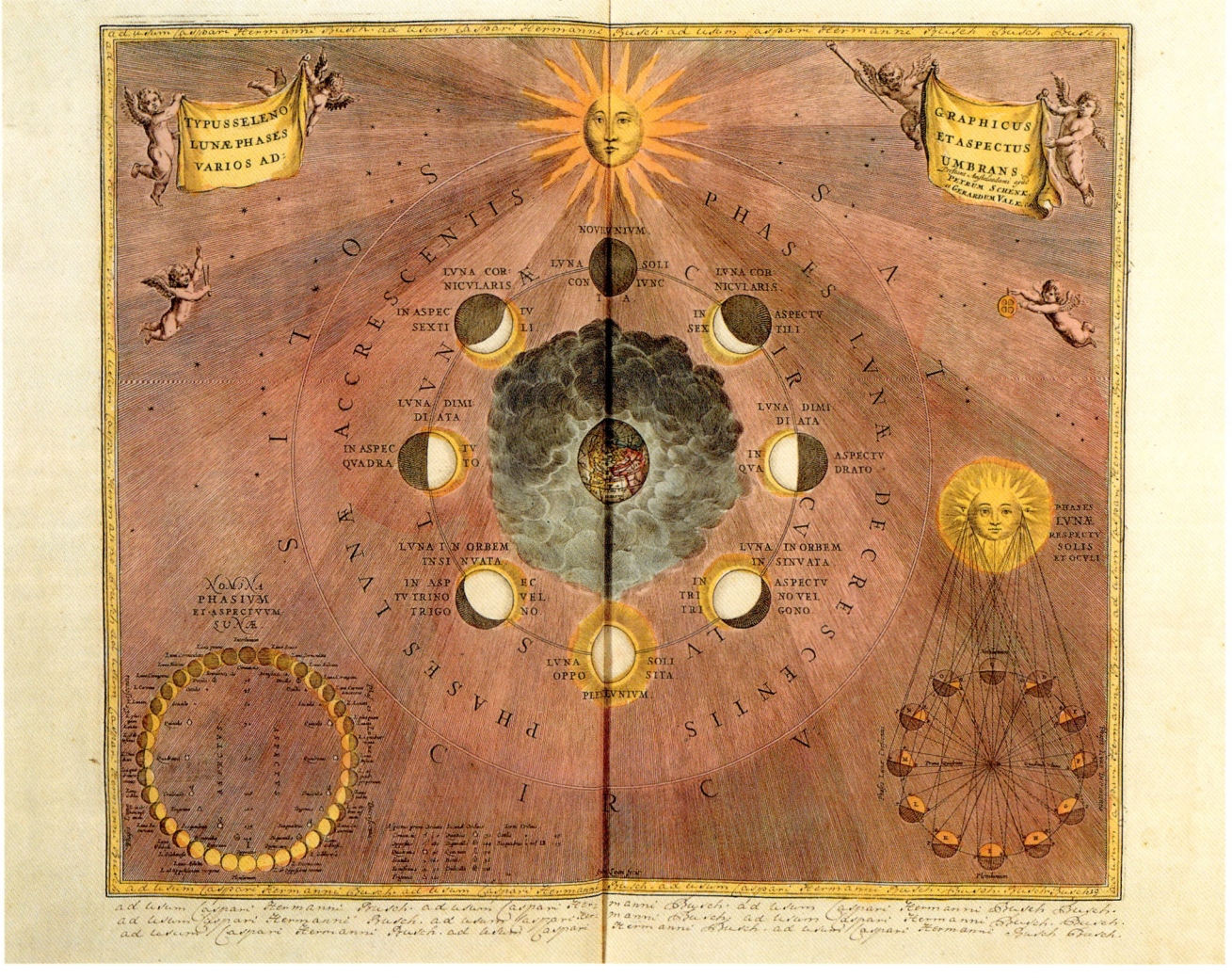

19. Karte aus der „Harmonia Macrocosmica" des Andreas Cellarius mit dem die verschiedenen Phasen und Anblicke des Mondes skizzierenden selenographischen Schema. Das 1708 erschienene Original der 29 Karten befindet sich in der Preußischen Staatsbibliothek, Berlin.

reform hinkte die im Kalender angegebene Zeit der tatsächlichen Sonnenbewegung elf Tage hinterher. Papst Gregor führte daher 1582 einen korrigierten Kalender ein. Elf Tage wurden einfach übersprungen, so daß auf den 4. Oktober 1582 gleich der 15. Oktober folgte. War damit alles geregelt im Heiligen Römischen Reich Deutscher Nation? Nein, natürlich nicht. Während die katholischen Gegenden die Reform meist übernahmen, sperrten sich die protestantischen Landesteile mit lautstarkem Protest gegen dieses päpstliche Dekret. Also gab es Kalender, die nebeneinander beide Daten zeigten, und wichtige Dokumente wie der Vertrag zum Westfälischen Frieden wurden zweifach datiert: „Osnabrück, den 27. Juli/6. August Anno 1648." Beim sogenannten Augsburger Kalenderstreit von 1583–1591 versuchten die Katholiken die Kalenderreform gar dadurch zu erzwingen, daß sie Tausend-Mann-Truppen anwarben und sich Geschütze und Munition beschafften. Es dauerte noch mehrere hundert Jahre, bis das neue System allein in Europa von allen Nationen übernommen wurde. So galt der Gregorianische Kalender erst seit 1700 in allen deutschen Ländern, in England ab 1752 und in Rußland seit der

Oktoberrevolution 1917. 1873 wurde der Gregorianische Kalender sogar in China eingeführt.

Selbstverständlich entwickelte auch die Kirche eigene Auffassungen, wann denn nun das Jahr beginnen sollte. Dazu kursierten vier Auffassungen oder *Jahresstile*, wie sie die Kalenderkunde nennt, um den Jahresanfang möglichst plausibel von biblischen Ereignissen herzuleiten: der *Circumcisionsstil*, der sich für den 1. Januar aussprach (Beschneidung des Kindes Jesus eine Woche nach der Geburt), der *Annunciationsstil*, der den Jahresanfang auf den 25. März legte (als Tag von Mariä Verkündigung), der *Osterstil*, der sich an dem (kalendarisch beweglichen) Osterfest orientierte, und der *Nativitäts-* oder *Weihnachtsstil*, der den offiziellen Geburtstag Christi am 25. Dezember gleichzeitig als Jahresbeginn betrachtete.

Unsere Vorfahren, die Germanen, kannten lange Zeit keinen speziellen Neujahrstag. Die gesamte Zeit, die wir heute als Weihnachtszeit betrachten, galt damals als Jahreswendezeit. Wenn es überhaupt einen Tag darunter gab, den man als Jahresanfang betrachtete, dann allenfalls den 24. oder 25. Dezember. Von der Mitte des vierten Jahrhunderts an bis ins 16. Jahrhundert hinein galt dann der mutmaßliche Geburtstag Christi zugleich als Beginn des neuen Jahres. Im Jahr 1310 hatte eine Kirchenversammlung in Köln Weihnachten offiziell zum Jahresanfang für Deutschland erklärt. Noch Luther hat an diesem Datum festgehalten. Mit der Reformation gelangte dann aber an vielen Orten der nicht vergessene 1. Januar der Römer als Jahresanfang zu einem späten Sieg. Das Problem war nur: Der 1. Januar war nicht unbedingt ein christlicher Tag wie etwa Weihnachten, und so wurde 1576 auf dem Konzil von Tours der Jahresbeginn am 1. Januar als Werk des Teufels verdammt und all denen mit Exkommunikation gedroht, die an diesem unchristlichen Datum festhielten.

Allgemein kann man sagen: Bis ins 17. Jahrhundert hinein gab es in Europa keine verbindliche Regelung, wann ein Jahr zu beginnen hat. In Mitteleuropa fing das Jahr meist mit dem 25. Dezember an, in Frankreich vorwiegend zu Ostern, in Großbritannien, manchen Teilen Frankreichs, Deutschlands und Italiens am 25. März, in der Republik Venedig am 1. März und im Osmanischen Reich, das bis ins heutige Ungarn hineinreichte, am 1. September. Einem Reisenden konnte es somit passieren, daß er sich beim Übertreten einer Ländergrenze plötzlich im vorangegangenen oder schon im folgenden Jahr befand.

Es war Papst Innozenz XII., der 1691 ein Machtwort sprach und den Neujahrstag auf den 1. Januar legte. Schließlich bestimmte 1776 auch noch ein kaiserliches Dekret den 1. Januar zum offiziellen und alleinigen Jahresbeginn im Heiligen Römischen Reich Deutscher Nation.

Andere Länder, andere Sitten

Höchst unterschiedlich wird der Beginn eines neuen Jahrs in außereuropäischen Kulturen geregelt: Das Neujahrs-Wasserfest der *Theravada*-Buddhisten, mit dem die Wiederkehr des Königs der Geisteswelt gefeiert wird, fällt in den April unserer Zeitrechnung. Das Mondjahr der Moslems beginnt mit dem ersten Tag des Monats *Muharrem*, das Jahr der Juden am 1. *Tischri* (zwischen 6. September und 5. Oktober). Auf das jüdische Neujahrsfest am 1. und 2. Tischri, an dem zum Zeichen des himmlischen Gerichts die *Schofar*-Trompete geblasen wird, folgen zehn Bußtage bis zum Versöhnungsfest *Jom Kippur*.

Im alten Ägypten richtete sich der Kalender und damit auch die Bestimmung des Jahresanfangs nach dem einen großen Lebensspender des Landes: dem Nil. Hier erlebte man unmittelbar den Rhythmus der Jahreszeiten, ja es war für die Bauern lebenswichtig, den Jahreslauf zu kennen. Alljährlich in den Monaten Juni und Juli schwillt der Nil gewaltig an und bringt den fruchtbaren Schlamm, der das Leben an

diesem Strom seit Jahrtausenden erblühen läßt. Das Hochwasser bleibt bis etwa Anfang November bestehen und fällt dann ab bis zum Tiefpunkt Ende Mai. Dementsprechend unterteilten die Ägypter das Jahr in drei Jahreszeiten: eine für die Zeit der Überschwemmung, eine weitere für Saat und Aufzucht und schließlich eine für die Ernte. Das Jahr begann für die Ägypter mit einem bestimmten Stadium der Nilüberschwemmung – nach heutigen Berechnungen am 19. Juli. An diesem Tag begannen die drei Jahreszeiten mit je vier Monaten. Diese zwölf Monate wiederum unterteilten sich in jeweils dreißig Tage, denen weitere fünf Tage angehängt wurden, so daß das ägyptische Jahr aus exakt 365 Tagen bestand. Der ägyptische Kalender hatte also alles andere als einen mythisch-religiösen Ursprung, sondern regelte auf überraschend moderne Weise sehr weltliche, praktische Bedürfnisse.

Die Maya in Mittelamerika besaßen einen Kalender mit Einheiten von 260 Tagen, die wiederum untergliedert waren in 13 Einheiten zu je 20 Tagen. Die Spanne von 260 Tagen ein „Jahr" zu nennen, ist kaum mehr möglich – sie war eine künstliche Konstruktion, die mit der Natur nichts zu tun hatte. Der Beginn dieser Einheit, also der „Jahresanfang" der Mayas, hat sich im Verhältnis zum natürlichen Jahr ständig verschoben und konnte einmal im Sommer, ein andermal im Winter liegen.

Ähnlich verhielt es sich mit dem traditionellen indonesischen Kalender: Als „Jahr" galt hier eine Einheit von 210 Tagen, und alle wichtigen indonesischen Feste wurden im Abstand dieser 210 Tage gefeiert. Diese Einheit orientierte sich weder am Mond noch an der Sonne und auch nicht an den Jahreszeiten. Ein derartiges künstliches Zeitrechnungssystem, das sich überhaupt nicht auf die Natur und ihre Rhythmen bezieht, ist für uns Europäer eine völlig fremde Vorstellung.

Das neue Jahr – ein Grund zum Feiern

Um 2000 v. Chr. lebte im ägyptischen Siut der Noble Hepzefi, der in seiner Grabinschrift die Nachwelt wissen ließ, wie er welches Fest gefeiert hatte. Die Bürger von Siut schufen daraus einen Festtagskalender, in dem die Feier des Jahreswechsels eine große Rolle spielte. Sie begann fünf Tage vor Jahresende mit Brotopfern und der Schlachtung eines Bullen durch die Priester, erreichte ihren Höhepunkt am Neujahrstag, an dem jedermann schenkte und beschenkt wurde, und fand in der darauffolgenden Nacht mit einem Fackelumzug ihren Abschluß. Auch die Babylonier, denen wir die 7-Tage-Woche verdanken, feierten das Neujahrsfest mit öffentlichen Festen und Prozessionen, und im alten

China wurde am Neujahrsabend ein Laternenfest mit Feuerwerk veranstaltet, dem mehrere Tage und Nächte lärmenden Vergnügens vorausgingen.

Wenn in Rom am 1. Januar die Konsuln ihr Amt antraten, schritten sie feierlich von ihrem Haus zum Jupitertempel. Dort opferten sie Jupiter zwei weiße Ochsen und leisteten ihr Gelübde, den Staat nach besten Kräften zu führen. Das Volk tauschte Glückwünsche und Geschenke aus. In Teilen Frankreichs und Schottlands hat sich dieser Brauch bis heute gehalten: Geschenke werden an Neujahr ausgetauscht, das Weihnachtsfest hingegen hat rein religiöse Bedeutung.

Zu Neujahr

Will das Glück nach seinem Sinn
Dir was Gutes schenken,
Sage Dank und nimm es hin
Ohne viel Bedenken.

Jede Gabe sei begrüßt,
Doch vor allen Dingen:
Das, worum du dich bemühst,
Möge dir gelingen.

(Wilhelm Busch)

Mit der Einführung des Christentums versuchte die Kirche, sich auch dieses Feiertags zu bemächtigen und ihm eine christliche Deutung zu geben. Der Tag vor dem Jahreswechsel wurde nach Papst Silvester I. benannt, während dessen Amtszeit (314–335) das Christentum zur römischen Staatsreligion wurde. Nach der ihm angedichteten Silvesterlegende soll er den aussätzigen und heidnischen Konstantin den Großen geheilt, bekehrt und getauft haben, wofür dieser sich mit umfangreichen Schenkungen bedankt habe. Wir wissen heute, daß es sich bei dieser sogenannten *Konstantinischen Schenkung* um eine Fälschung handelt, denn tatsächlich wurde der Kirchenstaat erst im Jahr 755 durch den Frankenkönig Pippin übereignet. Silvester selbst kann Konstantin gar nicht getauft haben, da er sehr wahrscheinlich schon am 31. Dezember 353 starb, also 2 Jahre vor dem Tod des Kaisers, der auf seinem Totenbett nachweislich von Bischof Eusebius getauft wurde. Der Neujahrstag galt fortan als der Tag der „Beschneidung und Namensgebung des Herrn", doch heutzutage haben Jubel und Feierstimmung an diesem Tag sicherlich einen anderen Grund.

Neujahr blieb ein weltliches Fest. Der gewaltige Lärm, den man in dieser Nacht erzeugt, diente ursprünglich der Abwehr böser Geister. Deshalb begrüßte man das neue Jahr stets in Gesellschaft, um im geschlossenen Kreis vor den Dämonen sicher zu sein. Immer wieder versuchte die Obrigkeit, mit Verboten den Lärm in der Neujahrsnacht einzudämmen, denn die Knallerei wurde früher mit Schußwaffen erzeugt, und es kam dabei immer wieder zu schlimmen Unfällen. Diese Verbote zeigten nur wenig Wirkung, und die Böllerei war und ist ein Zeichen der Ausgelassenheit, mit der die Menschen das neue Jahr willkommen heißen.

Das Glas Sekt, mit dem wir heutzutage anstoßen, war früher nicht für den eigenen Verbrauch bestimmt. Der mögliche Ursprung liegt in den Trankopfern, welche die Römer zum Jahreswechsel ihrem Gott *Janus* darboten. Bei dieser Zeremonie riefen die Römer: „Mein Opfer möge dir nützen!" Unser „Prosit!" (lateinisch für: Es möge nützen!) hat also hier seinen Ursprung.

Der Gott der öffentlichen Tore und Durchgänge wurde später zum Gott des Anfangs. Am Eingang jedes Gebets angerufen, waren ihm auch die ersten Stunden des Tages, die ersten Tage des Monats und der erste Monat des Jahres (*Ianuarius*) heilig. Er wurde mit einem Doppelantlitz, nach außen und nach innen schauend, und mit den Attributen Schlüssel und Pförtnerstab dargestellt.

Neujahrsfeuerwerk im Hafen von Sidney (Australien). Links unten: Japanisches Neujahrsfeuerwerk.

Bräuche zum Jahreswechsel

Weihnachten ist ein Familienfest, in der Neujahrsnacht hingegen verbrüdern sich oft einander unbekannte Menschen in Lokalen, auf Straßen und Plätzen. Neben dem Knallen der Raketen ertönen die Kirchenglocken, und von vielen Kirchtürmen erklingen Posaunenchöre. In manchen Teilen Deutschlands gibt es auch heute noch die Silvesterpredigt, und manchmal treffen sich die Leute vor der Kirche und singen „Nun danket alle Gott". An der Küste und in den Hafenstädten begrüßen die Schiffssirenen das neue Jahr. Ein Haufen lustiger Musikanten zieht in der Neujahrsnacht durch die Straßen, gibt immer wieder ein Ständchen und sammelt dafür Gaben ein.

Mit dem neu beginnenden Jahr wächst auch das Interesse daran, was wohl die Zukunft bringen mag. Die dringlichste Frage für junge Menschen scheint seit eh und je zu sein, wann und mit wem man wohl den Bund fürs Leben schließt. Ein Brauch verlangte, daß die Mädchen einen Goldring an einem Haar befestigten und ihn in ein leeres Glas hielten. So viele Male der Ring an das Glas schlug, so viele Jahre mußte die junge Frau noch warten, bis sie ihren Liebsten fand. An der Weser führte man eine Strohpuppe als alte Vettel durch die Straßen und warf sie um Mitternacht in einen Fluß. Dann zog man mit einem jungen Mädchen als Neujahrskönigin ins Dorf zurück. Dieses Mädchen mußte noch im kommenden Jahr einen Mann finden, sonst, so sagte man, würde es für immer Jungfer bleiben. In manchen Gegenden Deutschlands liefen die Mädchen am Neujahrsabend hinaus in die Dunkelheit und klaubten sich einen Arm voll Holzscheite zusammen. Drinnen zählte man das Holz: Ergaben die Scheite eine gerade Zahl, so stand im neuen Jahr eine Hochzeit ins Haus, war das Ergebnis ungerade, so blieb das Mädchen noch länger alleine. Sehr beliebt war auch das Schuhwerfen. Unverheiratete Mädchen oder Burschen standen mit dem Rücken gegen eine geöffnete Zimmertür und warfen mit der Fußspitze einen Schuh über den Kopf. Wenn der Schuh dann ins Zimmer zeigte, bedeutete das ein weiteres Jahr zu Hause, zeigte der Schuh nach draußen, so hatte man den Eltern schon im folgenden Jahr Lebewohl zu sagen. Wer es noch genauer wissen wollte, malte mit Kreide das Alphabet an die Zimmertür. Mit verbundenen Augen klopften die jungen Leute zweimal mit einem Stock gegen die Tür. Der erste Buchstabe, den sie trafen, bedeutete den Vornamen, der zweite den Nachnamen des zukünftigen Lebensgefährten.

Silvesternacht

Das Dorf ist still, still ist die Nacht,
Die Mutter schläft, die Tochter wacht,
Sie deckt den Tisch, sie deckt für zwei,
Und sehnt die Mitternacht herbei.

Wem gilt die Unruh'? Wem die Hast?
Wer ist der mitternächt'ge Gast?
Ob ihr sie fragt, sie kennt ihn nicht,
Sie weiß nur, was die Sage spricht.

Die spricht: Wenn wo ein Mädchen wacht
Um zwölf in der Silvesternacht,
Und wenn sie deckt den Tisch für zwei,
Gewahrt sie, wer ihr Künft'ger sei.

Und hätt' ihn nie gesehen die Maid,
Und wär' er hundert Meilen weit,
Er tritt herein und schickt sich an,
Und ißt und trinkt, und scheidet dann. –

Zwölf schlägt die Uhr, sie horcht erschreckt,
Sie wollt', ihr Tisch wär' ungedeckt;
Es überfällt sie Angst und Graun,
Sie will den Bräutigam nicht schaun.

Fort setzt der Zeiger seinen Lauf,
Niemand tritt ein, sie atmet auf,
Sie starrt nicht länger auf die Tür –
Herr Gott, da sitzt er neben ihr.

Sein Aug' ist glüh, blaß sein Gesicht,
Sie sah ihn all ihr Lebtag nicht,
Er blitzt sie an und schenket ein
Und spricht: „Heut nacht noch bist du mein.

Ich bin ein stürmischer Gesell',
Ich wähle rasch und freie schnell,
Ich bin der Bräut'gam, du die Braut,
Und bin der Priester, der uns traut."

Er faßt sie um – ein einz'ger Schrei,
Die Mutter hört's und kommt herbei;
Zu spät, verschüttet liegt der Wein,
Tot ist die Tochter und – allein.

(Theodor Fontane)

Zu den beliebtesten Methoden, die Zukunft zu befragen, gehört das Bleigießen an Silvester.

Das am meisten verbreitete Silvester-Orakel ist das Bleigießen. Dabei läßt man flüssiges Blei durch einen alten Schlüssel in eine Schale mit Wasser fließen. Aus den entstandenen Figuren und Formen schließt man auf die Zukunft. Dies ist auch möglich, indem man Nüsse knackt und aus deren Kern liest. Bei einem vertrockneten Kern (einer „tauben Nuß") steht ein mageres Jahr bevor. Fromme Menschen benutzen zur Wahrsagerei die Bibel oder das Gesangbuch. Mit einer Nadel stechen sie an beliebiger Stelle hinein und deuten mit dem getroffenen Wort die Zukunft. Ein anderer Glaube besagt, daß es Glück bringt, am Morgen des neuen Jahres zuerst einem Knaben zu begegnen. Überhaupt steht der erste Tag orakelhaft für die übrige Zeit des Jahres. So sollte man am Neujahrstag nicht streiten, sonst gibt es zwölf Monate lang nur Ärger. Das Essen muß reichlich sein, damit man auch das Jahr über keinen Hunger leidet. Und wenn die Wohnung am ersten Tag des Jahres nicht sauber und ordentlich ist, dann wird sie es das ganze Jahr nicht sein. Dementsprechend wäscht man sich am Neujahrsmorgen besonders gründlich und zieht sich gerne frische Wäsche oder sogar ganz neue Kleidung an. Wenn man dagegen etwas falsch oder verkehrt herum anzieht, so wird im neuen Jahr etliches schiefgehen.

Viel ist in der Neujahrsnacht vom Glück die Rede. Kein Wunder also, daß die Tradition zahlreiche Glücksbringer hervorgebracht hat. Jeder kennt das niedliche Glücksschweinchen oder den pechschwarzen Schornsteinfeger. Das vierblättrige Kleeblatt ist ein Glücksbringer, weil es alles Gute vervielfältigt, und mit Fischschuppen im Portemonnaie wird das Geld im neuen Jahr nicht ausgehen. Der selbstgebackene Neujahrskranz oder das Zopfbrot schützen angeblich gegen Unheil und böse Geister. Früher wurde dazu etwas Geld geschenkt, da auch Gold unheilvolle Mächte vertreiben soll. Die *Heilswecken* aus der Schweiz gelten als heilig und sollen vor allem die Kinder beschützen. In Wales schenkt man sich ein dreibeiniges Apfelmännchen, um sich ein gutes und fruchtbares neues Jahr zu wünschen. Auch dem Hufeisen wird eine glückbringende Wirkung nachgesagt. In manchen Dorfschmieden im Osten Deutschlands fällt Punkt zwölf Uhr in der Silvesternacht ein erster Hammerschlag, und der Schmied formt vor zahlreichen Schaulustigen ein Hufeisen als Glücksbringer für das neue Jahr. Da Neujahr nicht eigentlich ein kirchliches Fest ist, gibt es kein von der Kirche vorgeschriebenes festes Ritual, um diese Feststunde zu begehen. Je nach Gegend wird das Neujahrsfest mit speziellen, tief in der Tradition verwurzelten Bräuchen begangen: In Schlesien tranken in der Neujahrsstunde alle Feiernden aus einem Glas und warfen es dann aus dem Fenster. Im Erzgebirge stieg beim Klang der zwölf Glockenschläge jeder auf Tische und Stühle. Beim letzten Schlag sprang man herab und rief: „Grüß dich Gott, du neues Jahr! Viel Segen, Freud und Glück, das bringst du doch wohl mit." In Bayern löschte man kurz vor Mitternacht das Licht und zündete es genau um zwölf Uhr wieder an. Die Bauern gingen in den Garten und wünschten ihren

Bäumen mit großer Geste ein gutes neues Jahr. Dadurch erhofften sie sich eine reichliche Ernte im Herbst. In den bayrischen Alpen verbringt man die Silvesterfeier in Stille und Sammlung zu Hause. Nur die jungen Burschen begrüßen das neue Jahr lärmend mit Peitschenknallen und Böllern. Aus dieser Gegend stammt auch der Brauch, sich in der Neujahrsnacht das Wetter mit dem Zwiebelkalender vorherzusagen. Dabei zerschneidet man eine Zwiebel in zwölf Teile – symbolhaft für die zwölf Monate des kommenden Jahres. Man legt die Stücke nebeneinander und bestreut sie mit Salz. Dann wird gespannt darauf gewartet, welches Zwiebelstückchen viel Wasser ausschwitzt. In diesem Monat wird es dann besonders heftig regnen.

In manchen Teilen Norddeutschlands war es üblich, vor den Häusern Tische aufzustellen. Darauf standen Getränke und Leckereien bereit, und jeder, der die Straße entlangkam, konnte sich nach Herzenslust davon bedienen. Der großzügige Spender sollte dadurch im folgenden Jahr Reichtum erlangen. Auf der Insel Helgoland versorgte der Wirt am Silvesterabend seine Stammgäste umsonst mit Speise und Trank.

Im Schwarzwald aßen die unverheirateten jungen Männer Neujahrsbrezeln im Wirtshaus und zogen genau um zwölf Uhr los, um vor den Häusern Lieder zu singen. Sie wurden dann oft hereingebeten und zum Essen und Trinken eingeladen.

Eine ländliche Sitte war das *Gabenheischen* der Kinder. Ähnlich wie beim amerikanischen Halloween gingen Mädchen und Buben phantasievoll maskiert von Haus zu Haus, um Süßigkeiten und kleine Gaben zu erbitten. In Norddeutschland zogen die Kinder zum Gabenheischen mit einem sogenannten *Rummelpott* los. Das war ein Topf, den man mit einer Schweinsblase überzogen hatte und der sich hervorragend dazu eignete, einen gewaltigen Lärm zu erzeugen. Der Brauch des Gabenheischens hat sich bis heute erhalten, nur der Rummelpott ist verschwunden. Diese Heischegänge veranstaltete man früher nicht nur aus Vergnügen, sondern aus bitterer Notwendigkeit. Für die vielen Bedürftigen im Volk – Waisen, Witwen, Bettler und Kranke – war ein solcher Festtag oft die einzige Möglichkeit, sich durch die Gaben anderer so richtig satt zu essen.

Glücksbringer sind gerade zu Neujahr sehr gefragt. Ein „Klassiker" ist der Schornsteinfeger mit Ferkel.

Spruch für die Silvesternacht

Man soll das Jahr nicht mit Programmen
beladen wie ein krankes Pferd.
Wenn man es allzu sehr beschwert,
bricht es zu guter Letzt zusammen.

Je üppiger die Pläne blühen,
um so verzwickter wird die Tat.

*Auch sie sollen Glück bringen: Mistelzweige, als Zimmer-
schmuck aufgehängt.*

> *Man nimmt sich vor, sich zu bemühen,
> und schließlich hat man den Salat!*
>
> *Es nützt nicht viel, sich rotzuschämen.
> Es nützt nichts, und es schadet bloß,
> sich tausend Dinge vorzunehmen.
> Laßt das Programm! Und bessert euch drauflos!*
>
> *(Erich Kästner)*

Beim *Neujahrgewinnen* versucht man, seinen Freunden mit
dem Gratulieren zuvorzukommen und hat dadurch das
Recht, von ihnen ein Geschenk zu verlangen. Die Schliche
und Tricks, die dabei anzuwenden sind, machen aus diesem
Brauch einen beliebten Spaß.

Um Mitternacht verkündete früher ein Nachtwächter mit
seinem Horn das neue Jahr. Das mußte nicht unbedingt eine
Person dieses heute ausgestorbenen Berufsstandes sein, sondern man verkleidete sich auch gerne mit der typischen
Tracht des Nachtwächters, um dann fröhlich auf dem Horn
zu blasen. Dann wurde das Feiern unterbrochen, man stellte
zwei Stühle nebeneinander und sprang darüber hinweg ins
neue Jahr.

Neujahr in aller Welt

Die Bräuche, mit denen das neue Jahr willkommen geheißen
wird, sind international höchst verschieden. So erhalten in
Frankreich die Kinder erst am Neujahrstag ihre Geschenke.

Auch in England war es Sitte, an diesem Tag Gaben auszu-
tauschen. Die dabei so beliebte Orange, die man mit
Gewürznelken spickte, sollte im kommenden Jahr für Reichtum sorgen. Je nach Gegend bevorzugte man als Neujahrs-
gabe Rosmarinsträuße, Marzipan, Wein oder Lebkuchen.
Die englischen Damen bekamen Nadeln geschenkt, die in
früheren Jahrhunderten noch recht wertvoll waren. Eine
weitere englische Tradition verlangt, daß man sich nach dem
reichlichen Silvestermahl um Mitternacht an den Händen
faßt und typische britische Lieder singt wie *Auld Lang Syne*
oder *Land of Hope and Glory*.

Viele dänische Familien verbringen Silvester als gemütlichen
Abend im Familienkreis. Mit den Kindern macht man
Gesellschaftsspiele, zündet die Lichter des Weihnachtsbaums an und begrüßt mit dem Lied *Vär velkommen Her-
rens Aar* das neue Jahr. Das typische Festmahl an diesem
Abend ist gekochter Kabeljau. Besonders jüngere Dänen
geben am Silvesterabend gerne eine rauschende Party mit
Karnevalsmasken, Luftschlangen und Sekt. Bei Streifzügen
durch die Nachbarschaft landen auch einmal Mülleimer auf
dem Garagendach, oder Fahrräder werden am Flaggenmast
gehißt.

In Rußland freuen sich am Neujahrstag vor allem die Kinder.
Väterchen Frost – so heißt der Weihnachtsmann in Ost-
europa – kommt mit seinem Schlitten und einem Sack voller
Geschenke. Auch die Kinder selbst unternehmen mit ihren
Eltern Schlittenfahrten, besuchen Zirkus und Marionetten-
theater oder feiern ein Fest im Kreis der Familie.

In Bulgarien wird am letzten Tag des Jahres festlich gespeist,
auf dem Land mit Erzeugnissen vom eigenen Hof und
Garten. Der reichlich gedeckte Tisch soll im kommenden
Jahr Hunger und Not verbannen. Auch in Bulgarien
erleuchtet noch der Weihnachtsbaum das Wohnzimmer, und
knallende Sektkorken und Feuerwerk begleiten das Läuten
der Mitternachtsglocken. Dem Augenblick danach fiebern
die Kinder den ganzen Abend entgegen: denn jetzt kommt
Väterchen Frost und bringt ihnen die Neujahrsgeschenke.

Am Dreikönigstag gehen sie Gaben heischend von Haus zu Haus: die Sternsinger – ein Überbleibsel der traditionellen winterlichen Heischebräuche.
Links unten: Neujahrsfeier in Moskau. Im Hintergrund der erleuchtete Kreml mit der Basilius-Kathedrale.

Doch erst nachdem sie ein Gedicht aufgesagt oder ein Lied gesungen haben, bekommen die Mädchen und Buben die Gaben überreicht. Spannend wird es dann beim Verzehr der *Baniza s kasmeti*. Dieses Blätterteiggebäck ist gefüllt mit kleinen Papierröllchen, auf denen Glück fürs neue Jahr verheißen wird: Gesundheit, Reichtum, ein Haus oder Glück in der Liebe.

In den Dörfern Rumäniens ziehen die Bauernburschen als sogenannte *Colinda*-Sänger von Haus zu Haus und rufen den Bewohnern lange Glückwünsche zu. Dies können entweder traditionelle Neujahrsansprachen sein oder improvisierter Klamauk, mit dem spöttisch die bekannten oder verschwiegenen Taten der Bewohner ans Licht geholt werden. Dazu führen die Sänger einen großen Pflug durchs Dorf, der von geschmückten Ochsen gezogen wird oder von Burschen mit Tiermasken.

Auf Zypern geht der Glaube, daß die Insel in der Neujahrszeit mit kleinen Dämonen bevölkert sei, die man *Kalikantzari* nennt. Diese haben nichts als Unfug im Kopf und verwüsten die Wohnungen derer, die sie nicht ausreichend

gesichert haben. Deshalb verbarrikadiert man an diesen Tagen Fenster und Türen und legt Pfannkuchen und Würste auf die Dächer, um die Kalikantzari freundlich zu stimmen. All diesen Bräuchen ist gemein, daß sie auf eine lange Tradition zurückgehen und mit viel Spaß verbunden sind. Schon im Jahr 1494 berichtet Sebastian Brant in seinem *Narrenschiff*, daß Neujahr die Zeit sei für Kugelgießen, das Anfertigen von Wünschelruten, Schatzgraben und ähnliches. Kaum jemand würde heute noch ernstlich an solche Wunder glauben – und das ist auch gut so. Dies hindert allerdings nicht, die Rituale weiterhin zu pflegen, wenn auch mit lächelnder Ironie.

Die Heiligen Drei Könige

Älter noch als das Weihnachtsfest ist das Fest der Heiligen Drei Könige – Zeugnisse dafür existieren seit dem zweiten Jahrhundert. Auf dieses Datum legte man die Taufe Christi und somit seine geistige Geburt und Erscheinung – oder *Epi-*

phanie, wie das die Theologen nennen. Heutzutage ist dieser Tag noch in der katholischen, anglikanischen und orthodoxen Kirche von Bedeutung. Mit der Weihung des Taufwassers soll an die Jordantaufe Christi erinnert werden. In den Ostkirchen hat dieser Tag bis heute einen höheren Stellenwert behalten als die leibliche Geburt Christi, weshalb man den Heiligen Abend in der uns vertrauten Bedeutung in Griechenland und Rußland nicht kennt. Einig sind sich Ost- und Westkirche dagegen in der Aufteilung in eine leibliche und in eine geistige Geburt Christi. Anders die armenische Kirche: Sie hält bis heute am 6. Januar als dem eigentlichen, das heißt leiblichen Geburtstermin Christi fest.

Das Fest der Heiligen Drei Könige, das hierzulande am 6. Januar gefeiert wird, steht in der Ostkirche bereits am 25. Dezember auf dem kirchlichen Festtagskalender. Am 6. Januar dagegen dreht sich alles um die Epiphanie, das heißt um die Taufe und geistige Geburt des Gottessohnes.

Am Vortag des Festes der Taufe Christi wird streng gefastet, bis der erste Stern am Himmel erscheint. Auf dem Tisch liegen Brot, Salz und die Fastenspeise. Im Süden und Westen Rußlands sind dies Kompott und in Honig gekochte Körner als Symbole für Geburt und Tod Christi. Nach dem Essen gratuliert man seinen Taufpaten und erhält von diesen Geschenke. Von zwei Uhr nachts bis zum Morgen wird der Weihnachtsgottesdienst gefeiert, die Weihnachtstage dauern vom 6. bis 13. Januar.

Die Feier der Christusgeburt am 6. Januar in der orthodoxen Kirche wird meist mit der angeblichen Orientierung am alten Julianischen Kalender zu erklären versucht. In Wirklichkeit feierten aber die koptischen Christen in Ägypten das Geburtsfest ihres Herrn am 11. Tybi (6. Januar) als Erscheinungsfest des *Aeon*, der Neuen Sonne, wie der *Horus*-Knabe auch genannt wurde. Zum Ende der Überschwemmungszeit wurde im alten Ägypten an diesem Tag außerdem ein Fruchtbarkeitsfest zu Ehren des Gottes *Osiris* abgehalten, zu dessen positiven Aspekten u.a. auch die Verwandlung des Nilwassers in Wein gehörte. Es ist sicher kein Zufall, daß die christliche Kirche die Epiphanie Jesu am 6. Januar u.a. mit der Verwandlung von Wasser in Wein bei der Hochzeit zu Kana zu belegen sucht.

Im Raum der anglikanischen Kirche wird der 6. Januar auch *Twelfth Day* genannt (der zwölfte Tag nach Weihnachten) und der Vorabend entsprechend *Twelfth Night* – eine Bezeichnung, die jedem Literaturliebhaber als Titel eines Stücks von Shakespeare geläufig ist.

Die Geschichte um die drei Besucher aus dem Morgenland ist in der christlichen Welt hinlänglich bekannt. Weniger bekannt dagegen ist, daß es sich nach dem Evangelium des

Links: Peter Paul Rubens: Anbetung der Könige, Göteborg, Museum.

Links: Isis mit dem Horuskind. Altägyptische Spätzeit, Paris, Louvre.
Rechts: Madonna des Bischofs Imad, um 1050, Paderborn, Diözesanmuseum. Der Einfluß des altägyptischen Motivs auf die christliche Symbolik ist unverkennbar.

Matthäus ursprünglich nicht um Könige, sondern um Weise oder Magier handelte, die damals bei König Herodes vorsprachen. Sie wollten dem kürzlich geborenen König der Juden huldigen, dessen Stern sie im Osten hatten aufgehen sehen. Von Herodes nach Bethlehem geschickt, fanden sie in einem Haus, über dem der Stern stehengeblieben war, das Kind mit seiner Mutter. Als Geschenke brachten sie ihm Gold, Weihrauch und Myrrhe.

Die Erzählung von den Heiligen Drei Königen, die im übrigen außer bei Matthäus bei keinem anderen Evangelisten Erwähnung findet, wird von der Bibelkritik als Erfindung ohne historischen Hintergrund angesehen. Sie bringe nur symbolisch die Herrschaft Christi über die Heidenwelt zum Ausdruck. Die christliche Auslegung hält demgegenüber daran fest, daß zumindest der Kern der Schilderung auf ein geschichtliches Ereignis zurückgehen müsse.

Die sternkundigen Magier wurden erst in späteren Jahrhunderten von der Kirche zu Königen umgedeutet. Das hängt wohl neben einer unklaren Stelle bei Jesaja mit den Bilddarstellungen an den altägyptischen Geburtshäusern zusammen, wo immer die Szene zu sehen war, wie Pharaonen (damals bereits als Pharaonen verkleidete römische Kaiser!) dem Gotteskind der *Hathor* oder *Isis* in Gefäßen Gold und „Wohlgerüche" als Geschenke darbrachten. Auch über die Zahl der Weisen aus dem Morgenland gibt die Bibel keine Auskunft, was in der Folge zu den unterschiedlichsten Zahlenspekulationen geführt hat. Aus-

Ähnlich wie bei uns die Sternsinger am Dreikönigstag ziehen die Kinder in Schweden am Luzientag (13. Dezember) von Haus zu Haus, um Gaben zu erheischen.

schlaggebend für die Festlegung auf die Dreizahl dürfte wohl außer dem Bezug auf die heilige Dreifaltigkeit das Vorbild der mithrischen Trinität gewesen sein. Im Mithraskult wird der Erlösergott *Mithras* häufig von zwei Begleitern – *Cautes* und *Cautopates* – umrahmt. Wie diese tragen auch die Heiligen Drei Könige in frühen Darstellungen meist phrygische Mützen.

Seit dem achten Jahrhundert erhielten sie dann die Namen *Kaspar* (Kaschperl, persisch „Schatzmeister"), *Melchior* (hebräisch „Lichtkönig") und *Balthasar* (hebräisch „Fürst des Glanzes"). Chroniken berichten, daß im Jahr 1164 die „körperlichen Überreste" der drei Heiligen mit großen Feierlichkeiten von Mailand nach Köln überführt wurden.

Und was ebenfalls kurios erscheinen mag: Seit den Türkenkriegen tragen sie auf den meisten Bildern orientalische Kriegerkleidung.

Mit dem Fest der Heiligen Drei Könige wird der Weihnachtsbaum vollständig geplündert, und Krippe und Baum werden noch an diesem Tag oder wenig später abgebaut. Für die meisten Erwachsenen endet nun der Urlaub, für die Kinder die Schulferien. Doch wer will traurig sein? In 353 Tagen ist es wieder soweit, und der Weihnachtsbaum wird in neuem Glanz erstrahlen.

Vierzig Tage danach: Mariä Lichtmeß

Nicht jeder weiß heutzutage noch, was an Mariä Lichtmeß, also am 2. Februar, genau vierzig Tage nach Weihnachten, eigentlich gefeiert wird. Werfen wir also einen Blick zurück in das Israel von vor zweitausend Jahren: Nach einem alten mosaischen Gesetz galt damals jede Frau, die ein männliches Kind zur Welt gebracht hatte, noch vierzig Tage lang nach der Geburt als unrein (war das Neugeborene ein Mädchen, so galt eine andere Frist). Danach hatte sie sich in einem Tempel einer rituellen Reinigung zu unterziehen. So auch Maria. Vierzig Tage nach Jesu Geburt begab sie sich in den Tempel von Jerusalem, opferte zwei Tauben und unterzog sich dem Reinigungsritus.

Nachdem man den Geburtstag Christi auf Ende Dezember gelegt hatte, ließ sich auch dieser Feiertag problemlos dem Kirchenjahr hinzufügen, indem er die Reinigungsfeste der Römer ersetzte, die *Februa*, die traditionell im Februar stattgefunden hatten und von denen der Name dieses Monats abzuleiten ist. 542 wurde Lichtmeß vom byzantinischen Kaiser Justinian I. zum Staatsfeiertag erhoben, den im siebten Jahrhundert auch die römische Kirche übernahm. Bis 1969 lautete der offizielle und naheliegendere Name des 2. Februar *Mariä Reinigung*. Die Bezeichnung Lichtmeß hingegen leitet sich von den Lichterumzügen und den Kerzenweihen her, die an diesem Tag schon früh zum kirchlichen Brauchtum zählten. Laut einer Bibelstelle bei Lukas, auf die man sich hierbei bezog, war Maria bei ihrem Tempelbesuch einst einem Simeon begegnet, der das Jesuskind prophetisch als „Licht, das die Heiden erleuchtet" gepriesen hatte.

Mithras tötet den Urstier, römische Skulptur.
Der Mithraskult war im Römischen Reich weit verbreitet und damit für die christliche Religion eine ernsthafte Konkurrenz. Nachdem Kaiser Konstantin der Große im Jahr 313 das Christentum zur Staatsreligion erklärt hatte, wurden die meisten mithräischen Heiligtümer von christlichen Glaubensfanatikern zerstört. Das zentrale Heilsgeschehen des Mithraskultes, das Stieropfer, erscheint fast auf allen „Großen Kultbildern" in stereotyper Wiederholung. Mithras reißt mit seiner linken Hand den Kopf des Tieres nach oben, während die rechte den Dolch in den Hals des Stieres stößt. Hund und Schlange laben sich an dem die Welt erlösenden Blut. In die Genitalien des Opfertieres hat sich ein Skorpion – als Symbol der Fruchtbarkeit – verbissen.

Im bäuerlichen Leben markierte Lichtmeß früher das Ende der Arbeiten im Haus und den Beginn der Feldarbeit. Das Gesinde erhielt den Jahreslohn und war frei, einen neuen Brotgeber zu suchen. Vor dem Beginn des neuen Dienstjahres hatten die Knechte und Mägde ein paar Tage frei und konnten *schlenkeln*, wie es im süddeutschen Sprachraum hieß. Deshalb war der 2. Februar früher auch als *Schlenkeltag* bekannt. Man sprach daneben auch von der *Schlenkelwoche* und von *Schlenkeltänzen*, mit denen sich Mägde und Knechte früher die freie Zeit vertrieben.

Wie beispielsweise die zwölf Tage zwischen Weihnachten und Dreikönig oder Siebenschläfer (27. Juni) war Lichtmeß ein wichtiger *Lostag*. Nach dem Volksglauben entschieden die Lostage darüber, ob es günstig sei, bestimmte landwirtschaftliche Arbeiten zu beginnen, und wie sich das Wetter entwickeln wird. Kein Wunder also, daß zu Lichtmeß etliche „Bauernregeln" überliefert sind: „Wenn's um Lichtmeß stürmt und schneit, ist der Frühling nicht mehr weit." Oder anders herum: „Lichtmeß im Klee, Ostern im Schnee." Mariä Lichtmeß, dieser einst große Feiertag der katholischen Kirche, wurde zwar 1925 offiziell abgeschafft, gilt aber noch heute in gläubigen Teilen der Bevölkerung als der eigentliche Abschluß der Weihnachtszeit.

Das Silvester-Ethno-Buffet

Buffets sind nicht nur die angenehmste Art, mit noch unbekannten Menschen zwanglos ins Gespräch zu kommen. Sie sind auch wahre Paradiese für Schlemmer, bieten sie doch reichlich Gelegenheit, den Gaumen zu kitzeln und die verschiedensten kulinarischen Bedürfnisse zu stillen.

Mal davon schlecken, hier probieren und dort ein wenig kosten: Genießer können hier mitunter einen ganzen Abend lang auf Entdeckungsreise gehen.

Den Bedürfnissen verwöhnter Naschkatzen kommt dieses Silvester-Ethno-Buffet ganz besonders entgegen. Denn was könnte schöner sein, als den Jahreswechsel mit einer kulinarischen Weltreise im Freundeskreis zu begehen?

Wenn Sie auch noch für die richtige musikalische Untermalung sorgen, dann liegen Sie nicht nur voll im Ethno-Trend, sondern auch bei Freunden und Bekannten garantiert richtig. Die ideale Einstimmung für ein wunderschönes und weltoffenes neues Jahr.

Festliches Buffet, Phuket (Thailand).

Fleisch-Gemüse-Suppe
Soljanka

Für 8–10 Personen

2 Zwiebeln, 1 EL Butter, 2 Paprikaschoten

2 Gewürzgurken, 4 EL Tomatenmark

⅛ Liter Gewürzgurkenflüssigkeit, 1 Glas Kapern (100 g)

1 kleines Lorbeerblatt, 1 EL Pimentkörner

200 g gekochtes Rindfleisch, 200 g Kasseler Rippenspeer

250 g Jagdwurst, 150 g Salami

1½ Liter klare Fleischsuppe (Fertigprodukt)

edelsüßer Paprika, Cayennepfeffer

frisch gemahlener weißer Pfeffer

Außerdem:

3 Becher saure Sahne (300 g)

1 Packung tiefgefrorene Petersilie, 3 Zitronen

Die Zwiebeln schälen, halbieren, in Scheiben schneiden. Butter in einer Pfanne erhitzen und die Zwiebelringe darin goldgelb werden lassen. Paprikaschoten waschen, putzen und in kleine Streifen, Gewürzgurken in kleine Würfel schneiden. Zu den Zwiebelringen geben. Tomatenmark, Gewürzgurkenflüssigkeit und Kapern mit etwas Wasser verrühren und zusammen mit dem Lorbeerblatt und den Pimentkörnern in die Pfanne geben. Rindfleisch, Kasseler und Jagdwurst in Würfel, Salami in Streifen schneiden und ebenfalls hinzufügen. Die Pfanne mit der klaren Fleischsuppe auffüllen. 20 Minuten kochen lassen. Mit Paprika, Cayennepfeffer und Pfeffer abschmecken. Zum Servieren die saure Sahne verrühren. Die Suppe in vorgewärmte Suppenteller oder -Tassen geben und jeweils mit einem Klecks saurer Sahne, etwas Petersilie und einer Zitronenscheibe garnieren.

„Verschlungene Wolken"
Wonton

Ergibt etwa 40 Stück	
Für die Teighüllen:	
250 g Mehl	
2 Eier	
Salz	
Mehl zum Ausrollen	
Für die Füllung:	
100 g Chinakohl	
2 Frühlingszwiebeln	
150 g tiefgefrorene Shrimps	
120 g Schweinehackfleisch	
je 2 EL Reiswein (oder trockener Sherry) und Austernsauce	
1 Messerspitze gemahlener Koriander	
weißer Pfeffer	
1 EL Öl	
1 TL Speisestärke	
Zum Bestreichen:	
1 Eiweiß	
Zum Ausbacken:	
Sesamöl	

Für die Teighüllen alle Zutaten mit 1–2 Eßlöffel Wasser in einer Schüssel zu einem glatten Teig verkneten. 30 Minuten ruhen lassen. Portionsweise entweder mit einer Nudel-

Reis-Fisch-Röllchen

— Sushi —

Für 4–6 Portionen
250 g Klebreis, ½ Liter Wasser, Salz
100 g eingelegter Kürbis, 1 Salatgurke (etwa 250 g)
100 g japanisches Fisch-Crabmeat (6 Stangen)
5 EL Reisessig, 5 TL Zucker
3 Noriblätter (getrockneter Seetang)
2 Frühlingszwiebeln, 1 Möhre
10 El Sojasauce, 4 EL Reiswein (Sake)
1 TL Wasabi (japanischer Meerrettich)

Den Reis zusammen mit ½ Liter Wasser und 1 Teelöffel Salz aufkochen und zugedeckt bei kleiner Hitze etwa 10 Minuten köcheln, dann 20 Minuten ausquellen lassen. Inzwischen den Kürbis abtropfen lassen und die Gurke schälen. Beides in Streifen schneiden. Die aufgetauten Crabmeat-Stangen längs halbieren. Essig und Zucker mit 1 Teelöffel Salz verrühren, unter den gegarten Reis mischen. Abkühlen lassen. Jeweils ein Noriblatt auf eine Stoffserviette legen und die Reismischung etwa 1 cm dick auftragen; an einer Längsseite etwa 3 cm unbedeckt lassen. Darauf die Gurken-, Kürbis- und Crabmeat-Streifen legen. Die Blätter mit Hilfe der Serviette fest aufrollen. 30 Minuten kalt stellen. Inzwischen die Frühlingszwiebeln putzen und die Möhre schälen. Das Gemüse dekorativ zuschneiden. Kurz in kochendes Wasser geben, 1 Minute ziehen lassen, dann in Eiswasser legen. Sojasauce, Reiswein und Wasabi verrühren und in kleine Schälchen verteilen. Die Rollen aus den Servietten wickeln und in 1 bis 2 cm dicke Scheiben schneiden. Die Sushi anrichten und mit dem Gemüse dekorieren. Die Sauce als Dip dazu servieren.

maschine oder auf leicht bemehlter Fläche mit einer Kuchenrolle hauchdünn ausrollen und 8 x 8 cm große Quadrate ausschneiden. Die Quadrate aufeinanderlegen, zwischendurch dünn mit Mehl bestäuben, damit sie nicht zusammenkleben. Dann mit einem feuchten Tuch abdecken, damit die Blätter nicht brüchig werden.

Für die Füllung: Chinakohl und Frühlingszwiebeln putzen, waschen, trockentupfen und fein schneiden. Die aufgetauten Shrimps trockentupfen und ebenfalls kleinhacken. Chinakohl, Zwiebeln und Shrimps mit dem Hackfleisch, den Gewürzen, Öl und Speisestärke verkneten.

Die Teigplatten einzeln ausbreiten, etwas Füllung in die Mitte geben, die Ränder mit verquirltem Eiweiß bestreichen und den Teig diagonal überklappen. Festdrücken. Portionsweise in reichlich Sesamöl goldgelb ausbacken.

TIP Tiefgefrorene Wonton-Blätter können Sie in Asien-Läden kaufen, und fertige Wontons mit entsprechenden Saucen werden in den Kühltruhen unserer Supermärkte angeboten. Zum Auftauen bedecken Sie die Wonton-Blätter einfach mit einem feuchten Tuch.

Asiatischer Reissalat

— Mu-err Sushi —

Für 4–6 Portionen
4 getrocknete Mu-err-Pilze
250 g Basmati-Reis, ½ Liter Hühnerbrühe
3 cl Sherry, medium, 5 EL Sojasauce
300 g grüne Bohnen, 2 Zucchini (etwa 250 g), Salz
200 g tiefgefrorene Shrimps, 4 EL Hühnerbrühe
3 EL Sesamöl, 1 TL Zucker

Die getrockneten Pilze mit kochendem Wasser überbrühen und etwa 30 Minuten quellen lassen. Den Reis zusammen mit ½ Liter Hühnerbrühe und jeweils 1 Eßlöffel Sherry und Sojasauce aufkochen und zugedeckt bei kleiner Hitze etwa 10 Minuten köcheln, dann 20 Minuten ausquellen lassen. Inzwischen die Bohnen und die Zucchini putzen, waschen. Die Bohnen schräg in 1 cm lange Stücke und die Zucchini in Würfel schneiden. Die gequollenen Pilze in Stücke teilen und in ¼ Liter gesalzenem Wasser in etwa 30 Minuten zugedeckt garen. 10 Minuten vor Ende der Garzeit die Bohnen und 3 Minuten vorher die Zucchiniwürfel hinzufügen und mitgaren. Das Gemüse gut abtropfen lassen und mit dem Reis und den Krabben in einer Schüssel mischen. Die Hühnerbrühe mit den restlichen 4 Eßlöffeln Sojasauce, den restlichen 2 Eßlöffeln Sherry, dem Sesamöl und dem Zucker verrühren und unter die Salatzutaten geben. Den Salat etwa 30 Minuten durchziehen lassen. Zwischendurch einmal umrühren.

Zucchinischeiben mit Joghurt-Zimtsauce

— Kusah be'laben —

Für 4–6 Portionen
400 g Zucchini, Salz, 1 Knoblauchzehe
2 Becher Vollmilch-Joghurt (je 150 g), 1 Eiweiß, ½ TL Zimt

Zucchini putzen, waschen und in dünne Scheiben schneiden. Portionsweise in kochendes Salzwasser geben, 3 Minuten garen. Herausnehmen, abtropfen lassen. Knoblauchzehe schälen und fein zerdrücken oder durch eine Knoblauchpresse drücken. Joghurt, Salz, Eiweiß und einige Tropfen lauwarmes Wasser in einem Topf im Wasserbad schaumig rühren. Zimt und Knoblauch unterrühren.
Zum Anrichten die Zucchinischeiben schuppenartig in einer flachen Schale anordnen. Die Zimtsauce darüber geben.

Petersiliensalat

— Tabbulah —

Für 4–6 Portionen
60 g feines Burghul (feine Weizengrütze)
300 g reife Tomaten
1 Bund Frühlingszwiebeln
5 Bund glatte Petersilie
5 Blätter frische Minzblätter
3 EL Zitronensaft
3 EL Olivenöl (kaltgepreßt)
Salz

Burghul in einer Schüssel mit kaltem Wasser bedecken und 70 Minuten darin quellen lassen.
Die Tomaten waschen, achteln, die Stengelansätze entfernen. Die Tomatenachtel sehr fein würfeln. Die Frühlingszwiebeln putzen, waschen und nur die weißen Teile sehr fein schneiden. Die Petersilie abbrausen, trockenschleudern, die Blätter von den Stielen zupfen und fein hacken. Minzblätter fein schneiden. Die Weizengrütze abtropfen lassen, in ein Geschirrtuch geben und sehr gut ausdrücken.
Weizengrütze mit allen Zutaten locker mit einer Gabel mischen. Kurz vor dem Servieren Minze, Zitronensaft, Öl und Salz untermischen. In einer Schüssel anrichten.

Gefüllte Maistaschen

— Tacos —

Für 6 Portionen
50 g Feldsalat
½ kleiner Kopf Frisée-Salat
2 Dosen (je 125 g) mexikanische Meeresspezialitäten
6 Tacoshells (Fertigprodukt)
6 Maiskölbchen
3 Kirschtomaten
Zum Garnieren:
frischer Oregano

Den Salat putzen, abbrausen, trockentupfen. Mit den Meeresspezialitäten in den Tacoshells anrichten.
Jeden Taco mit einem Maiskölbchen, je 2 Tomatenvierteln und den Oreganoblättchen anrichten.

Indischer Lammreis

Lamb Pulao

Für 4–6 Portionen

1 Stück Ingwerwurzel (ca. 2 cm)

1 große Zwiebel

1 zerdrückte Knoblauchzehe

½ TL Kreuzkümmel

3 Gewürznelken

3 EL Sesamöl

250 g Hackfleisch vom Lamm

250 g Basmati-Reis

Salz

½ TL Garam masala

(indische Gewürzmischung: Zimt, Koriander, Kardamom,
Kreuzkümmel und schwarzer Pfeffer)

300 g tiefgefrorene Erbsen

Ingwerwurzel, Zwiebel und Knoblauchzehe schälen. Ingwer in Stifte und die Zwiebel und die Knoblauchzehe in kleine Würfel schneiden. Zusammen mit dem Kreuzkümmel und den Nelken in Sesamöl anbraten.

Das Hackfleisch dazugeben und krümelig braten. Den Basmati-Reis unterrühren und mit ½ Liter gesalzenem Wasser aufgießen. Alles umrühren und zugedeckt bei kleiner Hitze etwa 15 Minuten garen.

Garam masala und die Erbsen dazugeben und das Gericht weitere 8 Minuten zugedeckt fertiggaren.

Champignons in Sherry

Champiñones al Jerez

Für 4–6 Portionen

400 g frische Champignons

6 EL Zitronensaft

2 Zwiebeln

3 Knoblauchzehen

5 EL Olivenöl

Salz

frisch gemahlener schwarzer Pfeffer

10 cl Sherry (Amontillado dry)

3 EL tiefgefrorene Petersilie

Champignons putzen, abtupfen, eventuell waschen und trockentupfen. Dann halbieren oder vierteln. Mit Zitronensaft beträufeln.

Zwiebeln und Knoblauchzehe schälen und sehr fein schneiden.

Olivenöl erhitzen und die Zwiebel- und Knoblauchwürfel darin glasig werden lassen. Die Pilze hinzufügen und unter Wenden kurz anbraten. Mit Salz und Pfeffer bestreuen und mit dem Sherry aufgießen. Noch 6 Minuten ohne Hitze ziehen lassen.

Zum Servieren – kalt oder warm – mit gehackter Petersilie bestreuen.

Buntes Gemüse mit gebratenem Tofu

Für 4–6 Portionen

500 g Tofu, 40 g Vollkornbrösel, ½ TL Kräutersalz
4 EL Sojaöl, 1 Zwiebel
2 Zucchini (etwa 400 g)
3 grüne Paprikaschoten (etwa 300 g)
2 TL Sambal oelek
½ TL Zucker, Salz
4 EL Gemüsebrühe

Tofu in ½ cm große Würfel schneiden. Anschließend trockentupfen. Vollkornbrösel und Kräutersalz mischen. Die Tofuwürfel darin portionsweise wenden.

Sojaöl in einer Pfanne erhitzen und die Tofuwürfel darin unter Wenden goldgelb braten. Dann aus der Pfanne nehmen und warm stellen. Öl in der Pfanne lassen.

Die Zwiebel schälen und würfeln. Zucchini putzen, waschen und würfeln. Paprikaschoten vierteln, den Stengelansatz und die weißen Kerne entfernen; die Paprikaschotenviertel in Streifen schneiden. Sambal oelek, Zucker und Salz in die Pfanne mit dem Bratfett geben. Zucchini- und Zwiebelwürfel hinzufügen, anbraten und darin glasig werden lassen. Gemüsebrühe dazu geben. Dann die Paprikaschotenstreifen hinzufügen und unter Wenden 6 Minuten dünsten. Kurz vor dem Servieren die Tofuwürfel unter das Gemüse heben.

Würziger Heringstopf

Für 4–6 Portionen

8 küchenfertige Salzheringe (je 120 g)
3 rote Zwiebeln, 2 Möhren
1 kleine Meerrettichwurzel, 2 Äpfel
Saft einer Zitrone
¼ Liter Weißweinessig, ½ Liter Wasser
3 EL Zucker, 10 weiße Pfefferkörner
5 Wacholderbeeren, 2 Lorbeerblätter, 1 Bund Dill

Heringe häuten, die Filets über Nacht wässern. Zwiebeln schälen, Möhren und Meerrettichwurzel putzen und waschen. Zwiebeln in Ringe, Möhren in Scheiben und Meerrettichwurzel in Stifte schneiden.

Äpfel schälen, achteln, Kerngehäuse entfernen und die Apfelstücke in Scheibchen schneiden. Zitronensaft mit etwas Wasser vermischen und über die Apfelstücke geben.

Essig, Wasser, Zucker und Gewürzzutaten in einem Topf aufkochen. Möhrenscheiben und Meerrettichwurzelstifte dazugeben und 10 Minuten kochen lassen. 5 Minuten vor Ende der Garzeit die Zwiebelringe hinzufügen und in dem Sud leicht garen.

Den Sud mit Gemüse und Gewürzen erkalten lassen. Heringsfilets abtropfen lassen, in 2 cm breite Stücke schneiden und in ein Glasgefäß geben. Apfelstücke und Dillspitzen hinzufügen. Den Gemüsesud darübergießen und zugedeckt mindestens 1 Stunde an einem kühlen Ort ruhen lassen.

TIP Als Beilage schmecken knusprige Bratkartoffeln.

Zitronen-Bowle

Für 6–8 Portionen
10 Kiwis
abgeriebene Schale und Saft von 6 unbehandelten Zitronen
1 Liter Wasser
300 g Zucker
¾ Liter Moselwein
¼ l Rum (40 % Vol.)
1 Flasche Sekt zum Auffüllen
1 Bund Zitronenmelisse

Kiwis schälen und in Scheiben schneiden. Zugedeckt beiseite stellen. Zitronen dünn schälen und Zitronensaft auspressen. Wasser und Zucker in einem Topf erhitzen und so lange kochen, bis sich der Zucker aufgelöst hat. Zitronenschalen hinzufügen. Die Flüssigkeit abkühlen lassen.

Die Zuckerflüssigkeit durch ein Sieb seihen. Zitronensaft, Wein und Rum zugießen. 2 Stunden in den Kühlschrank stellen. Kurz vor dem Servieren die Kiwischeiben hinzufügen. Den Punsch in ein großes Gefäß geben. Mit Sekt auffüllen. Zum Schluß die Zitronenmelisseblättchen in die Bowle geben.

Limetten-Drink

Für 1 Portion
je 1 cl Limettensaft und Lime Juice
4 cl weißer Rum
3 Eiswürfel
Sekt zum Auffüllen

Limettensaft, Lime Juice und Rum mit Eiswürfeln verrühren, in ein Stiel-Glas abseihen. Mit Sekt auffüllen.

TIP Wenn Sie auf Alkohol verzichten wollen, dann lassen Sie einfach den Rum weg und füllen Sie Ihr Glas mit Mineralwasser statt mit Sekt auf.

Maracuja-Drink

Für 1 Portion
2 cl weißen Rum
1 Spritzer Angostura
⅛ Liter Maracuja-Nektar
Sekt zum Auffüllen

Weißen Rum, Angostura und Maracuja-Nektar in einem Gefäß verrühren. In ein Stielglas gießen und mit Sekt auffüllen.

TIP Auch dieser Drink läßt sich problemlos ohne Alkohol zubereiten. Dazu ersetzen Sie den Rum einfach durch 1 cl Zitronensaft, und statt mit Sekt füllen Sie Ihr Glas mit sprudelndem Indian Tonic Water auf.

Kirsch-Drink

Für 1 Portion
2 cl weißer Rum
1 cl Orangensaft
1 Spritzer Angostura
⅛ Liter Kirschsaft
Sekt zum Auffullen

Weißen Rum, Orangensaft, Angostura und Kirschsaft in ein Gefäß seihen. In ein Stielglas gießen und mit Sekt auffüllen.

TIP Wer auf Alkohol verzichten will, der nehme einfach an Stelle des Rums 1 cl Zitronensaft und fülle sein Glas nicht mit Sekt, sondern mit Mineralwasser auf.

Schottischer Korinthenkuchen

—— Scotch Currant Bun ——

Dieser gehaltvolle Korinthenkuchen wird in Schottland zur Jahreswende gegessen, zum *Hogmanay*, wie es dort heißt.

Ergibt 12 Stücke
Für den Teig:
135 g Butter, 235 g Mehl
1½ TL Zucker, 1 Prise Salz
2 EL kaltes Wasser
Für die Füllung:
675 g Korinthen
je 115 g kernlose Rosinen, Zitronat und gehackte Mandeln
170 g Mehl, 3 TL Lebkuchengewürz
4 TL gemahlener Ingwer, 2 TL gemahlener Zimt
1 TL Backpulver
2 Glas (je 2 cl) Weinbrand
¹⁄₁₆ Liter Milch, 1 EL kaltes Wasser
Zum Bestreichen:
1 Ei
Außerdem:
Frischhaltefolie
Butter zum Einfetten
Mehl zum Ausrollen

Für den Teig: Butter, Mehl, Zucker, Salz und Wasser zu einem festen Teig kneten. In Frischhaltefolie wickeln und 30 Minuten kühl stellen.

Eine Springform (Durchmesser 22 cm) einfetten. Den Teig in 3 große Stücke teilen. Je 2 Teigportionen auf einer leicht bemehlten Fläche etwa 3 mm dick ausrollen. Eine Teigplatte in die Form legen. Die 2. Teigplatte beiseite legen.

Das dritte Teigstück zu einem Streifen von 66 cm Länge und 3 cm Breite ausrollen. Den Rand der Springform damit auslegen und fest andrücken.

Für die Füllung: Korinthen und Rosinen waschen und gut trockentupfen. Zitronat fein hacken. Zusammen mit Rosinen, Korinthen, Mandeln, Zucker, Mehl, Gewürzen, Backpulver, dem Weinbrand und der Milch in eine Schüssel geben. Gut verrühren. Die Füllung auf dem Teig verteilen. Die Teigränder ringsum auf die Füllung klappen.

Mit der restlichen Teigplatte bedecken und mit einer Gabel mehrmals einstechen. Die Teigoberfläche mit verquirltem Eigelb bestreichen. Im vorgeheizten Backofen, 2. Schiene von unten, bei 180 °C (Umluft 160 °C, Gas Stufe 2) etwa 75 Minuten backen. Den Kuchen auskühlen lassen und in Alufolie schlagen. Vor dem Verzehr eine Woche ruhen lassen.

Berliner Pfannkuchen

Ergibt etwa 20 Stück
500 g Mehl, 40 g Hefe, gut ⅛ Liter warme Milch
45 g Zucker, 2 EL Pflanzenöl, 2 Eigelb
1 gestrichener TL Salz, 2 EL Rum (45 % Vol.)
Erdbeer- oder andere Konfitüre (auch Pflaumenmus)
Butterschmalz zum Ausbacken
Zucker oder Puderzucker zum Bestreuen

Mehl in eine Schüssel geben. Hefe in der Milch auflösen und mit 1 Teelöffel Zucker verrühren. Restlichen Zucker, Pflanzenöl, Eigelb, Salz und Rum zum Mehl geben. Mit dem Knethaken des Handrührgerätes zu einem glatten, elastischen Teig verarbeiten. Wenn der Teig Blasen wirft, zugedeckt an einem warmen Ort etwa 20 Minuten gehen lassen. Mit den Händen durchkneten und daumendick ausrollen. Runde Plätzchen von etwa 8 cm Durchmesser ausstechen. Auf die Hälfte der Plätzchen jeweils 1 Teelöffel Konfitüre oder Pflaumenmus geben. Die Teigränder mit wenig Wasser bestreichen, immer ein belegtes Plätzchen mit einem unbelegten Plätzchen zusammensetzen. Die Teigränder festdrücken. Pfannkuchen nochmals 15 Minuten gehen lassen. Butterschmalz auf 175 °C erhitzen und die Pfannkuchen in das heiße Fett geben, 3 Minuten auf jeder Seite goldgelb backen. Nach dem Herausnehmen auf Küchenpapier abfetten. Mit Puderzucker bestäuben.

Schmalzküchlein

—— Biscuits au saindoux ——

Für 8 Portionen
500 g Mehl, 1 gestrichener TL Backpulver
4 Eier, 100 g Butter
1 Prise Salz, 1 EL Cointreau
Außerdem:
Mehl zum Ausrollen
Öl zum Ausbacken
Puderzucker zum Bestäuben

Mehl und Backpulver in einem Gefäß mischen. Restliche Zutaten hinzufügen und alles mit dem Handrührgerät (Knethaken) zu einem glatten Teig verarbeiten. Den Teig auf einer leicht bemehlten Fläche ½ cm dick ausrollen und etwa 20 cm lange Streifen ausschneiden. Diese von der schmalen Seite her aufrollen und in 2 cm lange Stücke schneiden. Die Rollen in dem auf 180 °C erhitzten Fett goldgelb ausbacken. Mit einer Schaumkelle herausnehmen, auf Küchenpapier abtropfen lassen. Mit Puderzucker bestäuben.

Zitrusgebäck

Merveilles

Das französische „Les Merveilles" bedeutet auf deutsch
soviel wie „Die Wunder". Man ißt sie in Frankreich nicht
nur zu Silvester, sondern auch zum Nikolaustag. Ob die
Merveilles wirklich Wunder vollbringen können, das müssen
Sie selbst ausprobieren. In einem Punkt zumindest ist ihre
wunderbare Wirkung unbestritten: im Geschmack!

Ergibt etwa 28 Stück
100 g Butter, 80 g Puderzucker, 3 Eier
abgeriebene Schale von 1 unbehandelten Zitrone
oder Orange
1 Prise Salz, 400 g Mehl
Außerdem:
Mehl zum Ausrollen
Pflanzenfett zum Ausbacken
Küchenpapier, Zucker zum Wenden

Butter und Puderzucker schaumig rühren. Eier dazugeben
und alles weißcremig schlagen. Orangen- oder Zitronenschale, Salz und Mehl hinzufügen und zu einem geschmeidigen Teig verkneten. Zugedeckt 2 Stunden ruhen lassen.
Dann in vier gleich große Stücke teilen. Jedes Teigstück auf
einer leicht bemehlten Fläche etwa 3 mm dick ausrollen und
mit einem Teigrädchen in sieben etwa 7 cm große Stücke
schneiden. Jedes Quadrat diagonal mit einem Teigrädchen
dreimal ein-, aber nicht durchschneiden.
Fett in einem Topf auf 180 °C erhitzen und die Merveilles
darin goldgelb ausbacken. Einmal wenden. Auf Küchenpapier abtropfen lassen. Sofort in Zucker wenden.

Klosterbrezeln

Brachitum

Die Brezel gehört zu den Gebäcken, die schon vor Jahrhunderten in den Klosterbackstuben zubereitet wurden. Sie
zählte damals zu den Fastenspeisen, d.h. zu den fleischlosen
Genüssen. Vermutlich war die Brezel schon in heidnischer
Zeit als Opfer- oder Totengabe bekannt. Statt goldener Arm-
ringe und Halsreifen legte man den verstorbenen Angehöri-
gen die sehr viel preiswerteren Nachbildungen aus Teig ins
Grab. Die Brezel der Mönche hatte oft eine religiöse Bedeutung. Die Klosterbrezeln des Mittelalters wurden in Form
verschlungener Arme oder gefalteter Hände gebacken. In
der Sprache der Klosterbrüder, dem *Mönchslatein*, hießen sie
Brachitum, zu deutsch „der Arm". Daraus wurde später das
italienische Wort „bracciatelli", von dem sich wiederum das
deutsche Wort „Brezel" ableitet. Brezeln galten als Symbol
der Unendlichkeit und der Verbundenheit. Noch heute sind
sie in vielen Teilen Europas nicht nur Hochzeitsgeschenk
und Ostergabe, sondern gelten ebenso als Weihnachts- und
Neujahrsgruß.

Ergibt 2 Stück
500 g Mehl, 40 g Hefe, 1 TL Zucker
⅛ Liter lauwarme Milch, 100 g Butter oder Margarine
100 g Zucker, 1 Päckchen Vanillezucker, 1 Prise Salz
Zum Bestreichen: 1 Ei

Holländisches Schmalzgebäck
— Oliebollen —

Oliebollen sind eine rein holländische Spezialität, und werden dort nur zu Silvester gebacken.

Ergibt etwa 32 Stück
Für den Teig:
500 g Mehl, 400 ml lauwarmes Wasser
25 g Hefe, 1½ TL Salz
je 100 g Rosinen und Korinthen
50 g Sukkade, 4 große, saure Äpfel
Außerdem:
Mehl zum Formen
Pflanzenfett zum Ausbacken
Puderzucker zum Bestäuben

Mehl in eine Schüssel geben. In die Mitte eine Mulde drücken. Hefe hineinbröckeln. Mit Milch, Salz und etwas Mehl vom Rand einen Vorteig kneten. Zugedeckt 20 Minuten ruhen lassen.

Dann zu einem glatten Teig verkneten. Rosinen und Korinthen waschen, gut trockentupfen. Äpfel schälen, achteln, Kerngehäuse entfernen, die Apfelstücke fein würfeln. Zusammen mit den Rosinen, Korinthen und der Sukkade in den Teig geben. Mit einem feuchten Tuch abdecken und 1 Stunde ruhen lassen.

Das Fett in einer Pfanne auf 180 °C erhitzen. Mit zwei Eßlöffeln Teigportionen abstechen und mit bemehlten Händen zu Kugeln formen. Im heißen Fett goldgelb ausbacken. Herausnehmen und auf Küchenpapier abtropfen lassen. Mit Puderzucker bestäuben.

Zum Bestreuen:
20 g gehackte Mandeln
Zum Bestäuben:
4 EL Puderzucker
Außerdem:
Mehl zum Ausrollen, Backpapier

Mehl in eine Schüssel geben, in die Mitte eine Vertiefung drücken, Hefe hineinbröckeln. Mit Zucker, Milch und etwas Mehl vom Rand zu einem Vorteig verrühren. Mit Mehl bestäuben und zugedeckt an einem warmen Ort etwa 20 Minuten gehen lassen.

Butter oder Margarine schmelzen, abgekühlt mit dem Zucker, Vanillezucker, Salz sowie mit dem Vorteig zu einem glatten Teig verarbeiten. So lange kneten, bis der Teig sich vom Schüsselrand löst und Blasen wirft. Den Teig halbieren. Jede Hälfte auf einer bemehlten Fläche zu einer Rolle von 70 cm Länge formen, die Rollenenden mit einem spitzen Messer viermal je 10 cm tief einschneiden, so daß fingerförmige Streifen entstehen. Die beiden „Hände" ineinanderlegen. Die zweite Teighälfte ebenso formen.

Die Brezeln auf ein mit Backpapier ausgelegtes Backblech setzen. Mit verquirltem Eigelb bestreichen und mit gehackten Mandeln bestreuen. Nochmals 20 Minuten gehen lassen. Im vorgeheizten Backofen, mittlere Schiene bei 200 °C (Umluft 170 °C, Gas Stufe 3) etwa 20 Minuten backen. Die warmen Brezeln mit Puderzucker bestäuben.

Schweizer Käsefondue
—————— Fondue neuchâteloise ——————

Für 6 Portionen
1 Knoblauchzehe
je 300 g frisch geriebener Schweizer Emmentaler und Gruyère
½ Liter trockener Weißwein (z.B. aus der Schweiz)
1 TL Speisestärke
1 Glas (4 cl) Kirschwasser
Außerdem:
etwa 2 Kastenweißbrote oder auch dunkles Roggen- oder Körnerbrot

Die Knoblauchzehe schälen und halbieren und den Fondue-topf damit ausreiben. Den Schweizer Käse grob reiben, den Gruyère in kleine Stücke schneiden.

Weißwein und Schweizer Käse in einen Kochtopf geben und bei milder Hitze erwärmen. Dabei mit einem Holzlöffel ständig in Achterform umrühren. Nach und nach den Gruyère einrühren. Sobald die Masse vollständig gelöst ist, die in Kirschwasser und etwas Käsecreme aufgelöste Speise-stärke unterrühren. Nochmals köcheln lassen, bis alles schön sämig ist.

Dann in einen im Backofen vorgewärmten Spezialtopf (Käsekachel) aus Keramik oder in eine feuerfeste Glasform geben. Diese auf das Rechaud setzen.

Brot in Würfel schneiden und auf Fondue-Gabeln stecken. Die Brotwürfel in der Käsecreme wenden, bis sie rundherum mit Käse überzogen sind, und sofort essen. Die Brotwürfel können auch zuvor im Backofen, auf dem Backblech, leicht angeröstet werden, dann bleibt die Käsecreme besser daran haften.

TIP Für diese gesellige Runde sollte die Käsecreme schon in der Küche vorbereitet und dann auf dem Tisch mit einem Rechaud warm gehalten werden. Als Fondue-Topf empfiehlt sich ein *Caquelon*, das ist ein Spezialgefäß aus Keramik, auch *Käsekachel* genannt, die nicht nur praktisch ist, weil sie die Wärme gleichmäßig verteilt, sondern auch dekorativ aussieht. Wie beim Fleisch-Fondue werden daneben für jede Person ein Teller und eine Gabel benötigt, außerdem kleine Schüsselchen für Mixed Pickels, eingelegte Rote Bete, süß-sauren Kürbis, pikante Senffrüchte, Preisel-beerkompott etc. Als Beilage schmeckt auch ein grüner Salat in einer Essig-Öl-Marinade.

Obwohl allgemein Weiß- oder Rotwein dazu getrunken wird, macht Wein das Käsefondue schwer verdaulich. In der Schweiz wird ungesüßter Schwarzer Tee und zwischendurch ein Kirschwasser (coupe du milieu) dazu getrunken. In Graubünden trinkt man dazu Milchkaffee.

Wintermorgen bei Sils mit Piz de la Margna, Engadin (Schweiz).

Chinesisches Fondue

— Shi Jin Huo Guo —

Für 4–6 Portionen

1 Bund Suppengrün

3 Gläser Geflügelfond (je 400 ml)

2 Gläser Rinderfond (je 400 ml)

5 weiße Pfefferkörner

1 Lorbeerblatt

Für das Fleisch:

je 250 g Hähnchen- und Putenbrustfilet

300 g Entenbrust (ohne Haut)

300 g Lammfleisch (Keule)

4–6 Hummerkrabben

150 g weißen und grünen Blumenkohl

150 g Porree (weiß und grün)

200 g Möhren

200 g Staudensellerie mit Blättchen

200 g Zucchini

300 g Wirsing- oder Chinakohlblätter

200 g Champignons

150 g Tiefsee- oder Nordseekrabbenfleisch

Für die Sojasauce:

20 g über Nacht eingeweichte Mu-err (chinesische Pilze)

2 EL Sherry (Fino)

3 EL Sojasauce

1 EL Zitronensaft

1 Bund Schnittlauch

Für die Sesamsauce:

4 EL Sesamkörner

1 EL Sojabohnenpaste

1 EL Zucker

2 EL süßen Reiswein

2 EL Reisessig oder leicht verdünnter Apfelessig

1 EL Sake (Reiswein) oder trockener Sherry

4 EL Sojasauce

1 TL Senfpulver

Suppengrün putzen, waschen, kleinschneiden. In dem Geflügel- und Rinderfond mit den Gewürzen 60 Minuten zugedeckt garen.

Die verschiedenen Fleischsorten trockentupfen und mit einem scharfen Messer in superdünne Scheiben schneiden. Hummerkrabben aus der Schale lösen, den Darm entfernen, eventuell der Länge nach halbieren. Gemüse putzen, waschen, abtropfen lassen. Blumenkohl in Röschen, Porree, Möhren und Staudensellerie (die Blätter zum Garnieren verwenden) in Streifen, Zucchini in Scheiben, Wirsing- oder Chinakohlblätter in Stücke schneiden. Champignons entweder ganz lassen oder halbieren. Die Gemüsesorten, Hummerkrabben und das Tiefsee- oder Nordseekrabbenfleisch in Schälchen verteilen.

Für die Sojasauce: Die zuvor über Nacht eingeweichten Pilze abtropfen lassen und die Flüssigkeit durch ein feines Sieb gießen. Die Brühe beiseite stellen, sie kann später separat serviert werden (siehe: TIP). Sherry, Sojasauce und Zitronensaft zu den Pilzen geben und alles mit dem Pürierstab fein pürieren. Feingeschnittenen Schnittlauch unterheben. Für die Sesamsauce die Sesamkörner ohne Fett in einer Pfanne rösten und im Mörser zerdrücken. Dann mit Sojabohnenpaste und Zucker mischen. Die übrigen Zutaten unterrühren.

Die Hühnerbrühe nochmals erhitzen, durch ein Sieb in den Mongolentopf gießen und abschmecken. Den Topf auf das Rechaud stellen. Die Zutaten mit Hilfe der Siebchen in der Brühe garen.

TIP Wie beim Fondue brauchen Sie auch hier einen Topf, ein Rechaud, für jeden Gast einen Teller, Besteck und kleine Siebchen. Im *Mongolentopf* – mit Schornstein – (den gibt's in jedem guten Haushaltswarengeschäft zu kaufen) garen Fleisch, Fisch und Gemüse in kochender Brühe. Mit Hilfe der kleinen Siebe werden die Zutaten in die Brühe gegeben. Zum Essen dippt man die Zutaten in die Saucen.

Dazu wird gekochter Reis oder Weißbrot gegessen. Die heiße, würzige Brühe trinkt man zum Schluß aus Schälchen oder Tassen mit verquirltem Ei oder einer Einlage aus Reis oder Glasnudeln (diese müssen vorher mit kochendem Wasser übergossen und 30 Minuten eingeweicht werden). Als Getränk sollten Sie dazu einen trockenen Weißwein anbieten.

Ein russischer Katerbrunch

Wer Silvester nicht richtig gefeiert hat, kann und darf es jetzt tun. Ein Katerfrühstück auf russische Art mundet aber auch denjenigen, die an Silvester das ein oder andere Glas zuviel getrunken haben und die es jetzt nach deftiger Kost verlangt. Vorbild unseres Katerbrunchs ist die traditionelle russische *Sakuska*-Tafel. Schon im 10. Jahrhundert war es üblich, vor dem Hauptgericht getrockneten oder eingesalzenen Fisch, Fleisch oder Geflügel in Aspik, marinierte Pilze oder andere Kleinigkeiten zur Einstimmung auf das Mittag- oder Abendessen zu sich zu nehmen. Aus diesem alten Brauch entwickelte sich die berühmte russische Sakuska, eine opulente Vorspeisentafel. Sie war oft so reichhaltig, daß die Gäste allein an ihrem Angebot ihren Appetit stillten, so daß für die anschließende Hauptmahlzeit im Magen gar kein Platz mehr blieb.

Auf den großen Gutshöfen, die jederzeit mit unangemeldeten Gästen zu rechnen hatten, blieben die Sakuska-Tische, meist in einem gesonderten Salon, den ganzen Tag über aufgebaut. Jeder konnte sich nach Belieben bedienen, im allgemeinen im Stehen. Eine bestimmte Reihenfolge gab es nicht. Es wurde nach Gusto herumprobiert, wozu auch die sorgfältige Aufmachung der angebotenen Speisen ermutigte.

Kloster Kolomenskoje im Winter, Moskau.

Salat Olivier

Ein bunter Salat, der auf dem Sakuska-Tisch seinen Platz finden könnte. Niemand weiß, woher er seinen Namen hat. Wahrscheinlich wurde der Salat Olivier von einem jener Salatköche komponiert, die im St. Petersburg des 18. Jahrhunderts eine Rolle spielten. Einer von ihnen brachte seine Erkenntnisse über die Kunst der Salatbereitung zu Papier: „Der Salat ist die Sinfonie aller Speisen. Er bedarf der Kunst und fast der Genialität. Bei der Komposition dieser Sinfonie muß man beim Öl ein weites Herz haben, beim Essig ein Geizkragen und bei der Salzverwendung ein Weiser sein." Salat paßt immer – ob zum Mittag- oder Abendessen. Aus jeder Fleisch- oder Gemüsesorte kann man Salat zubereiten – es gehört nur etwas Phantasie dazu.

200 g gekochtes Hühnerfleisch
1 roher Apfel (sauer)
1 gekochte Möhre
2 gekochte Kartoffeln
2–3 Gewürzgurken
4 hartgekochte Eier
ca. 200 g Erbsen aus der Dose
Für die Marinade:
2 EL Olivenöl
1 TL scharfer Senf
1 EL Weinessig
Zum Garnieren:
½ Bund Petersilie
1 hartgekochtes Ei
1 EL gekochte Krabben

Fleisch, Möhre, Kartoffeln, Gurken und Eier feinwürflig oder in Streifen schneiden und mit den Erbsen vermengen. Marinadezutaten mischen und abschmecken, den Salat damit anmachen. Mit gehackter Petersilie, gehacktem hartgekochtem Ei und Krabben garnieren.

TIP Heutzutage wird auch dieser Salat in Rußland bevorzugt mit Mayonnaise angemacht.

Fisch in Kaviarsauce
— Ryba s ikroj —

300 g gekochter, zerpflückter Fisch (Hecht, Lachs, oder Schellfisch)
Für die Sauce:
1–2 EL Ketakaviar oder Preßkaviar
1 EL Weinessig
1 EL Sonnenblumenöl
2 TL feingehackte Petersilie
2 TL feingeschnittener Schnittlauch
3 EL saure Sahne
Gurkenscheiben zum Garnieren

Den zerpflückten Fisch in eine Salatschüssel geben. Für die Sauce Kaviar mit Essig und Öl verrühren, mit Petersilie und Schnittlauch würzen, über den Fisch geben und 30 Minuten ziehen lassen. Kurz vor dem Servieren die Sahne über den gekühlten Salat ziehen, mit Scheiben von frischen oder Salzgurken garnieren.

TIP Dieser schnell herzustellende Fischsalat könnte auf der Sakuska-Tafel stehen. Er läßt sich auch aus Fischresten zubereiten. Außerdem ist jedes beliebige Fischfilet dafür geeignet. Für die Marinade sollten Sie preiswerte Kaviarsorten verwenden, z.B. Preßkaviar oder roter Ketakaviar. Beide sind wohlschmeckend, aber erschwinglich. Achten Sie darauf, daß der Salat gut gekühlt auf den Tisch kommt. Den Überzug aus saurer Sahne (ebenfalls gut gekühlt) bringen Sie erst kurz vor dem Servieren an. Sie können die Salatmarinade verfeinern, indem Sie sie mit feingehackten hartgekochten Eiern und einer ebenso behandelten Salz- oder Gewürzgurke mischen. Einige Teelöffel feingehackte Dillspitzen vervollständigen die Kräuterwürze. Als Garnitur eignen sich auch ein paar Zitronenscheiben.

Krautpirogge
Kapustny pirog

Große Piroggen sind ein Mittelding zwischen Pastete und Strudel. Man kann sie rechteckig oder, wie meistens, rund formen und aus beliebigem Teig backen. Bei der Füllung sind der Phantasie keine Grenzen gesetzt. Krautpiroggen gehören zu den beliebtesten, aber Sie können auch Fleisch, Pilze oder andere Gemüsesorten verwenden – jede Füllung wird vorher gegart.

Für den Teig:
300 g Mehl, 100 g Butter
1 Prise Salz, 3 EL saure Sahne
Für die Füllung:
500 g Weißkraut, 60 g Butter
Salz, 1 TL Zucker, 1 TL Kümmel
1 Ei zum Bestreichen

Mehl mit Butter, Salz und Sahne zu einem glatten Mürbeteig verkneten, einen Ballen formen und 40 Minuten im Kühlschrank ruhen lassen.
Für die Füllung: Weißkraut fein hobeln, Strunk und dicke Blattrippen entfernen. Das Kraut unter regelmäßigem Wenden in heißer Butter gar schmoren, mit Salz, Zucker und Kümmel würzen; abkühlen lassen. Teig dünn ausrollen, mit der Hälfte ein mit Backpapier zugedecktes Backblech belegen. Das geschmorte Kraut darauf verteilen, mit der zweiten Teighälfte zudecken. Mit der Gabel ein paar Luftlöcher stechen. Teigdecke mit verquirltem Eigelb bestreichen, die Pirogge bei etwa 210 °C in 40 Minuten goldbraun backen, in rechteckige Stücke schneiden und heiß servieren.

Hühnerkoteletts Pojarski Art
Snamenitie poscharskie Kotleti

Eine rührende Story berichtet, wie diese Hühnerspeise zu ihrem Namen kam. Während des napoleonischen Rußlandfeldzuges, so heißt es, hatte Laguipière, der Leibkoch des Kaisers, wieder einmal Probleme, etwas Vernünftiges auf die Tafel zu bringen. Ein russischer Bauer lieferte ihm Hühner, die aber schon alt und trocken waren. Der Koch verarbeitete sie zu „Kotleti", die dem Korsen ausgezeichnet schmeckten. Auf der Tafel erschienen sie als Pojarski-Koteletts, benannt nach dem Bauern, auf dessen Hühnerhof die Tiere aufgewachsen waren.

1 küchenfertiges Brathähnchen
2 altbackene Semmeln
200 g süße Sahne
150 g Butter
2 Eier
Salz, Pfeffer
Semmelmehl

Brathähnchen waschen, zerlegen und das Fleisch auslösen, durch den Fleischwolf drehen (Schenkel- und Flügelknochen beiseite legen). Semmeln in Sahne einweichen, aus-

Gefüllte Eier

Farschirowannie yaiza

Die gefüllten Eier haben ihren Platz auf der Sakuska-Tafel. In abgewandelter Form sind sie im Westen als *Russische Eier* bekannt – diese Variante ist aber in Rußland nicht verbreitet. Dafür gibt es ein Rezept, bei dem die hartgekochten Eier mitsamt der Schale längs halbiert werden. Eiweiß und Eigelb werden herausgeschält, feingehackt und mit Salz und Pfeffer gewürzt sowie mit gehackten Kräutern (Petersilie, Dill) verfeinert. Mit dieser Masse werden die Eierschalen gefüllt und im Ofen überbacken. Man kann sie zuvor mit geriebenem Käse bestreuen und eine leichte Bechamelsauce dazu servieren. Für das Vorbereiten der Füllmasse kann man anstelle von Sardellenfilets auch Räucherlachs, Lachsschinken oder Krebsschwänze verwenden – in jedem Fall kleingehackt. In Westeuropa serviert man Russische Eier meist auf einer Gemüsemayonnaise. In Rußland gibt es einen pikanten Salat dazu.

4 Eier, 1–2 EL Mayonnaise, 1 EL saure Sahne
1 TL Kapern, 4 Sardellenfilets
1 Prise Zucker, schwarzer Pfeffer aus der Mühle
½ Glas roter Kaviar

Eier hartkochen, abkühlen lassen, schälen und der Länge nach halbieren, die Eigelb herausheben und durch ein Sieb streichen. Mayonnaise mit saurer Sahne und den gehackten Kapern vermengen, die Sardellenfilets fein hacken und unterziehen. Die Mischung mit Zucker und Pfeffer abschmecken, in die Eiweißhälften füllen und jeweils ein Häufchen Kaviar darauf geben.

drücken und mit 50 g Butter verrühren. Mit dem Fleisch gemischt, nochmals durch den Fleischwolf drehen. Die Mischung salzen und pfeffern, mit Sahne zu einem geschmeidigen Teig verkneten. Mit angefeuchteten Händen vier flache Frikadellen formen. In jedes Kotelett einen Schenkel- oder Flügelknochen stecken, damit sie wie Kalbskoteletts aussehen. Eier mit Sahne verquirlen, die Koteletts darin und anschließend in Semmelmehl wenden. In einer Pfanne in heißer Butter beidseitig goldbraun braten. Die fertigen Koteletts auf eine ofenfeste Platte legen und im vorgeheizten Backofen ein paar Minuten goldbraun überbacken.

TIP Vorzüglich schmecken dazu Salzkartoffeln oder Kartoffelpüree.

Makrelen, gebeizt

Kopchenaja skumbrija

2 küchenfertige frische Makrelen von etwa 400 g
Für die Beize:
5 Bund Dill
4 EL Salz
3 EL Zucker
1 EL schwarzer Pfeffer
Für die Sauce:
2 Eigelb
¼ Liter Öl
2 EL scharfer Senf
4 EL süßer Senf
3 EL normaler Senf
8–10 Tropfen Tabascosauce
frisch gemahlener weißer Pfeffer
Außerdem:
1 Bund Dill

Die Makrelen der Länge nach halbieren, kleine Gräten mit der Pinzette herausziehen. Die Fische abspülen und trockentupfen.

Für die Beize: den Dill fein hacken. Mit Salz, Zucker und Pfeffer verrühren. Die Fische damit rundherum bestreichen. Die Fischhälften wieder zusammenklappen und in Alufolie wickeln. Ein Brett darauflegen und mit einem Gegenstand beschweren. 48 Stunden im Kühlschrank marinieren.

Für die Sauce: Eigelb verrühren, das Öl tropfenweise unter ständigem Rühren mit dem Handrührgerät (Schneebesen) dazugeben. Dann den Senf unterrühren. Mit Tabascosauce und Pfeffer abschmecken. Bis zum Servieren zugedeckt im Kühlschrank aufbewahren.

Nach der Marinierzeit die Beizpaste von den Fischen entfernen. Die Fische an der Schwanzflosse festhalten, mit einem langen, dünnen und scharfen Messer (am besten ein Lachsmesser) in dünne Scheiben schneiden. Mit der Sauce, Toast und Butter servieren.

Buchweizenpfannkuchen

--------- Bliny ---------

Für den Teig:
250 g Mehl
600 ml Milch
3 Eier
1 EL Zucker
¼ TL Salz
Butterschmalz zum Braten
Für die Füllung:
400 g Magerquark
1 Eigelb
etwas Zucker

Für den Teig: Die Eier mit dem Salz, dem Zucker und 100 ml Milch vermischen, das Mehl dazugeben und alles zu einem Teig verrühren. Die restliche Milch dazugießen und 5 bis 10 Minuten mit dem Handrührgerät verrühren. Das Butterschmalz in einer Pfanne erhitzen und die Bliny darin vorsichtig backen, pro Seite ungefähr 1 bis 2 Minuten.

Für die Füllung: Alle Zutaten vermischen und die Bliny damit füllen.

Die folgenden Leckereien schmecken zu Bliny besonders gut:

– blättrig geschnittene und mit einer kleinen zerdrückten Knoblauchzehe und einem knappen Teelöffel Tomatenmark in einer Pfanne gegarte Champignons, die mit Kerbelblättchen bestreut werden

– Rührei mit dünnen Schinkenstreifen, gehackten Kräutern und Cayennepfeffer

– kleingehackter Matjeshering mit Lauch- und Zwiebelringen in einer Marinade aus Olivenöl, Zitronensaft, schwarzem Pfeffer und etwas Senf

– frische, in etwas Butter gedünstete und mit frisch gemahlenen weißen Pfefferkörnern bestreute Preiselbeeren (auch Konfitüre)

– mit etwas Himbeergeist und mit geschlagener Sahne verrührte Himbeeren, die mit Minzblättchen garniert werden.

Ein ideales Getränk zu allen Bliny-Gerichten ist Schwarzer Tee.

Armenische Reissuppe mit Fleischklößchen

Kjufta bosbasch

Eine Suppe, die zu den kaukasischen Leibgerichten gehört – vielleicht trägt sie dazu bei, daß erstaunlich viele Kaukasier ein sehr hohes Alter erreichen. So kommen beispielsweise in Dagestan auf 100000 Einwohner 70, die älter sind als 100 Jahre, und in Aserbaidschan sind zweieinhalb Prozent der Einwohner über neunzig Jahre alt. Der bisher älteste Kaukasier war Schirali Muslimow aus dem aserbaidschanischen Dorf Barzawua, der am 2. September 1973 im Alter von 168 Jahren starb. Ein eindeutiger Nachweis, worauf diese Langlebigkeit zurückzuführen ist, wurde bisher noch nicht erbracht. Aufenthalt im Freien, gesunde und mäßige Lebensweise, Verzicht auf Genußmittel könnten die wichtigsten Gründe sein.

¾ Tasse Reis
1 große Zwiebel
1 EL Butter
2 Liter gewürzte Fleischbrühe
etwas Milch
Für die Klößchen:
500 g Schweine- oder Hammelfleisch
3 Eier
weißer Pfeffer aus der Mühle
Salz
2 EL feingehackte Kräuter
(Petersilie, Dill, grüner Koriander)
Zum Garnieren:
2 EL feingehackte Petersilie und Dill

Reis verlesen und waschen, mit der geschälten, feingehackten und in Butter angerösteten Zwiebel in der Fleischbrühe kochen.

Für die Klößchen: das Fleisch grob zerschneiden, durch den Fleischwolf drehen, mit einem Ei, 2–3 Eßlöffeln abgetropftem Reis aus der Suppe, Pfeffer, Salz und gehackten Kräutern mischen. Acht Fleischklößchen formen, in der siedenden Reissuppe bei schwacher Hitze garen. Je zwei Fleischklößchen auf einen Teller geben. Zwei Eier mit etwas Milch verquirlen, vorsichtig in die Reissuppe einrühren, gehackte Kräuter aufstreuen und die Suppe über die Klößchen füllen.

Boeuf Stroganoff

Bef Stroganow

Die Stroganoffs, nach denen dieses berühmte Gericht benannt ist, waren eine russische Kaufmannsfamilie, die sich besonders bei der Eroberung und Erschließung Sibiriens hervortat. Sie gründeten zahlreiche Städte, handelten mit allem, was Erfolg versprach, vom Gold und Salz bis zu den Pelzen, und führten im reichen Nowgorod ein großes Haus. 1722 wurden sie von Zar Peter dem Großen in den Grafenstand erhoben. Nach welchem Namensträger dieses Rindfleischgericht benannt wurde, ist nicht nachzuweisen. Vermutlich war Alexander Graf Stroganoff (1785–1891), gastfreundlicher Bürgermeister von Odessa, der Namensträger des von seinen Köchen erdachten Bef Stroganow.

Für 4–6 Portionen
750 g Rinderfilet
weißer Pfeffer
1 Messerspitze Cayennepfeffer
60 g Butterschmalz
1 EL Tomatenmark
⅛ Liter Rotwein
¼ Liter saure Sahne
1 TL Mehl
Salz

Rinderfilet in 1 cm dicke und 5 cm lange Streifen schneiden. Mit weißem Pfeffer und dem Cayennepfeffer mischen und 10 Minuten zugedeckt ruhen lassen.

Butterschmalz erhitzen, das Fleisch darin rasch unter Wenden 5 Minuten goldbraun anbraten. Innen soll es noch rosa, außen braun sein. Tomatenmark, Rotwein, saure Sahne und Mehl verrühren und zum Fleisch geben. Noch 5 Minuten köcheln lassen. Mit Salz abschmecken.

TIP Dieses alte Rezept stammt von einer russischen Familie. In anderen Rezepten wird empfohlen, vorab 300 g Zwiebeln und 250 g Champignons, jeweils in dünne Scheiben geschnitten, in Butterschmalz anzubraten und dann mit den gebratenen Rinderfiletstreifen zu vermischen.

Als Beilage ist knuspriges Stangenweißbrot zu empfehlen.

Register, alphabetisch

Register nach Ländern

Wir danken allen Leihgebern für ihre großzügige Unterstützung:

Winter- und Weihnachtsmenüs:

Italien
Geschirr:
Intacardo über CASSCADO
Gläser:
Leonardo „Maxim" über WOHA
Besteck: Villeroy & Boch

Polen
Geschirr:
Rosenthal „Nina Campbell – May fair"
Besteck:
Robbe & Berking „Französisch Perl"
Dekoration:
Glasleuchter „Haymann" über Höppel

Frankreich
Geschirr: Hermes Art de tables
„Cocarde de soie"
Gläser: WMF „Diana" über WOHA
Besteck: Robbe & Berking „Baltic"

Dänemark
Gläser: „Authentics" über Höppel
Besteck: Robbe & Berking „Topos"

Deutschland
Geschirr: Hutschenreuther,
Weihnachtsservice „Louvre"
Gläser: Villeroy & Boch „Allegorie"
über WOHA
Besteck: Robbe & Berking
„Alt-Kopenhagen"
Dekoration:
Weihnachtspyramide und Holzfiguren
über Dregeno Seiffen eG,
weihnachtliche Handwerkskunst aus
dem Erzgebirge

Silvester-Ethno-Buffet
Geschirr: Villeroy & Boch „Switch 2"
Gläser: Villeroy & Boch „Arezzo"
Besteck: Robbe & Berking „Topos"
Dekoration:
Krüge „La Vida" über CASSCADO,
Sektkühler WMF „Maxims" über
WOHA

Russischer Kater-Brunch:
Geschirr: Rosenthal „Ikarus-Barocco"
Gläser: Krömer über Höppel
Besteck:
Robbe & Berking „Alt-Faden"
Dekoration:
Holzpuppen „Matrioschka" über
HCM Kinzel GmbH

Leckereien zum Adventskaffee:
Geschirr: Heinrich „Magic Christmas"
über Villeroy & Boch
Dekoration:
Nußknacker und „Schaukelpferd"
über Dregeno Seiffen eG,
weihnachtliche Handwerkskunst aus
dem Erzgebirge

Benutzte und/oder zitierte Literatur:

Wilhelm Busch
Gedichte
Zürich 1987

Theodor Fontane
Werke, Schriften und Briefe
Abt. 3, Bd. 4: Autobiographisches
München 1973
Abt. 1, Bd. 6: Gedichte
München 1978

E.T.A. Hoffmann
Nußknacker und Mäusekönig
Zürich 1987

Brüder Grimm
Kinder- und Hausmärchen
München 1987

Erich Kästner
Gedichte
Frankfurt am Main 1981

Hiltgart L. Keller
Reclams Lexikon der Heiligen und der
biblischen Gestalten
Stuttgart 1991

Karl F. Kittelberger
Das Aachener Printenbuch
Auflösung ihrer rätselhaften Geschichte
Aachen 1991

Hans Koepf
Mithras oder Christus
Sigmaringen 1987

Leopold Kretzenbacher
Santa Lucia und die Lutzelfrau
in: Südosteuropäische Arbeiten, Bd. 53
München 1959

Thomas Mann
Buddenbrooks
Frankfurt am Main 1981

Karl Meisen
Nikolauskult und Nikolausbrauch im
Abendlande
Mainz 1981

Martin P. Nilsson
Studien zur Vorgeschichte des
Weihnachtsfestes
in: Archiv für Religionswissenschaft
Bd. 19
Leipzig und Berlin 1916–1919

Lenelies Pause
Vom königlichen Kindlein
Geschichten um den Christstollen
Hamburg 1966

Christa Pieske
Marzipan aus Lübeck
Der süße Gruß einer alten Hansestadt
Lübeck 1977

Ulrich Riemerschmidt
Weihnachten. Kult und Brauch – einst
und jetzt
Hamburg 1962

Sybil Gräfin Schönfeld
Das große Ravensburger Buch der
Feste und Bräuche
Ravensburg 1980

Georg Schwarz
Das Weihnachtsfest aus kultur- und
volkskundlicher Sicht
in: Heimatbeilage zum Amtlichen
Schulanzeiger des Regierungsbezirks
Oberfranken, Nr. 109
Bayreuth 1984

Heinrich Seidel
Leberecht Hühnchen
Frankfurt am Main 1984

Rüdiger Vossen
Weihnachtsbräuche in aller Welt
Hamburg 1985

Ingeborg Weber-Kellermann
Das Weihnachtsfest. Eine Kultur- und
Sozialgeschichte der Weihnachtszeit
Luzern und Frankfurt am Main 1978

Bildquellen:

AKG: 61; Pollinger 110; 111, 63, 171
Artothek: 60; Joachim Blauel 62
Bavaria: Vega 2; Nägele 6, 88;
Weissing 7; Vondruska 31; PRW 32;
Mike Malyszko 64; Backhaus 144;
Klammet und Aberl 154;
Tschanz-Hofmann 196
Dänisches Fremdenverkehrsamt:
Lennard 150
Bildarchiv Foto Marburg: 9, 53, 55,
168, 169, 169
Bilderdienst: Köhler 46, 48, 171
Bilderberg: Hans-Jürgen Burkard 18;
Wolfgang Kunz 20; Andrej Reiser 63;
Frieder Blickle 74;
dpa: Mizrahi 113
Focus: Erich Spiegelhalter 41; Harry
Gruyaert 112; Barry Lewis 166
Klaus H. Iden: 122
IFA: Volker Rauch 10, Forkel 11,
Rübcke 13, Chromosohm 16, 36,
Fischer 50, Kindermann 56,
Köpfle 58, TPL 102, IPP 106,
Schösser 107, Gehrig 108, 109,
Thiele 113, Hilpert 122, Aigner 134,
Manfred Schösser 158; Lecom 186;
Werner Pogutke 162; Manfred Gott-
schalk 163; M. Schumacher 165,
Digul. 166; Marie-Luise Oertel 167;
Udo Siebig 172
Jahreszeiten Verlag: Gisela Floto 14;
Sven C. Raben 44, 104; Olaf Gohnek
45; O.P. Stange 103; Adam 105
Jalag: 170
Mauritius: Hubatka 51
Schwartauwerke:
Heide Schwarzweller 47, 115, 129;
Schweizer Verkehrszentrale:
Ph. Giegel 57; W. Gadliger 109
Science Photo Lib.:
Dr. Aub Stepney 59
Sigloch Edition/Bildarchiv:
Fotostudio Feiler (Titelbild);
Hans Joachim Döbbelin 21, 23, 25, 27,
28, 29, 30, 33, 37, 40, 41, 43, 49, 65, 67,
68, 69, 71, 73, 74, 75, 77, 78 (2), 79, 81,
82 (2), 83, 85, 86 (2), 87, 88, 89, 91, 92
(2), 93, 94 (2), 95, 96 (2), 97, 99, 115,
117, 118 (2), 119, 121, 123, 125, 127,
128, 129, 131, 132, 133, 135, 136 (2),
137, 138, 139, 141, 143, 144 (2), 145,
147, 148 (2), 149, 151, 152 (2), 153,
155, 156 (2), 157, 158, 164, 173, 174
(2), 175, 177, 178 (2), 179, 181, 182,
184 (2), 185, 187, 189, 191, 193, 194
(2), 195, 196, 197, 199
Superbild: Haga 34, 35
Staatsbibliothek zu Berlin –
Preußischer Kulturbesitz: 160
Visum: Rolf Nebel 20; Günter
Beer 72; Jörg Modrow 130
Zefa: Raga 15, 137; Eugen 26;
Hackenberg 52; Damm 90;
O.K. 92; Helbig 97; Adam 100, 101;
Marcke 146, 149

Impressum:

© Sigloch Edition, Zeppelinstraße 35a,
D-74653 Künzelsau
Nachdruck verboten. Alle Rechte
vorbehalten. Printed in Germany
Reproduktion: Otterbach Repro,
Rastatt
Satz: Sigloch Edition, Künzelsau
Druck:
Druckerei W. Kohlhammer, Stuttgart
Papier: 150g/m² nopaCoat glänzend
chlorfrei Nordland Papier AG,
Dörpen
Bindearbeiten: Sigloch Buchbinderei,
Künzelsau
ISBN 3-89393-141-4

Die Reihe für Kenner und Genießer

Hermann Bulling
Hans Joachim Döbbelin
FESTE
MENÜS & BUFFETS
17 wohlkomponierte Menüs für
Feste rund ums Jahr
206 Seiten, hochwertiger
lederähnlicher Einband
mit Silberprägung
und eingelegtem Titelbild

Rolf Kriesi
Peter Osterwalder
WEIN
ERLEBEN & GENIESSEN
Die berühmtesten Weine der
Welt, vermählt mit 57 köst-
lichen Gerichten, 204 Seiten,
hochwertiger lederähnlicher
Einband mit Goldprägung
und eingelegtem Titelbild